KB024121

현자들의
죽   음

EBS·클래스ⓔ 인문

현자들의 죽음

고미숙 지음

소크라테스에서 붓다까지

죽음을
탐구하라

명랑하고 심오하게!

문득 돌아보니 코로나19가 증발했다. 물론 코로나19 자체는 여전히 우리 곁에 있다. 하지만 이젠 더는 '대세'가 아니다. 그저 여러 바이러스 감염증 중 하나가 되었을 뿐. 코로나19가 세상을 쥐락펴락할 땐 생각했다. 코로나19만 종식되면 세상은 좋아질 거라고, 이를테면 자본과 노동(과 소비)의 쳇바퀴에서 벗어나 공감과 소통이 활발하게 이루어지게 될 거라고. 코로나19가 우리에게 준 메시지가 바로 그것이었으므로. 하나 보다시피 아니었다!

코로나19가 수그러들 즈음(2022년 2월) 우크라이나 전쟁이 시작되었고, 이 서문을 완성할 즈음(2023년 10월 7일) 팔레스타인과 이스라엘의 전쟁이 발발했다. 전쟁뿐인가. 묻지마 테러를 포함하여 지진, 산불, 홍수 같은 기후 재앙이 본격화되고 있다. 더 놀라운 건 그럼에도 세상의 방향이 전혀 바뀌지 않는다는 사실이다. 이전에도 그러했듯이, 오직 자본! 오직 노동(과 소비)!뿐이다.

덕분에 한 가지는 분명해졌다. 우리의 문명은 앞으로도 절대 방향을 바꾸지 않을 거라는 사실. 예컨대 종말이 코앞에 닥쳐와도 소유와 중독을 향해 질주할 거라는 사실, 1인 가구가 대세가 되어도 결코 공감이나 소통 따위는 안중에도 없을 거라는 사실 말이다. 너무 염세적인 거 아니냐고? 천만에! 이 자명한 사실을 받아들이자 내 마음은 지극히 평온해졌다. 이토록 평온했던 적이 있었던가 싶을 정도로 평온하다.

사는 동안 늘 불안했다. 왜? 언제나 "지금이 가장 큰 위기"라는 말이 난무했기 때문이다. 하여 늘 올해만 잘 버티면, 이번 위기만 잘 통과하면 다 괜찮아질 거라고 믿고 또 믿었다. 그래서인가. 늘 마음이 '여기'가 아닌 '저기'에, '지금'이 아닌 '미래'에 가 있었다. 하지만 코로나19를 겪고 나니 이젠 정말 알겠다. 어떤 위기를 겪어도, 어떤 쓰나미가 휩쓸고 지나가도 그런 식의 미래는 절대 오지 않는다는 것을. '별 볼 일 없는' 내 인생에도, 이 '잘난' 디지털 문명에도.

하여 결심했다. 이젠 아무것도 기대하지도, 바라지도 않기로. 세상이 달라지기를, 시대의 방향이 전환하기를 바라지 않겠다. 세상이 달라지건 말건 방향을 바꾸건 말건 그냥 나는 나의 길을 가리라. 그렇게 마음먹자 갑자기 눈앞이 환해졌다. 소크라테스와 장자, 붓다와 연암 등이 하나같이 강조했던, '지금 이 순간에 오롯이 집중하라!'는 가르침이 사무치게 다가왔다고나 할까. 그러면서 마주친 테마가 바로 '죽음'이다.

나는 1960년생이다. 코로나19가 도래한 그해(2020년 경자년)에 환갑을 맞았다. 바야흐로 60대가 된 것이다. 내가 청년기를 보낸 20세기 중반, 당시 평균수명은 50대 중반이었다. 환갑을 맞는다 해도 아주 짧은 여생이 기다리고 있었을 뿐이다. 하지만 이제 60대는 여생이 아니라 인생 3막이 기다리고 있다. 청년기, 중년기 못지않은 시간을 살아 내야 한다.

이것은 축복도 재앙도 아니다. 아니, 축복이든 재앙이든 상관없다. 그래 봤자 3막은 3막일 뿐이니까. 무슨 뜻이냐고? 끝이 보인다는 뜻이다. 1막, 2막엔 수명 여부와 상관없이 도달해야 할 목표 혹은 미션들이 있었다. 경제적 자립, 결혼과 육아, 사회적 성취 혹은 가치와 명분 등. 설사 그 도중에 생을 마친다 해도 그것을 끝이라 여기진 않았다. 하지만 60대는 다르다. 아무리 여생이 길다 한들 이젠 대책 없이 소멸과 해체를 향해 나아가야 한다. 그래서 허무하냐고? 아니다, 참 좋다!

청년기엔 '뭐가' 되어야 했다. 중년기엔 그 '무엇'을 지키고 확장해야 했다. '뭐가 되고 그 무엇을 지켜야 한다'는 강박증, 열정 또는 꿈이라 말하지만 사실은 조증과 울증을 넘나드는 시절이었다. 하지만 이젠 다르다. 더는 '뭐가' 되고 그 '무엇으로' 나의 존재를 증명할 필요가 없다. 쉽게 말해 아무것도 아니어도 괜찮은 시간, 삶 그 자체로 충분한 연대기! 그것이 인생 3막이다.

한데 문제가 하나 있다. 이 여정의 테마가 소멸과 해체라는 건 분명하지만, 거기에 대한 지혜가 거의 없다는 사실이다. 다시 말해, 어떻게 늙고 어떻게 병들지, 또 어떻게 죽음을 맞이할지를 도무지 가늠할 수 없다는 것. 더 놀라운 건 우리 시대, 우리 문명에는 이에 대한 자산이 전혀 없다는 사실이다. 그도 그럴 것이, 지난 1세기 동안 죽음에 대한 모든 지적, 문화적 자산을 다 내팽개쳤기 때문이다. 자본과 노동(과 소비)밖에 모르는 문명은 그래서 치명적이다! 마치 눈을 가린 채 새벽길을 걷는 느낌이랄까.

출구는 오직 하나뿐이다. 노병사, 특히 죽음을 탐구하면 된다. 반드시 수행해야 할 미션 따위는 없는데, 다가오는 경로는 소멸과 해체가 분명하다면, 이거야말로 죽음을 탐구하기 딱 좋은 시기 아닌가? 주지하듯이, 인류 지성사의 모든 영역, 종교와 철학, 그리고 과학과 예술 등은 죽음을 이해하려는 갈망에서 비롯되었다. 그것이 문명을 이끌어 온 동력이기도 하다. 하긴 당연하지 않은가. 죽음을 모르면 삶에 대해서도 알 수가 없다. '어떻게 살 것인가?'는 '어떻게 죽을 것인가?'와 분리될 수 없는 법, 고로 생사는 하나다! 동서양의 고전이 수천 년간 전승해 온 진리다. 그 지혜와 방편들을 적극적으로 활용할 때가 되었다. 이 책에 등장하는 8인의 현자들이 그 최고의 전령사가 될 것이다.

소크라테스, 장자, 간디, 아인슈타인, 연암과 다산, 사리뿟따와 붓다. 이들 사이의 공통점은? 딱히 없다. 코로나19를 통과하면서 공부의 테마를 '지성에서 영성으로!' 전환하게 되었고, 그때 나의 독서 지형에 접속했다는 것 말고는. 시대도, 문명권도, 인생 경로도 다 다르다. 하지만 우리는 이들을 이미 너무 잘 알고 있다. 삶의 지혜와 비전을 온몸으로 구현해 낸 위대한 스승들이기 때문이다. 하지만 내가 특히 주시한 것은 그들의 죽음이다.

이들의 죽음에는 공통점이 있다. 생사의 관문을 지극히 경쾌하게 통과했다는 것. 그들에게 있어 죽음은 크나큰 휴식이며 평화이자 지복至福이었다. 우리가 생각하는 죽음과는 달라도 너무 다르다. 어떻게 이런 반전이 가능한가? 무엇보다 그들에게 죽음은 삶의 반대편이 아니었다. 죽음은 벗이었고, 동반자였으며, 생의 이면이었다.

하여 그들은 언제든 어디서든 죽을 수 있는 존재로 살아갔다. '죽을 수 있는 존재로 살아간다'는 것, 참 멋진 패러독스다. 이 역설이 가능해지려면 무엇보다 삶에 대한 통찰이 심오해야 한다. 삶이 심오할수록 죽음은 한없이 가벼워진다. 그래서인가. 죽음을 대하는 이들의 태도는 더할 나위 없이 명랑하다! 덕분에 알게 되었다. 심오해야 명랑할 수 있고, 명랑함은 심오함의 원천이라는 것을!

우리는 모두 죽는다. 그리고 죽음은 오직 자신의 힘으로 건너가야 한다. 누구도 대신할 수 없다. 그런 점에서 죽음만큼 공평무사한 사건이 또 있을까. 20세기엔 이런 원리를 깨우칠 만큼의 여유가 없었다. 하지만 이젠 다르다. 누구나 죽음으로 가는 여정을 충분히 음미할 수 있게 되었다. 무엇보다 죽음을 비장하고 무겁고 어두운 이미지에서 해방시켜야 한다. 어떻게? 명랑하게 심오하게! 죽음이 해방되어야 삶 또한 충만할 수 있으므로!

그 여정에서 이 책이 독자들에게 소박하나마 하나의 이정표가 되기를 기대한다.

끝으로, 이 책은 EBS 「클래스ⓔ」에서의 고전 강의가 인연이 되어 세상에 나오게 되었다. 씨앗으로만 존재했던 내 생각을 싹을 틔워 한 그루의 나무로 만들어 준 EBS 출판팀에 고마움을 전한다.

감이당 & 남산강학원의 배움터 깨봉빌딩에서

고미숙 쓰다

차례

4장 알베르트 아인슈타인

이 한 번의 생으로 충분하다

죽는 법을 배우라,
그러면 사는 법을 알게 되리라!

"죽음은 삶과 마찬가지로 하나의 기술이고 예술이다."(존 우드로 프, 『환생과 윤회의 비밀』)[1]

죽음, 포르노보다 더 '센' 터부!

우리는 모두 죽는다. 죽음은 도처에 있다. 누구에게나, 언제나, 어디서든 죽음은 찾아온다. 이보다 더 자명하고 더 보편적인 사건이 있을까. "예외 없는 법칙은 없다!"라는 법칙을 무화시키는 단 하나의 법칙을 꼽는다면 바로 이것, 죽음이라는 사건이다. 죽음에는 진정 예외가 없다. 그런데 참 이상하다. 우리는 죽음을 못 본 척한다. 입에 담는 것도 꺼린다. 그리하여 죽음은 점점 더 터부시된다. 어떤 포르노보다 더 '센' 하드코어다. 49금 정도가 아니라 99금! 99세 노인 앞에서도 입에 올리지 못한다는 점에서.

프랑스의 철학자 미셸 푸코Michel Foucault는 말했다. 근대 권력은 "삶은 촘촘히 관리하고 죽음은 내팽개친다"라고. 자본의 관점에선 당연한 노릇이다. 죽은 자는 노동할 수 없으니까. 화폐 증식도, 소비 탕진도 불가능하니까. 그래서 눈앞에서 바로 치워 버린다. 아니, 그 전에 노인과 병자 역시 사회로부터 격리된다. 시설과 병원이 그런 기능을 하기도 하지만, 당사자 자신이 이미 자신을 스스로 삶의 현장에서 격리할 준비를 한다. 하여 늙고 병드는 것조차 자연스럽게 목격하기 어렵다. 노동, 자본, 화폐, 소비—이것이 우리 시대 삶의 보편적 척도다. 이 척도에서 볼 때 죽음은 가장 반대편에 있다. 그 결과 삶과 죽음 사이에는 깊은 심연이 생겨났다.

근대 권력이 목전에서 죽음을 치워 버렸다면, 21세기 디지털 문명은 죽음이라는 단어를 증발시키고 있다. 자살은 '극단적 선택'으로, 반려동물의 죽음은 '무지개다리'로. 가족의 죽음에 관한 이야기는 은밀한 '개인 정보'로. 말하자면 우리가 사는 세상은 죽음을 외면하고, 그리고 은폐한다. 고로, 죽음은 없다! 죽음을 환기하는 모호하고 흐릿한 기호들만 떠다니고 있을 뿐! 그러므로 우리는 죽음을 모른다.

우리는 죽음을 모른다

당연하다. 죽음을 목격할 수 없는데, 죽음을 입에 담지도 못하는데, 죽음을 어떻게 알 수 있을까? 몰라도 너무 모른다. 모른다는 사실조차 모른다. '무지의 무지'가 중첩되면 무명無明이라 한다. 빛이 통과하지 못하는 심해를 떠올려 보라. 심해의 생물들에겐 빛이 너무 멀리 있다. 빛이 온 누리에 편재한다는 사실 자체를 느낄 도리가 없다. 어둠 속에서 움직이는 것이 더 익숙하다. 우리 역시 죽음을 그렇게 대한다. 죽음은 멀리, 아주 멀리 있는 아련하고 추상적인 '그 무엇'이다. 내가 보는 세상엔 온통 삶뿐이지 않은가. 죽음을 연상시키는 건 어디에도 없지 않은가. 하지만 그렇다고 죽음이 사라지는 건 결코 아니다. 심해의 생물들도 결국 자신들을 움직이는 건 어둠이 아니라 빛임을 본능적으로 감지한다. 하여 스스로 빛을 만들어 내거나 어쩌다 그 심해를 뚫고 들어오는 빛에 온몸으로 감응한다.

우리 또한 다르지 않다. 아무리 죽음을 모른 척하려 해도 도처에서 죽음을 마주한다. 사고로 죽고, 스스로 죽고, 병들어 죽는다. 가족도 죽고, 친구도 죽고, 지인들도 죽고, 또 한 번도 만나지 못한 머나먼 타국에 사는 이들도 계속 죽는다. 홍수로, 역병으로, 전쟁으로 죽고 또 죽는다. 해서 늘 불안하다. 늘 공허하다. 아무리 모른 척해도 죽음이 도처에 있다는 사실을 부인할 수 없기 때문이다. 하여 현대인들이 앓는 심리적 질병의 밑바탕에는 죽음에 대한 공포가 짙게 깔려 있다.

그리고 여기엔 이미 죽음에 대한 해석이 담겨 있다. 죽음은 참혹하고 끔찍하고 슬프고 비극적인 것이라는! 과연 그런가? 그렇다면 좀 이상하다. 죽음이 없으면 어떻게 될까? 지구는 '살아 있는 존재'들로 차 버려 숨 쉴 공간조차 없어질 것이다. 대지는 물론이고 바다도, 하늘까지도. 그러니 지구가 계속 운행되고 누군가가 존재하려면 누군가는 반드시 죽어야 한다. 죽음이 있어야 삶이 있다. 한데 우리는 왜 죽음을 그토록 끔찍한 것이라고 믿어 의심치 않을까? 이유는 간단하다. 죽음은 보편적인 사건이고, 죽음이 있어야 세계가 존재하지만 그것이 나의 죽음이 아니면 좋겠다는 것? 즉 '나만' 안 죽으면, 혹은 내가 사랑하는 사람들만 안 죽으면 좋겠다는 것,

그 이상도 이하도 아니다.

이것이 치명적인 이유는 죽음을 이렇게 해석해 버리고 말면 삶의 지반 또한 지극히 협소해지기 때문이다. 나만 죽지 않으면 된다고 여기는 사람들로 가득한 사회가 과연 서로 소통하고 공감할 리가 있겠는가. '나만 지속하면 되고, 나만 증식하면 된다', 이것은 바로 자본의 속성 아닌가. 어느새 우리는 자본과 혼연일체가 되었다. 자본과 삶과 영혼의 삼위일체! 결과는? 역설적이게도 생의 의지가 점점 더 희박해진다. 우리 시대 청년들이 그 증거다. "사는 게 무슨 의미가 있어요?", "차라리 죽는 게 낫지 않나?" 이런 말을 입에 달고 산다. 삶에서 죽음을 완전히 분리해 놓고선 다시 '죽고 싶다고' 아우성친다. 이상하지 않은가.

그러므로 나는 확신한다. 이 대지에 생의 의지가 약동하기 위해선 반드시 죽음과 대면해야 한다고. 죽음을 마주하는 그만큼 삶의 능동성을 발휘할 수 있다고.

죽음을 탐구하기 딱 좋은 시대

그나마 다행인 건 우리 시대가 죽음을 탐구하기 딱 좋은 시대라는 것이다. 바야흐로 '100세 시대'다. 구석기 시대 이래 인간의 평균수명은 이것의 반의반에도 미치지 못했다. 전쟁으로, 노동으로, 특히 자연재해와 역병으로 대부분의 사람이 마흔 이전에 생을 마쳐야 했다. 20세기 중반에도 평균수명은 60세 안팎이었다. 하지만 어느새 우리는 60대를 노인으로 분류해야 할지 말지를 놓고 고심하는 시대를 맞이하였다. 디지털 문명, 4차 혁명 덕분이리라. 육체노동은 현저히 줄어들었고 영양은 과잉 공급되고, 역병이나 사고에 대처할 수 있는 시스템도 나날이 발전하고 있다. 그 결과 아주 많은 시간의 여생을 가질 수 있게 되었다. 이것은 진정 인류사의 축복이다. 오랫동안 염원하고 기다려 온 그런 시대인 건 분명하다.

그러나 주위를 돌아보면 왠지 좀 당혹스러워하는 분위기다. 그토록 열망했으면서도 막상 목전에 닥치자 '대략난감'이라고나 할까. 특히 이 많은 시간을 어떻게 보내야 할지 모르겠다는 반응이 주류다. 20세기엔 뼈 빠지게 일하느라 가족끼리 대화할 시간도 없고, 사색과 성찰을 할 여유는 더더욱 없고, 인간다운 성숙은 엄두조차 내지 못했다고 하지 않나? 그런데 이젠 이 기나긴 시간을 어떻게 보내야 할지 막막하다니, 참 기이한 노릇이다. 그동안 노동과 가난 때문에 할 수 없었던 것들을 하면 되지 않는가? 예컨대 성찰과 소통, 우정과 지성, 여행과 탐사 등. 그리고 그 모든 것의 베이스에 해당하는 죽음에 관한 탐구를.

오랜 시간 인류는 죽음에 관한 탐구를 해 왔다. 모든 종교, 신화, 철학 등은 죽음이라는 주제에서 출발한다. 죽음이야말로 상상력의 원천이자 무한한 이야기의 보고다. 그 지혜, 그 이야기들은 다 어디로 간 것일까? 우리 시대는 왜 한 번도 그런 지혜를 연마해 본 적이 없는 것처럼 행동하고 있을까? 특히 한반도는 동아시아 문명의 정수를 흡수, 변용하는 데 탁월한 기량을 발휘해 왔다. 통일신라에서 고려 시대까지는 불교의 나라, 조선왕조 5백 년은 성리학의 나라였는데, 그 지혜와 통찰은 대체 어디로 증발한 것일까?

그렇다. 증발이 맞다. 20세 서구의 도래와 일제 식민지 이후, 우리는 근대를 향하여 맹렬하게 돌진했고, 마침내 놀라운 성취를 이루었다. 대한민국의 '와이파이'는 세계 최강급이고, 「기생충」, 「오징어 게임」, BTS, 그리고 손흥민 등 전 세계를 주름잡는 대중

문화의 영웅들을 탄생시켰다. 하지만 그곳은 노동과 화폐, 부와 인기, 청춘과 열정을 척도로 하는 세계다. 늙고 병들고 죽는 것에 대해서는 엄두조차 내지 않는 그런 세계다. 그 세계에 진입하느라 진이 다 빠진 것일까. 결국, 현대인들이 꿈꾸는 것은 건강한 신체로 화폐를 증식하여 소비의 기쁨을 만끽하는 생을 오래오래 누리고 싶을 뿐이다. 죽음은? 이 모든 것이 불가능한 재앙이다. 화폐를 생산할 수 없고 소비의 향연에 동참할 수 없다는 점에서. 이것이 죽음에 대한 해석의 '거의 모든 것'이다. 그러니 죽음이 그토록 끔찍하게 여겨질밖에.

하지만 바로 여기가 '터닝 포인트'다. 이제 정말로 몸을 돌려 출구를 찾아야 한다. 디지털 문명 덕분에 주어진 이 시간을 죽음을 탐구하는 시간으로 전환해야 한다. 죽음을 탐구하기에 이보다 더 좋은 시대는 없으리라. 시간과 건강도 주어졌지만 더 중요하게는 죽음에 접근할 수 있는 수많은 지적 경로가 구비되었다. 대학을 가고 장서각藏書閣에 잠입하고 전문가를 만나지 않아도 된다. 유튜브에만 들어가도 죽음에 대한 최고, 최상의 지식이 널려 있다. 인류사의 등대 역할을 한 스승과 현자들의 이야기도 넘쳐 난다.

이 책에 등장하는—소크라테스와 장자, 간디와 아인슈타인, 연암과 다산, 사리뿟따와 붓다—이들도 당연히 만날 수 있다. 더구나 인공지능 시대 아닌가? 인간은 왜 죽는가? 죽음은 어떻게 삶으로 이어지는가? 이런 질문을 입력하는 순간 AI는 바로 당신을 태어남과 병듦과 늙음에 대한 인류학적 지평으로 안내해 줄 것이다. 그 과정에서 상대성 원리와 양자 역학, 뇌 과학과 심리학, '축의 시대'의 영성 등을 만나는 건 덤이다.

죽는 법을 배우라!

"인간의 존엄성은 죽음으로 시험받는다. 나는 죽음을 자유라고 생각한다. 보편적 죽음은 없다. 죽음을 넘어 인간의 자유로 대면할 수 있는지에 따라, 다시 말해 죽음을 받아들일 수 있는지에 따라 세상에는 매우 다른 죽음이 있다."[2]

『칠층산』The Seven Storey Mountain의 저자이자 20세기의 현자 가운데 한 명인 토머스 머튼Thomas Merton의 말이다. 그의 가르침에 따르면, 가장 중요한 것은 죽음을 피하지 않는 것이다. 죽음을 피하는 한 우리는 죽는 법을 배울 수 없다. 그러면 그 두려움 때문에 더더욱 삶에 매달리게 된다. 그것 자체가 이미 구속이요, 억압이다. 죽음의 구속을 피하려다 삶 자체가 감옥이 되는 셈이다. 그 감옥에서 탈출하려면? 죽음과 맞장을 떠야 한다. 하여 죽음을 자유라고 표현한 것이다.

인간은 자유를 추구한다. 자유로운 만큼 존엄하다. 머튼에 따르면, 그 존엄성이 시험받는 가장 큰 과정이 죽음이라는 것. 누구나 밟는 동일한 코스로서의 죽음은 없다. 누구나 홀로 통과해야 한다. 하여 자신만의 방식으로 죽음을 겪을 수밖에 없다. 자, 그렇다면 이제 길은 하나다. 죽는 법을 탐구하면 된다. 죽음의 형식, 죽음의 과정, 그리고 죽음이 삶과 맺는 관계와 의미 등.

"죽는 법을 배우는 것, 그것이야말로 가장 가치 있는 과학이며 모든 과학을 초월하는 것임을 그대는 알아야만 한다."《오롤로기움 사피엔티아》14세기[3]

다행히 그에 관한 엄청난 데이터가 있다. 솔직히 인류의 문명사는 삶의 역사이면서 죽음의 역사다. 태어난 모든 이들이 죽음을 겪었으니까. 또 겪어야 할 테니까. 이 사실만으로도 우리는 죽음에 대한 두려움을 조금은 떨칠 수 있다. 누구든 그 길을 갔다면 나 또한 갈 수 있지 않을까? 모두가 겪는 코스라면 그것에 대한 지혜 또한 우리의 기억 정보 안에 포함되어 있지 않을까? 등. 당연히 그렇다.

이 책에 등장하는 현자들의 죽음은 그중에서도 최고의 데이터에 해당한다. 우리에게 죽음은 두려움과 어둠 그 자체다. 하지만 이 책에서 만나게 될 8인의 현자들은 죽음을 평화와 지복으로 맞이했다. 이들에게 죽음은 아득한 나락 혹은 깜깜한 어둠으로의 침몰이 아니라 '빛 혹은 평화'로의 비상이었다. 이들의 죽음에는 슬픔과 절망이 아니라 자유와 기쁨이 함께한다.

이 현자들은 우리가 너무나 잘 알고 있는 이들이다. 소크라테스와 장자, 간디와 아인슈타인, 연암과 다산, 사리뿟따와 붓다. 시대로 본다면, B.C. 5세기에서 20세기 중반까지 걸쳐 있고, 지역으로 본다면 지중해에서 인도, 한반도와 아메리카를 포괄한다. 한마디로 시공의 스펙트럼이 매우 드넓다. 이들은 인류의 스승들이다. 이들은 많은 것을 알려 주었지만, 그 무엇보다 '잘 죽는 법'을 알려 주었다. 이런 죽음의 형식이 있다고. 이렇게 죽음을 맞이하면 된다고. 그러면 죽음을 통해 자유와 해방을 만끽할 수 있다고.

그러면 사는 법을 알게 되리라!

"죽음은 길을 떠날 때가 온 것뿐이다. 세상에서 벗어나 다른 길을 따라 기쁘게 걸음을 옮기는 것이다. 이것은 커다란 선물이다. 죽음은 삶에 주는 선물이다. 어떻게 죽어야 하는지 아는 사람은 세상에서 더 오래 기억될 뿐 아니라 그가 지닌 자유 때문에 영원히 산다."[4]

모든 죽음에는 다 때가 있다. 죽음이야말로 '타이밍'이다. 죽음과 시간의 마주침, 그 이치를 깨우친다면 어떤 죽음이든 기꺼이 받아들일 수 있으리라. 나아가 죽음이 삶에 베푸는 큰 선물임을 깨닫게 될 것이다. 그렇다. 죽음을 탐구하면 할수록 삶의 공간은 넓어진다. 삶을 짓누르는 '노병사'의 불안에서 벗어날 수 있기 때문이다. 태어나는 순간 죽음은 시작되고, 성장은 곧 노화이며, 노화는 곧 질병이다. 고로 생로병사는 온전히 하나다. 그러므로 죽음은 삶의 전 과정을 통찰하는 핵심적 키워드에 해당한다.

이제 우리가 만나게 될 8인의 현자들의 죽음도 그러하다. 그들의 죽음이 축복이고 자유인 까닭은 그들의 삶이 그러했기 때문이다. 그들의 삶은 죽음과 분리된 적이 없다. 죽음은 스승이자 벗이었고 또 삶의 내비게이션이었다. 하여 이들은 살아 있는 모든 순간이 충만했다. 그 충만함이 죽음을 빛과 평화로 도약하게 한 동력이었다. 죽음은 삶을 이끌고, 삶은 죽음으로 이어지고.

우리는 종종 묻는다, 어떻게 살아야 할지 모르겠다고. 그 질문에 대해 여기 등장하는 8인의 현자들이라면 한목소리로 말하리라. 죽음을 탐구하라고. 그러면 결코 화폐, 소비, 노동이라는 척도에 영혼을 팔지 않게 될 거라고. 지금과는 전혀 다른 삶의 지도를 발견하게 될 거라고. 더 나아가 삶의 원리와 죽음의 이치가 온전히 하나임을 사무치게 깨닫는 순간이 올 것이라고.

"이곳에 있는 것은 무엇이든지 그곳에 있으리라. 그곳에 있는 것
이 마찬가지로 이곳에도 있으리라. 이곳에 있는 것과 그곳에 있는
것이 차이가 있다고 보는 자는 영원히 죽음에서 죽음으로 이르는
길을 걸으리라."《카타 우파니샤드》제4장, 스와미 쉬라바난다 번역[5]

1장

소크라테스

철학은 죽음의 연습이다

소크라테스의
독배

비극 혹은 지복?

기원전 5세기 아테네 법정. 일흔에 접어든 소크라테스Socrates에게 사형이 선고되었다. 죄목은 신성모독과 청년들을 타락시켰다는 것. 죄목이 좀 아리송하다. 게다가 설령 그가 청년들을 가스라이팅 gaslighting 하고 잡신을 신봉했다고 치자. 그런다고 사형에 처한다고? 더더욱 이해되지 않는다.

아무리 인문학에 문외한이라 해도 그가 필로소피아, 곧 철학의 시조라는 사실 정도는 알고 있다. 인류에게 스마트폰을 선사하고 떠난 애플의 스티브 잡스Steve Jobs가 함께 대화할 수 있다면 전 재산이라도 내놓겠다고 한 그 사람. 가족 드라마에서 주인공들이 팔자가 꼬일 때마다 "아이고, 테스형~" 하고 부르던 그 사람이 아닌가 말이다. 그런 그가 청년들을 타락시키고 잡신을 숭배하는 죄를 지었다니. 그래서 결국은 독배를 마시고 죽었다니. 뭔가 상당히 부조리하게 느껴지지 않는가?

그다음에 떠오르는 상념. 아, 그때가 독재 정권 말기였나, 아니면 폭군의 통치기였나, 하는 시대 분석이다. 하지만 뜻밖에도 이때는 민주정이었다. 그것도 인류 4대 문명(지중해·중동·인도·중국) 가운데 가장 민주주의가 꽃 피어난 아테네. 그의 재판에 참석한 배심원이 무려 501명이었다는 것만 봐도 알 만하지 않은가. 더구나 그를 고발한 인물인 아니토스Anytos는 스파르타의 참주 정치와 맞서 싸운 아테네 민주 투사였다. 그런데도 이런 판결이 가능하다고? 더더욱 혼란스럽다.

법정 미스터리라 할 만한 이 사건을 둘러싼 내막과 소크라테스의 변론은 그리스 문명과 철학사를 다루는 모든 교과서의 서두를 장식하고 있다. 하지만 내가 주목하는 바는 사형이 선고된 이후의 소크라테스다. 보통은 선고 직후 바로 사형이 집행되지만 소크라테스는 한 달여의 유예기간이 있었다. 델로스섬에 있는 아폴론 신전에 제물을 바치는 행사 때문이었다. 아테네에는 이 행사 기간에는 사형 집행을 하면 안 된다는 법이 있었다. 공동체의 정결을 유지하기 위해서였다. 그런데 "아테네 사람들이 델로스로 보내는 배의 끝부분을 화환으로 장식한 날이 우연하게도"[1] 소크라테스가 재판을 받기 전날이었다. 그러다 보니 소크라테스는 사형선고 이후에도 델로스로 떠난 배가 돌아올 때까지 감옥에 있어야 했다. 이 시간은 생존의 연장이라는 점에서 행운이었을까? 아니면 죽음의 공포를 연장했다는 점에서 불운이었을까?

소크라테스는 담담했다. 그 한 달 동안 친지와 제자들은 날마다 감옥으로 면회를 갔다. 그들은 매일 꼭두새벽에 감옥 앞에서 만나 감옥 문이 열릴 때까지 기다리다가 감옥 문이 열리면 즉시 안으로 들어가 하루 대부분을 그와 함께 보냈다. 뭘 하면서? 대화와 변론을 하면서. 이전에도 그랬고, 평생 그러했듯이. 결국 사형을 선고받고 죽음을 기다리는 감옥에서도 소크라테스의 삶의 형식은 전혀 달라지지 않았던 것.

죽음을 목전에 두었으니 당연히 주제는 죽음이었으리라. 그래서 궁금하다. 그는 죽음에 대해 어떤 변론을 펼쳤을까. 자신의 무고를 주장했을까. 아니면 운명에 대한 깊은 회한에 빠졌을까. 그 어느 것도 아니었다. 그는 죽음 그 자체에 대한 변론을 펼치기 시작했다. 죽음의 의미, 죽은 뒤 인간에게 일어나는 변화, 죽음을 위해 준비해야 할 것 등. 죽음은 그로부터 도주하는 이에게는 엄청난 공포를 야기한다. 하지만 그윽한 시선으로 그것을 응시하는 이에겐 한없는 평정과 자유를 선사한다. 바로 이런 식으로.

"자네가 너무나 달게 자는 모습을 한동안 보고 있자니 신기한 생각이 들어서, 조금이라도 더 달콤한 시간을 보내라고 일부러 깨우지 않았네. 사실 나는 지금까지 살아온 내내 자네의 기질을 부러워한 적이 자주 있었네만, 이런 불행을 겪으면서도 너무나 편안하고 초연하게 견뎌 내는 것을 보니 더욱더 그렇다네." (「크리톤」)[2]

"나는 그때 선생님과 함께 있으면서, 이상하게도 죽어 가는 친구 곁에 함께 있을 때 흔히 느끼게 되는 불쌍하고 측은하다는 감정 같은 것이 느껴지지 않았습니다. 태도나 말씀으로나 내게는 선생님이 행복해 보였기 때문이지요, 에케크라테스. 선생님은 그렇게 전혀 두려움 없이 고귀하게 삶을 마감하셨습니다. 〔…〕 그것은 기쁨과 고통이 한데 섞인 아주 묘한 것이었지요. 그 자리에 함께한 우리는 모두 동일한 감정에 사로잡혀서 웃다가 울다가 했습니다.”
(「파이돈」)[3]

크리톤Kriton은 절친이고 파이돈Phaidon은 제자다. 이 장면은 소크라테스가 사형당하기 직전의 풍경이다. 그들은 소크라테스를 존경하고 사랑했지만 그의 철학이 어떤 경지인지는 미처 가늠하지 못했을 것이다. 하여 지금 이 순간, 소크라테스가 죽음을 초연하게 맞이하는 모습을 보면서 놀랍고 경이로웠으리라.

그래서 참 역설적이다. 소크라테스의 사형은 아테네 시민들과 민주정에는 크나큰 비극이었다. 하지만 그 비극은 이제 시공을 넘어 인류사에 큰 비전을 제시한다. 죽음에 대한 비전, 죽음을 통한 삶의 비전. 그것은 더할 나위 없이 명료하고 유쾌하다. 그렇게 본다면 소크라테스의 독배는 비극일까? 아니면 지복일까?

2

죽음에 대한
변론 1

소멸 아니면 옮겨 감

소크라테스의 변론은 3차까지 이어진다. 1차는 죄목에 대하여, 2차는 형량에 대하여, 3차는 사형선고 직후의 최후 변론. 소크라테스의 태도는 시종일관 여유만만하다. 자기 같은 현자를 처단한 아테네 시민들이 앞으로 겪게 될 불명예에 대한 염려 혹은 예견까지 덧붙이는 한편, 자신에게 무죄판결을 내린 이들에게는 기꺼이 대화를 나누고 싶다고 제안한다. "친구들인 여러분에게 방금 내게 일어난 일이 무슨 의미인지를 보여 주고"[4] 싶다면서. 그렇게 해서 죽음에 대한 변론이 시작된다. 첫 번째 메시지. 죽음이 그리 나쁜 일이 아닐 수 있다고, 아니 좋은 일일지도 모른다고.

　논거가 아주 구체적이다. 그에게는 다이몬이 있다. 다이몬은

신의 목소리를 전해 주는 전령사. 요즘으로 치면 깊은 내면의 울림 혹은 무의식의 발현이라고 해야 할까. 그에게 다이몬이 등장하는 것은 늘 무언가를 제어할 때다. "이전에는 아주 작은 일이라도 내가 잘못된 일을 하려고 하면, 언제나 어김없이 신의 예언의 음성이 그 일을 하지 말라고 내게 알려 주곤 했습니다."[5] 하지만 "누가 보아도 최악의 재앙이라고 할 만한 일이 지금 내게 일어났는데도, 오늘 새벽에 집을 나설 때도, 여기 법정에 출두하여 이 자리에 섰을 때도, 변론하려고 어떤 내용을 말할 때도, 신께서는 나의 그런 행동을 반대하신다는 신호를 단 한 번도 보내지 않으셨습니다."[6] 왜? "방금 내게 일어난 일이 좋은 일이기 때문"[7]이고, 좋다는 건 나에게도 이롭고 남들에게도 이로운, 즉 '선한' 일이라는 것이다. 만약 "선한 일이 아니었다면, 평소에 내게 들려오곤 했던 그 신호는 나의 말이나 행동을 반대하여 반드시 나를 막아섰을 것인데, 이번에는 그런 일이 전혀 없었"[8]다는 것.

실제로 사형선고 이후에도 소크라테스한테는 감정의 동요가 전혀 일어나지 않았다. 어떻게 그럴 수 있을까? 말로는 신의 예언, 곧 다이몬을 내세웠지만, 사실은 이미 죽음에 대한 충분한 숙고가 있었기 때문이다. 이미 1차 변론 때부터 그는 죽음과 지혜에 관한 변론을 펼친다.

"어떤 사람이 죽음을 두려워한다면, 그는 지혜로운 것처럼 보여도 실제로는 지혜롭지 않으며, 무엇을 아는 것처럼 보여도 실제로는 알지 못하기 때문입니다. 인간에게 허락된 모든 복 중에서 죽음이 최고의 복일지도 모르는데, 사람들은 마치 죽음이 최악의 재앙임이 확실한 것처럼 죽음을 두려워합니다. 그런데 자기가 알지도 못

하는 것을 안다고 생각하는 것이야말로 가장 비난받아야 할 무지
가 아닐까요?"[9]

그의 말을 다시 변주해 보면, 죽음이 무엇인지는 아무도 모른
다. 근데 모르는데 두렵다고? 그게 어떻게 가능하지? '자기가 알지
도 못하는 것을 안다고 생각하는 것'이야말로 무지 중의 무지가 아
닌가?

참으로 뼈아픈 지적이다. 소크라테스 이후 2600년이나 지난
지금, 우리는 여전히 죽음이 무엇인지 모른다. 하지만 우리는 죽음
을 두려워한다. 아테네 사람들보다 훨씬 더! 소크라테스는 우리와
반대로 생각한다. 나도 죽음에 대해 잘 모른다. 하지만 죽음은 '인
간에게 허락된 모든 복 중에서 최고의 복'일지도 모른다. 지금 이
렇게 마음이 편안한 걸 보면!

이런 '느낌적인 느낌'에서 시작하여 이제 본격적으로 죽음에
대한 변론이 펼쳐진다. 죽음이란 무엇인가? 근본적인 차원에서 추
상해 보면 죽음이라는 사건은 둘 중 하나다. 소멸 아니면 옮겨 감.
생명이 소멸되는 것이거나 아니면 이승의 삶이 저승으로 옮겨지는
것. 결론은 "둘 다 오케이!" 전자의 경우 모든 지각 활동이 멈춰서
깊은 잠에 빠지는, 다시 말해 꿈 없는 잠을 자는 것과 같다면 죽음
은 그야말로 놀라운 이득이다.

"여러분이 누구라도 붙잡고서, 그 사람이 꿈을 꾸지 않았을 정도
로 아주 푹 잔 어느 밤을 골라서, 자신이 살아온 다른 모든 밤이
나 낮과 비교한 뒤, 일생 동안에 그 밤보다 더 잘, 그리고 더 달
콤하게 보낸 낮과 밤이 얼마나 되는지를 곰곰이 생각해 보라고

해 보십시오."[10]

　동의보감에 따르면, 꿈을 꾸지 않는 잠이야말로 양생의 최고 경지다. 그런 잠을 자려면 낮의 스트레스로부터 완전히 벗어나야 한다. 이런 밤보다 더 달콤한 낮과 밤은 없다. 불면증에 시달리는 현대인이라면 격하게 공감할 것이다. 불면증은 만병의 근원이다. 하루의 모든 시간을 노동 아니면 쾌락으로 꽉 채운 대가다. 그 결과 몸은 아프고 마음은 괴롭다. 편안한 잠을 위해 약물과 주사에 의지하는 이들이 얼마나 많은가. 소크라테스 시절이나 지금이나 다들 행복을 쟁취하려고 기를 쓰고 있는데 결국 푹 잘 자고 일어난 하루보다 행복한 순간이 없다니, 참 허망한 노릇이다. 아니, 꼭 그렇지만도 않다. 그게 진실이라면 참 좋은 일이 아닌가. 꿀잠을 자려면 적당히 먹고 적당히 활동하면 된다. 기를 쓰고 애를 쓰며 살지 않아도 된다는 뜻이다. 이렇듯 죽음에 관한 탐구는 우리를 삶에 대한 근원적 성찰로 안내한다.

　다른 한편, 후자의 경우라면 어떨까? 깊이 잠드는 게 아니라 다른 세계로 옮겨 가는 것이라면? 역시 오케이! 그보다 더 좋은 일이 어디 있겠는가? 모든 사람이 다 저승에 있다면, "부당한 판결을 받고 죽은 옛사람들 중 누군가를 만나, 내가 겪은 일과 그들이 겪은 일을 서로 비교해 본다면, 결코 재미없지는 않을 것"[11]이란다.

　　"하지만 거기에서 내게 가장 큰 즐거움을 주는 일은 역시 내가 여기에서 그래 왔던 것처럼 거기에서 살아가는 사람들에게 질문을 던지고 꼬치꼬치 캐물어서, 그들 중에서 누가 진정으로 지혜로운 사람이고 스스로는 지혜로운 체하지만 사실은 지혜롭지 않은 사람은 누군지를 밝혀내면서 지내는 것이겠지요."[12]

죽음을 마치 가벼운 '공간 이동'처럼 표현하고 있다. 자신처럼 부당한 판결을 받고 죽은 이들과 만나 누가누가 더 심하게 당했는지 서로 비교해 보고 싶다는 농담까지 구사한다. 더 중요한 건 여기에서와 같이 거기에서도 참된 지혜를 판별하는 일을 계속하겠다는 것. 이 말은 자기 삶에 대한 무한 긍정이다. 여기에서처럼 저기에서도 그렇게 살겠다는!

놀랍게도 심판이나 고통에 대한 두려움이 없다. 오히려 기대에 차 있는 느낌이다. 그래서 이렇게 당부한다. 죽음을 무조건 나쁘게, 무섭게 느끼지 말고 일단 좀 '선한 희망'을 품어 보라고. 사형수가 살아남은 이들에게 보내는 '희망 메시지'라니. 어쨌든 이제 법정을 떠나야 할 시간이다.

"나는 죽기 위해 떠나고, 여러분은 살기 위해 떠날 것입니다. 하지만 우리 중에서 어느 쪽이 더 나은 곳을 향해 가고 있는지는 오직 신神 외에는 아무도 모릅니다."[13]

3

죽음에 대한
변론 2

삶과 죽음은 순환한다

소크라테스는 대화의 달인이다. 그는 언제 어디서나 누구하고든
대화한다. 그에게 걸려들면 결국 자신의 무지를 선언할 수밖에 없
다. 무지를 깨닫는 것이야말로 진리로 나아가는 문이다. 자신이 인
생에 대해 아무것도 알지 못한다는 것, 다시 말해 지금 알고 있는
것들이 참으로 피상적이며 덧없음을 알게 된다면 그때부터 그는
깊은 사색에 잠기게 된다. 사유하는 존재가 되는 것이다. 소크라테
스 자신이 그러했다. '그는 혼자 떨어져서, 어디든 간에 그냥 서서
생각을 한다.' 전쟁에 참전했을 때에도, 파티하러 가던 도중 담벼
락 아래에서도, 마치 화두를 들고 삼매에 들어가는 선승들처럼 깊
은 사색에 잠겼다. 그 사유의 주제 안에 죽음이 있었으리란 건 쉽

게 추론할 수 있다. 이제 감옥에서 그것을 펼칠 차례다. 죽음을 목전에 둔 지금 이 순간이야말로 죽음에 대한 지혜를 전달할 최고의 현장이 아닌가. 그는 말한다. "배심원들 앞에서보다 더 공들여서 나 자신을 변론하고 자네들을 설득해"[14] 보겠다고.

변론의 요지는 '삶과 죽음은 순환한다'는 것.

"옛날부터 우리에게 전해 내려오는 말에 따르면, 죽은 사람의 영혼은 이승을 떠나 저승에 있다가 이승으로 돌아와 다시 태어난다고 하네."[15]

인도 문명권의 윤회론을 떠올리게 하는 대목이다. 소크라테스는 이 논리에 뼈와 살을 부여하여 보편적 이치로 변주해 낸다. 그에 따르면 삶과 죽음은 대립물이다. 그런데 "모든 한 쌍의 대립물 사이에는 상호적이고 이중적인 생성 과정"[16]이 있다. 즉 "대립물 중 하나로부터 다른 하나가 생겨나고, 그렇게 생겨난 것은 자신의 대립물인 다른 하나로 되돌아"[17]간다. 부연하면, "모든 대립물이 자신의 대립물을 생성하고, 그렇게 생성된 대립물이 다시 자신의 대립물을 생성하는 방식으로 쌍방향으로 진행되어서, 그러한 이중적인 생성 과정이 하나의 원처럼 끊임없이 순환"[18]하는 것이 우주의 원리다. 중화 문명권의 음양오행, 상생상극의 이치를 연상시키는 논리다. 대립물의 쌍방향적 진행이 직선이 아닌 원처럼 순환한다고 보는 것도 흥미롭다.

만약 반대로 대립물이 오직 한 방향으로만 진행된다면 어떻게 될까?

"대립물 중 오직 특정한 하나가 다른 특정한 하나를 생성하는 방식으로 한 방향으로만 진행되고 반대 방향으로는 진행되지 않는다고 가정해 보세. 그런 경우에는 결국에는 대립물이라는 것은 전혀 존재하지 않게 되고, 모든 것이 하나의 똑같은 형태와 하나의 똑같은 상태가 되어서 생성 자체가 멈추게 될 것임을 자네는 아는가?"[19]

삶과 죽음 또한 마찬가지다.

"살아 있는 모든 것이 죽고, 죽은 후에는 그 죽은 상태에 그대로 머물러 있어서, 다시 살아나는 것이 없다면, 결국에는 모든 것은 죽어 있고, 살아 있는 것은 아무것도 없는 때가 필연적으로 오지 않겠는가?"[20]

즉 그렇게 되면 우주의 모든 활동은 종국에는 멈추게 되고 만다. 결국 우주가 존재하려면, 그리고 생명이 계속 활동하려면 삶에서 죽음으로, 죽음에서 삶으로의 이행이 끊임없이 이루어져야 한다.

그런 관점에서 본다면 삶과 죽음의 경계는 없다. '없다'는 표현이 좀 과격하다면 매우 '희미해진다' 정도로 해 두자. 생사를 이원론적으로 날카롭게 구획하는 관점에서 상당히 멀어진 셈이다. 죽음이 나쁜 일이 아니라 좋은 일일 수도 있다고 한 그의 진술 역시 같은 맥락이다. 인도의 윤회론, 중국의 오행론을 연상시키는 이런 관점이 지중해 문명과 동방 문명과의 교류로 인한 것인지는 확인할 바가 없다. 분명한 건 당시 소크라테스뿐 아니라 피타고라스Pythagoras, 플라톤Platon 등 지중해의 현자들 사이에선 이런 논리가 상당히 퍼져 있었다는 사실이다.

한편 생각해 보면, 굳이 동방의 영향을 운운하지 않더라도 이 정도는 충분히 추론해 낼 수 있었을 듯하다. 우리가 사는 시공간은 '봄·여름·가을·겨울'의 스텝을 밟는다. 이것은 결코 직선적 운동이 아니다. 원운동, 그것도 매번 다르게 돌아오는 원운동, 즉 순환이다. 봄이 생이라면 겨울은 죽음이다. 겨울이 없는 봄이 가능한가. 마찬가지로 봄·여름이 없으면 가을·겨울 또한 오지 않는다. 생과 사 역시 이런 시공간의 운동과 분리될 수 없다. 생애 주기 역시 청춘, 장년, 중년, 노년으로 흘러가지 않는가 말이다. 거기서 한 걸음만 더 나아가면 바로 삶과 죽음이 뫼비우스의 띠처럼 서로 연결되어 순환한다는 명제가 도출되지 않을까. 소크라테스는 거기에 좀 더 탄탄한 논리적 유기성을 부여했을 뿐이다.

죽음에 대한
변론 3

영혼은 불멸한다

그런데 우리는 분명히 안다. 죽으면 육체는 소멸되어 산산이 흩어진다는 것을. 한데 어떻게 돌아온다는 것인가? 되돌아오는 것은 당연히 영혼이다. 육체는 소멸되지만 영혼은 소멸되지 않는다. 정말 그런가? 하지만 소크라테스는 확신한다. "살아 있는 자들이 죽어 있는 자들에게서 생겨난다"[21]면, 육체는 소멸될지언정 영혼은 지속된다는 것. 그래야만 삶과 죽음이 계속 순환할 수 있기 때문이다.

> "죽은 자의 영혼이 다시 태어나서 산 자의 영혼이 되는 것이 사실이라면, 우리 영혼이 죽은 후에도 존재한다는 것이 아니면 무엇이겠는가? 영혼이 존재하지 않는다면, 다시 태어나는 것도 불가능

할 것이기 때문이네. 그리고 새롭게 태어나는 사람이 다름 아닌 죽은 자에게서 다시 태어나는 것이 분명한 사실로 드러난다면, 그 것은 사람이 죽은 후에도 영혼은 계속 존재한다는 것을 보여 주는 충분한 증거가 될 것일세."[22]

결국 소크라테스 윤회론의 핵심은 '영혼불멸설'이다. 카렌 암 스트롱Karen Armstrong에 따르면, "프시케psyche(영혼)의 발견은 소 크라테스와 플라톤이 이룬 가장 중요한 성취로 꼽을 만하다."[23] 미 케네 문명의 영웅시대를 반영하고 있는 고전 『일리아드』Iliad와 『오 디세이』Odyssey가 잘 보여 주듯이, 그 이전에는 영혼이라는 개념이 부재했다. 희로애락의 감정은 다 특정한 신들의 활약이라 여겼다. 사랑에 빠지는 건 큐피드Cupid의 화살을 맞았기 때문이고, 폭풍 같 은 분노에 휩싸이는 건 포세이돈Poseidon의 왕림 때문이고, 광기에 사로잡히는 건 디오니소스Dionysos가 덮쳤기 때문이고 등. 그러니 인간은 내면을 돌보고 성찰할 필요가 없었다. 하지만 이젠 상황이 달라졌다. 영혼의 발견과 더불어 마음의 모든 활동과 변화를 신의 탓으로 돌릴 수 없게 된 것이다.

그러면 프시케, 즉 영혼이란 무엇일까? 진정한 자아, 순수의 식, 혹은 아트만 등이 연상될 수도 있다. 하지만 우파니샤드 철학의 핵심인 아트만이 몸, 숨, 열기 등 신체와 분리될 수 없다면, 소크라 테스의 영혼은 철저히 몸과 분리된 것이다. 그래야 모든 정신 활동 의 원천이 될 수 있다.

"프시케는 개인의 탄생 이전부터 존재하며, 죽음 이후에도 살아 있다. 영혼 덕분에 인간은 추론할 수 있고, 선을 찾을 수 있다. 영혼의 계발은 인간의 가장 중요한 과제였다."[24]

소크라테스의 '상기론'이 바로 이런 내용을 담고 있다. 상기론에 따르면, "배운다는 것은 기억해 내는 것"[25]이다. 예컨대 우리의 영혼은 '수많은 전생'을 통해 이미 모든 원형을 인식하고 있다. 다만 태어나면서 잊어버렸을 뿐이다. 그러므로 지식이란 새로운 것을 습득하는 것이 아니라 기억을 되살리는 것일 뿐이다.

이렇듯, 영혼불멸설은 영혼/육체의 이원론을 전제로 한다. 즉 영혼과 육체 사이에는 깊은 심연이 존재한다. 둘은 구성과 작용 자체가 완전히 다르기 때문이다. 먼저 영혼은 순수하고 투명하고 단일하며 해체될 수 없다. 하여 영원하다. 반면 육체는 무겁고 탁하고 잡스럽다. 자신의 동일성을 유지할 수 없는 합성물이기 때문에 언제든 해체할 수 있다. 당연히 무상하고 유한하다. 산다는 건 영혼과 몸이 함께 공존하는 것을 의미한다. 자연의 법칙은 영혼이 주인이 되어 몸을 지배하라고 명령한다. 그 명령에 부응하다가 죽으면 영혼은 몸으로부터 분리되어 몸에 속한 그 어떤 것도 동반하지 않은 채 홀로 순수한 상태로 있게 된다.

반대로 이 명령을 따르지 않는다면? 다시 말해 영혼이 주인의 역할을 제대로 수행하지 못한다면? 육신적인 것에 이끌려 다니느라 영혼은 아주 탁하고 무거워진다. 그러면 죽은 이후에도 저승의 세계에 적응하지 못하고 이리저리 방황하다가 다시 이승의 세계로 이끌려 와서 무덤과 비석들 사이를 배회하게 된다. 한마디로 유령이 되어 떠돈다는 것. 영혼이 몸의 욕구에 굴복하여 그 습성을 되풀이한다는 뜻이다. 매우 소박한 수준이긴 하나 이 변론 역시 윤회론을 연상시킨다. 인도의 윤회론 역시 욕망과 습관의 패턴이 카르마(업)가 되고, 그 업의 작용 때문에 끊임없이 생사를 반복한다고 보기 때문이다.

소크라테스가 발견하고 플라톤이 정립한 이후, 영혼의 발견 및 영혼/육체 이원론은 서구 지성사의 중심축을 이루게 되었다. 동양의 사유는 좀 다르게 진행된다. 아트만에 대한 정의에서도 보았듯이, 동양에선 육체와 정신은 분리 불가능하다. 인도에서 요가가, 중국에서 양생술이 고도로 발달하게 된 이유일 것이다. 근대 이후 서구에서도 이원론은 더는 지배적이지 않다. 생물학과 의학, 인류학의 발전이 영혼과 육체, 몸과 마음의 상호작용을 계속 발견해 내고 있기 때문이다. 하지만 현대 의학은 물론이고 현대인의 일상에서 정신(혹은 영혼)과 신체는 여전히 따로 논다. 그만큼 영혼/육체의 이원론이 끼치는 영향력이 지대하다는 뜻이다.

그런데 여기서 반드시 환기해야 할 사항이 하나 있다. 소크라테스는 영혼이 육체의 주인임을 강조해 마지않았지만, 현대인은 정반대로 육체가 영혼의 주인이다. 육체를 잘 다듬고 지키는 것이 영혼이 해야 할 주된 소명이다. '물구나무신 이원론'이라고나 할까. 그러다 보니 육체에 대한 집착은 날로 강화되고 영혼에 대한 배려는 점점 소홀해진다. 생에 대한 집착은 더한층 증폭되고 죽음에 대한 이해는 나날이 빈곤해진다. 소크라테스가 안다면 진짜 기겁할 일이다.

그가 설파하는 윤회론 및 영혼불멸설은 21세기 지성사적 차원에서 보면 지극히 소박한 수준이다. 그럼에도 그의 변론은 여전히 신선하고 감동적이다. 특히 놀라운 것은 사유와 실천의 일치다. 그는 사유한 대로 살았고, 사는 대로 사유를 펼쳤다. 죽음 앞에서 저토록 초연하고 평온할 수 있었던 것도 그 때문이다.

인생이 잘 풀리지 않으면, 맥락도 영혼도 없이 "테스형~"을 외칠 것이 아니라 이제부터라도 그 테스형의 지혜를 탐구하고 연마해야 하지 않을까? 그러기 위해선 무엇보다 전도된 이원론부터 뒤집어야 할 것이다. 존재의 주도권은 육체가 아니라 영혼이라는 사실부터 환기하고 또 환기할 일이다.

5

철학자,
죽음을 탐구하는 존재

로고스의 향연

소크라테스는 아테네 최고의 추남이다. 납작한 들창코에 개구리 입, 툭 튀어나온 똥배까지. 당시도 그랬을 테지만 우리 시대의 미적 기준으로는 거의 '극혐'의 수준이다. 아버지는 석수, 어머니는 산파. 출신도 한미한 편이다. 그렇다고 아주 빈곤한 처지는 아니었지만 스스로 자발적 가난을 선택했다. 한마디로 사회적으로 볼 때 존재감이 거의 제로에 달하는 인물이다. 그럼에도 그는 사람들을 매료시켰다. 당대 최고의 꽃미남이자 아테네 민주정의 상징인 페리클레스Perikles의 조카였던 청년 알키비아데스Alkibiades가 대표적인 케이스다. 그는 소크라테스한테 완전히 빠져서 거의 이성을 잃을 지경이었다. 그에 따르면 소크라테스는 '말만으로 사람들을 흔들어 깊은 곳으로 인도한다'고 한다. 어느 정도 수준이냐 하면, "그의 이야기를 들을 때면 종교적인 열광에 빠져 있을 때보다도 심장박동이 더 빨라지며, 눈물이 뺨을 타고 흘러내린다." 심지어 그의 "로고스는 청중을 디오니소스 축제 때처럼 '열광'하게 했다."[26]

잘 감이 잡히진 않지만, 언어가 이런 흡인력을 가진 것만은 분명하다. 인간은 호모 사피엔스이자 호모 로퀜스다. 언어야말로 가장 인간적인 특성이자 보편적 능력이다. 아테네 문명은 민주정을 꽃피웠고, 그 민주정의 핵심은 광장(아고라)에서 펼치는 로고스의 향연이었다. 여자와 노예를 제외한 모든 시민은 늘 자신의 논리를 대중 앞에서 설파할 수 있었다. 아울러 수많은 소피스트가 아테네로 몰려오면서 철학과 논리, 수사학은 절정에 이르렀다. 그런 시대적 배경 속에서 소크라테스가 등장했고, 그는 일찍이 경험해 보지 못한 말의 향연을 펼쳤다. 그것을 일러 그는 '지혜'라고 불렀다. 지혜란 인간과 세계에 대한 가장 근원적인 이치를 말한다. 따라서 부와 권세, 명예 따위와는 비교할 수 없는 자유와 환희를 제공한다. 죽음이라는 장벽을 뛰어넘는 것은 말할 나위도 없다. 앞서 언급했듯이 그는 "어떤 사람이 죽음을 두려워한다면, 그는 지혜로운 것처럼 보여도 실제로는 지혜롭지 않으며, 무엇을 아는 것처럼 보여도 실제로는 알지 못"[27]한다고 단언했다.

「크리톤」을 보면, 소크라테스는 스스로 죽음을 선택한 것처럼 보인다. 말하자면, 지금이 '죽어야 할 때'라고 여긴 듯하다. 「크리톤」의 배경은 아폴론 축제를 위해 델로스로 보낸 배가 아테네로 돌아오기 직전, 다시 말해 사형이 집행되기 하루(혹은 이틀) 전의 상황이다. 절친 크리톤의 입장에선 일이 어쩌다 이 지경이 되었는지 도무지 이해할 수가 없다. 그래서 '기회는 오직 오늘 밤뿐이다.

일단 친구의 목숨을 구하고 봐야 하지 않나' 이런 생각이 들었다. 게다가 자신에겐 그럴 만한 경제력이 충분하다. 그런데도 소크라테스를 탈출시키지 않는다면 '친구보다 돈을 더 소중히 여긴 자'라는 불명예를 안게 될 것이다. 하여 온 마음을 다해 소크라테스를 설득한다. 특히 그대는 아들이 셋(하나는 청년, 둘은 소년)이나 있는데 그들을 두고 떠난다면 너무 무책임하지 않느냐며 소크라테스의 '약한 고리'를 파고든다.

그때부터 소크라테스의 변론이 시작된다. 오직 절친 크리톤만을 위한 변론이다. 변론의 기준은 이성과 진리라는 원칙. 먼저, "아테네 사람들이 나를 방면하고자 하지 않는데도 내가 이곳을 빠져나가고자 하는 것이 과연 옳은 일인지를 살펴"[28]보자고 한다. 비용과 평판, 자녀 교육 등은 중요하지 않다. 죽느냐 사느냐도 부차적이다. 그럼 뭐가 가장 중요한가? '어떤 상황에서도 불의를 행해서는 안 된다'는 원칙이다. 불의란 타인에게 해악을 입히는 것이다. 불의를 저지르지 않는 것이야말로 철학과 지혜의 핵심이다.

그럼 이런 반론이 바로 나올 수 있다. 아테네 법정이 먼저 불의를 저지르지 않았는가? 말도 안 되는 이유로 아테네 최고의 현자를 사형에 처하라는 판결을 내렸으니 말이다. 하지만 소크라테스는 말한다.

"다른 사람에게서 해악을 입었다고 해서 그것을 갚아 주려고 해서도 안 된다."[29]

오, 놀라운 도약이다. "악법도 법이다"라는 '가짜 뉴스'(소크라테스가 한 말로 오랫동안 인구에 회자되었던)가 탄생하게 된 맥락도 이

지점일 듯하다. 타인이 나에게 해를 입혔다고 해서 복수해서는 안된다. 복수 또한 불의다. 왜? 그것 또한 타인에게 해를 입히는 것이므로. 그러니까 타인에게 해를 끼쳐서는 안 된다는 원칙은 조건에 연루되지 않는다. 조건에 따라 이리저리 변한다면 그것은 지혜가 아니다. 여기서 한 번 더 도약을 감행한다면, '원수를 사랑하라! 살아 있는 모든 존재에게 자비를 베풀라!' 같은 영적 메시지로 이어질 것이다. 소크라테스가 전문 지식의 대중화에 골몰한 소피스트들과 구별되는 지점이 바로 여기다. 그에게 있어 철학은 인간이 나아가야 할 궁극의 방향을 탐색하는 것이었다.

그다음, 소크라테스는 아테네의 법과 공동체의 처지에서 변론을 진행한다. 자신을 철저히 객관화시키는 특유의 화법이다. 발화 주체는 아테네다. 아테네는 소크라테스에게 이렇게 말한다. "우리는 당신을 태어나게 해 주고 키워 주고 교육을 받게 해 주었고, 당신을 비롯한 모든 시민에게 우리가 줄 수 있는 온갖 혜택을 나누어 주었"[30]다. 또 누구나 이 나라에 불만이 있어서 다른 곳으로 이주를 원하면 소유 전부를 가지고 원하는 곳으로 떠나는 것을 금지하지 않았다. 하지만 당신은 그렇게 하지 않았다. 단호하게 이 나라를 선택했고 우리의 법질서에 복종하기로 합의했다. 더구나 재판 과정에서 추방형을 선고해 달라고 제안할 수도 있었지만 당신은 그렇게 하지 않고 스스로 사형을 선택했다. 그리고 마지막으로 이렇게 덧붙인다.

"소크라테스여, 우리는 당신이 우리 법과 국가에 만족했음을 보여 주는 확실한 증거를 가지고 있습니다. 모든 아테네 사람 중에서 유독 당신은 어떤 이유에서든 자발적으로 이 나라를 벗어난 적이

거의 없습니다."[31]

　그렇다. 그렇게 살아왔는데, 지금 자신에게 불리하다고 탈출을 감행한다는 건 자신의 철학과 원칙을 배반하는 일이다. 크리톤은 결국 설복당한다. "소크라테스, 내가 할 말이 없네."[32] 이번엔 소크라테스가 그를 위로한다. "크리톤, 신이 우리를 이 길로 인도하니 이 길을 가세."[33] 이 변론을 통해 알 수 있는 바는 이렇다. 소크라테스는 아테네를 몹시 사랑했다는 것, 아울러 지금까지의 삶에 지극히 만족스러워했다는 것, 그리고 지금이야말로 죽음을 맞이하기 딱 좋은 시기라고 생각한다는 것.

　그는 확신한다. 영혼만으로 존재하는 것이 저승 세계다. 그렇다면 죽음 이후, 저승의 삶을 결정하는 건 영혼의 속성 혹은 영혼의 수준이다. 철학자는 필로소피아(지혜에 대한 사랑)를 향해 나아가는 존재다. 다시 말해 육신을 멀리하고 영혼과 관련된 사색만을 수행하는 이들이 아니던가. 그렇다면 철학은 그 자체로 '죽음을 탐구하고 죽음을 연습하는' 행위인 셈이다.

　"제대로 철학하는 사람들은 죽는 것을 탐구하며 실천하는 것을 본업으로 삼아 살아가는 사람들이니, 모든 사람 중에서 죽음을 가장 두려워하지 않는 사람들이 분명하네. [⋯] 그들은 모든 면에서 몸을 극도로 혐오해 오로지 영혼만으로 존재하고 싶어 하다가, 마침 그런 기회가 찾아와 자신이 일평생 벗어나려고 몸부림쳤던 저 몸의 결박에서 놓이게 된 것일세. 그토록 오랜 세월 사모하고 열망해 왔던 지혜를 얻을 수 있는 곳으로 가게 된 것이지. 그런데 그것을 기뻐하기는커녕, 도리어 두려워하고 화를 낸다면, 그것이 이치에 맞는 것이겠는가?"[34]

철학자는 영혼만을 탐구하고 영혼만으로 존재하기를 원하는 이들이다. 한데 죽음은 마침내 영혼을 괴롭히던 몸의 결박에서 놓여나는 사건이다. 온전히 지혜만으로 존재할 수 있게 된다는 뜻이다. '그렇다면 죽음이 닥쳤을 때 그것을 기꺼이 맞이하고 기뻐해야 마땅하지 않은가?' 오, 이렇게 단순 명쾌한 논법이라니! 철학, 지혜, 영혼, 죽음이 하나의 원리 안에서 매끄럽게 연결되고 있다. 요컨대, 소크라테스에 따르면 죽음의 공포를 극복하는 길은 간단하다. 단지 철학을 하면 된다! 철학이 곧 영혼을 정화하는 행위이고, 그 수준에 맞게 죽음 이후를 맞이하게 될 터이니 말이다. 그래서 이토록 자신만만한 것이다.

영혼을 잘 돌보라,
선과 지혜로!

윤리적 축의 대전환

"나는 일생 동안 남들과 같은 평범한 삶을 살지 않았고, 돈 버는 일, 가정을 돌보는 일, 장군이 되는 일, 인기 있는 웅변가가 되는 일처럼 많은 사람이 추구하는 일에는 관심을 두지 않았습니다. 게다가 나는 모든 공직은 물론이고, 이 나라에서 벌어지는 정치적인 음모나 결사에도 관심이 없었습니다."[35]

보다시피 소크라테스는 백수다! 소위 세속적으로 '잘나가는' 일에는 조금도 마음을 두지 않았다. 그러면 시민운동 같은 재야 정치에는 관심이 있을 법한데, 그런 식의 정치적 활동도 일절 하지 않았다. 음모나 결사에 관심이 없기도 했지만, 더 중요한 건 만약 어떤 종류든 정치적 활동에 관여했으면 벌써 죽었을 것이라고 주장한다. 당시 정치 정세가 그만큼 위태로웠다는 뜻이다. 그의 영혼을 이끄는 다이몬이 정치 활동에 대해선 아주 강력한 부정적 시그널을 보낸 것도 그 때문이었으리라. 그럼 너무 보신주의 아닌가? 아니다. 죽음이 두려워서가 아니다. 그렇게 비명횡사하면 정말로 중요한 일을 할 수 없기 때문이다. 그게 무엇인가? 사람들에게 최대한 도움을 주는 것이다. 좋은 삶을 살 수 있도록 돕는 것이 자신의 소명이라 여겼다는 것이다. 흔히 생각하기엔 시민운동 혹은 넓은 의미의 정치가 바로 그런 활동이 아닌가 싶지만, 아니다!

「고르기아스」Gorgias에서 그는 아테네 민주정의 상징인 페리클레스를 강도 높게 비판한다. 페리클레스는 아테네의 부국강병을 이룬 대정치인이지만 소크라테스가 보기엔 오히려 사람들의 삶을 망친 인물이다. 왜냐하면 그는 아테네 시민들에게 부를 안겨 주었을지는 모르나 욕구를 다스리는 법을 가르쳐 주지는 못했기 때문이다. 부가 늘어날수록 욕망의 크기는 더 커지고 그에 비례하여 삶은 점점 더 황폐해진다. 영혼이 아니라 육체를 살찌우게 되는 것이다. 여기서 잠깐. 2600년 전, 저 머나먼 지중해의 도시국가에 대한 언급인데 왜 이렇게 익숙하지? 그렇다. 문명의 역사가 그러했고, 바로 지금 우리 시대가 그렇기 때문이다. 부의 증식과 영혼의 충만함 사이는 점점 더 멀어진다. 앞으로 그 간극이 좁혀질 가능성과 비전도 잘 보이지 않는다. 우리 시대가 소크라테스의 지혜를 끊임없이 소환하는 이유일 터이다.

그럼 그가 사람들을 돕기 위해 해야 할 일은 무엇인가? '사람들의 영혼을 깨우치는 일'이다. 그러기 위해선 사람들을 만나야 하고, 만나서 대화를 나누어야 한다. 영혼은 비물질적 운동을 한다.

즉 물질의 원리를 따르지 않는다. 영혼이 절제와 정의, 자유 등을 갈구하며 비우고 덜어 내는 것이 핵심이라면, 육신은 물질과 쾌락을 지향한다. 물질은 소유와 증식을 향해 달려가고, 쾌락은 더 높은 강도를 요구한다. 결론은 고통과 허무다.

그러므로 영혼의 관점에서 보자면 몸은 일종의 감옥이다. 영혼과 육신의 치열한 대립과 갈등. 그것이 곧 인간의 삶이다. 이 모순과 부조리를 그는 이렇게 비유한다. "모든 쾌락과 고통은 말하자면 못과 같은 속성이 있어서 영혼을 몸에다 못 박아 단단히 고정함으로써 육신적인 것이 되게 하여, 몸이 말하는 것은 무엇이든지 다 맞는 것으로 여기게"[36] 만든다고. 거기에 물든 영혼은 완전히 육체에 오염된 나머지 그 본래의 순수함을 유지할 수 없게 된다. 그래서 죽음 이후, 즉 몸에서 분리되어 영혼만으로 존재하게 될 때 신적이고 순수한 단일체와 합일하지 못하고, "이내 또 다른 몸으로 들어가서, 마치 씨가 뿌려진 것처럼 거기에서 자라"[37]난다는 것이다.

그렇게 되지 않으려면, 즉 영혼이 순수한 단일체가 되어 신적인 존재들과 결합되려면 어떻게 해야 할까? 당연히 철학을 해야 한다. 철학은 존재를 쾌락과 고통에 결박당하게 하지 않는다. "쾌락이나 고통 같은 것에서 벗어나 고요한 평정심 속에서, 언제나 사유가 이끄는 것에 집중"하게 되면, "그런 식의 훈련을 한 영혼은 몸에서 분리되었을 때, 그 즉시 산산이 부서지고 바람에 날려 흩어져서 더는 그 어디에도 존재하지 않을 것을 두려워할 이유가 없"다.[38]

그렇다면 이제 어떻게 살아야 할지가 분명해진다. 영혼이 불멸이라면, "우리가 살아 있다고 부르는 이 시간만이 아니라 모든 시간 동안 영혼을 돌보아야 한다."[39] 어떻게? 간단하다. 영혼의 원리, 곧 물질과 반하는 흐름을 취하면 된다. 육신이 쾌락과 고통을 정신없이 오가는 것이라면 영혼은 사색과 평정을 추구한다. 깊이 사색하고 어떤 조건에서도 마음의 평화를 누릴 수 있는 것이 영혼의 진수다.

그럼 그것은 어떻게 표현되는가? '선과 지혜'로 드러난다. 선이 이기적 자아를 벗어나 타자와 연결되는 행위라면, 지혜는 존재와 세계에 대한 근원적 통찰을 의미한다. 즉 이타심과 통찰력. 쾌락과 고통의 이분법을 넘어서는 길은 최대한 선해지고 지혜로워지는 것뿐이다. 그것 말고는 달리 방법이 없다. 저승에 갈 때 선과 지혜의 능력 외에는 아무것도 남지 않을 테니 말이다.

> "이승에서 훈련을 잘 받아 지혜롭게 된 영혼은 저승으로 가는 길에 있는 모든 것에 친숙해서 그 길을 잘 따라간다네. 반면에 〔…〕 몸의 욕망을 떨쳐 내지 못해 그것이 남아 있는 영혼은 몸과 자기 눈에 보이는 곳에 연연해하며 떠나지 못하고 오랫동안 배회하면서 격렬히 저항하고 많은 고초를 겪은 후에야, 자신에게 배정된 수호신에게 강제로 이끌려서 가까스로 이승을 떠나게 되지."[40]

그렇다. 소크라테스에게 있어 철학은 '선과 지혜'를 연마하는 윤리학이었다. 소크라테스의 대화술의 핵심은 '무지無知의 지知'다. 자신의 무지를 자각하면 그때부터 인간의 로고스는 깨어나게 된다. 삶을 점검하고 진리에 관한 탐구가 시작되는 것이다. 그것은 단지 이론적, 논리적 깨우침에 그치지 않고 인간을 완성으로 이끈다. 완성된다는 건 무엇인가? 최대한 '선해지고' 최대한 '지혜로워지는' 것이다.

알다시피, 그의 사형은 부당한 판결이었다. 당시의 정황을 살펴보면, 지중해 패권을 둘러싼 스파르타와의 전쟁, 아테네 청년 정치가들의 오판, 그리고 참주 정치로 인한 대규모 살상, 그 후 간신히 민주정이 회복된 상태였다. 당시 아테네 시민들은 극심한 불안과 히스테리에 시달렸다. 그럴 땐 희생양을 찾기 마련이다. 소크라테스에 대한 사형선고도 그중의 하나였다. 그는 충분히 알고 있었다. 자신의 사형이 그런 사회정치적 배치의 산물이라는 것을.

그럼에도 그는 분노하지도, 슬퍼하지도 않았다. 어떻게 그게 가능하지? 바로 그가 평생에 걸쳐서 해 왔던 '선과 지혜'의 수련 덕분이었다.

"우리는 복수를 해서도 안 되고, 상대가 어떤 악을 저질렀건 누구에게도 악을 악으로 갚아서는 안 된다."[41]

카렌 암스트롱에 따르면, "이것은 복수를 신성한 명령으로 여기는 그리스 관습에서 극적으로 멀어지는 길"[42]이자 윤리적 축의 대전환이라 할 수 있다. 그의 철학이 공자의 인(仁), 붓다의 자비와 깊이 통하는 이유이기도 하다.

그의 친절하고도 명석한 호소를 다시 한번 음미해 보자. 아테네 시민들을 향한 것이었지만 이제는 바야흐로 전 인류를 향한 것이 된 그 호소를.

"경애하는 여러분, 당신은 지혜와 힘으로 명성이 드높은 가장 위대한 나라 아테네의 사람입니다. 그런 당신이 부귀영화에 지대한 관심을 두고 어떻게 하면 최대한으로 그런 것을 많이 얻을 수 있을까 노심초사하면서도, 지혜와 진리에 관심을 두고 어떻게 하면 자기 영혼을 선하게 만들 수 있을까에 대해서는 생각조차 하지 않으니 부끄럽지도 않습니까?"[43]

7

최후의 말,
최고의 선물

"수탉 한 마리를 빚졌으니 갚아 주게나"

소크라테스의 변론은 시종일관 심오하고 유창했다. 하지만 그 속에서도 깨알처럼 빛나는 유머가 있었으니, 2차 변론 도중 소크라테스가 갑자기 배심원들에게 이런 질문을 던진다.

"여러분에게 조언하는 일을 하느라고 쉬지도 못해 휴식이 필요한 가난한 은인에게 어떤 상이 합당할까요?"[44]

그리고 스스로 답한다.

"아테네 사람들이여, 그런 사람에게는 정부 청사(영빈관)에서 무료로 음식을 대접하는 것보다 더 합당한 상은 없습니다."[45]

선과 지혜의 보상은 밥 한 끼면 충분하다. 이런 위트를 발휘할 만큼 소크라테스는 여유만만하다.

델로스섬에 갔던 배가 돌아오고 그다음 날 바로 사형이 집행된다. 사형 방식은 독배. 간수는 조언한다. 말을 너무 많이 하면 독배가 잘 안 들으니 좀 조용히 있으라고. 소크라테스는 간수의 조언을 태연하게 물리치고 마지막 순간까지 이야기를 멈추지 않는다. 평생 대화의 달인이었고 진리의 산파였다. 이승에서 저승으로 건너가기 직전의 이 순간이야말로 사람들로 하여금 선과 지혜를 터득하게 할 수 있는 최고의 타이밍이다. 이 일생일대의 기회를 놓칠 리가 있는가. 그런 점에서 죽음에 이르는 최후의 장면들은 좀 더 꼼꼼하게 음미해 볼 필요가 있다.

장면 1 ― 여자들에게 나의 시신을 씻기는 폐를 끼치지 않겠다

독배를 마시기 직전 소크라테스는 직접 목욕을 한다. 몸을 정화하고자 하는 의도도 있지만, 죽은 뒤에 시신을 씻기는(아마도 여자 노예들이 했을) 폐를 끼치고 싶지 않은 것이다. 오, 감동이다! 자신의 몸을 스스로 돌볼 수 있는 것. 그럼으로써 타인을 진정으로 배려할 수 있는 것. 이것이야말로 선과 지혜의 기본이 아닐까. 무지와 폭력은 대부분 타인의 노동에 의존하거나 기대는 것에서 비롯한다. 그래서 나름 훌륭한 업적을 남긴 이들도 일상의 현장에선 습관적으로 민폐를 끼치는 경우가 적지 않다. 그런 점에서 이 장면은 아주 중요하다. 소크라테스의 선과 지혜가 일상의 매 순간에 구현되고 있었음을 보여 준다는 점에서 그렇다.

장면 2 — "나는 경건하고 축복받는 분위기 속에서 죽음을 맞이해야 한다고 들었네. 그러니 조용히 하고 잘 참아 내도록 하게."[46]

다음 장면. 친지들이 장례 절차에 관해 묻자, 소크라테스는 이렇게 답한다. '죽음 이후 나는 여기 머물지 않는다. 잠시 뒤에 보게 될 것은 나의 시체다. 나는 먼 길을 떠나 축복받은 자들이 누리는 행복으로 들어가게 될 것이다.' 그에겐 죽음이 이미 축복이다! 하지만 친지들은 여전히 나의 '시체 처리'에 더 관심이 있는 듯하다. 그 점에서 소크라테스는 다소 섭섭하다. 지금껏 누누이, 장황하게 죽음의 이치에 대한 변론을 펼쳤건만 아무래도 헛수고를 한 모양이라며. 법정에서 배심원들을 설득하지 못했듯이, 감옥에선 친지들을 설득하지 못한 셈이다!

일몰이 되고 마침내 독배를 건네받은 소크라테스. 태연하게 원샷한다. 순간 지켜보는 친지들의 가슴은 무너져 내린다. 밖으로 뛰쳐나가거나 벽에 머리를 박거나 가슴을 치며 통곡하고 울부짖는다. 그림을 통해 종종 목격한 장면이다. 결국 떠나는 자가 남은 자들을 위로한다. 부디 울음을 멈추고 이 상황을 잘 참아 내도록 하라고. 진정한 애도는 경건과 축복임을 일깨워 주고 있다. 맞다. 애도는 소리 내 울고 가슴을 치는 것이 아니다. 그것은 사자에 대한 애도라기보단 자기 설움과 상실감에 몸부림치는 것이다. 특히 죽음을 사유하고 연습한 철학자들은 그래서는 곤란하다. 소크라테스는 마지막 순간까지 친지들을 조용히 일깨워 주고 있다.

장면 3 — "크리톤, 우리는 아스클레피오스에게 수탉 한 마리를 빚지고 있으니, 그 빚을 소홀히 하지 말고 반드시 갚게나."[47]

독배를 마신 이후 소크라테스는 이리저리 걷다가 다리가 무거워지자 침상에 등을 대고 누웠다. 얼굴엔 수건을 덮었다. 보통 독기운이 심장에 이르게 되면 숨이 멎는다. 허리 부분까지 거의 차가워졌을 때, 소크라테스는 수건을 치우며 말했다. '아스클레피오스 (의사)에게 진 빚, 수탉 한 마리를 갚아 달라'고. 이것이 철학의 아버지이자 진리의 수호자인 소크라테스가 이생에서 한 '최후의 말'이었다.

사람들은 이 말을 곧이곧대로 믿지 않는다. 소크라테스라면 뭔가 더 거룩하고 의미심장한 유언을 남길 거라고, 그래야 한다고 여긴 것이다. 그래서 여기에 대한 온갖 썰이 난무한다고 한다. 플라톤의 농담이다, 일종의 우화다, 혹은 심오한 신화적 상징이 담겨 있다 등. 하지만 이것은 그냥 사실 그대로 받아들여야 하지 않을까. 당시 아테네 민주정의 정책 가운데 핵심이 부채 탕감이었다. 부채가 일상화되었다는 뜻이다. 소크라테스는 자발적 가난을 택했기 때문에 부채라고 할 만한 것은 없었을 테지만, 그래도 일상 속에서 때로 자잘한 빚을 질 일이 없지 않았을 것이다. 그리고 소크라테스라면 그 빚들을 절대 잊지 않고 약속한 날에 반드시 갚았을 것이다.

죽음에 대한 변론은 충분히 펼쳤다. 여기에서와 같이 저기에서도 그러하리라. 하늘에서와 같이 땅에서도 이루어지리라. 최고의 삶이란 그처럼 잉여나 간극이 없는 것이다. 소크라테스는 그렇게 살았다. 회한도 미련도 없다. 원한과 자책은 더더욱. 한데 독이 점점 퍼져 가던 순간, 문득 이 '수탉 한 마리'를 빚진 사실이 생각난 것이다. 아뿔싸! 하여 마지막 호흡을 다해 이렇게 당부한 것이다. 그의 일상이 얼마나 성실하고 치밀했는지를 보여 준다.

또 하나, 이 말은 듣는 순간 누구나 웃음을 머금게 된다. 생애 마지막 말을 들으면서 웃을 수 있다는 것. 이것이야말로 소크라테스가 인류에게 선사한 최고의 선물이다. 최고의 선과 지혜는 늘 유머를 수반한다는 것을 보여 주는 장면이기도 하고.

***

법정에서 감옥까지, 사형 판결에서 사형 집행까지. 삶과 죽음에 대해 이보다 더 강렬한 배움의 현장이 있을까. 그렇다. 하여 여기에 참여했던 친지들은 결코 이전처럼 살아갈 수 없었다. 이 순간들이야말로 소크라테스가 '진리의 산파자'로서의 능력을 최고로 발휘한 무대다. 이후 이들은 소크라테스의 말을 사방팔방에 전파하기 시작했다. 간접화법이나 해설, 혹은 주석이 아니라 그가 주고받은 대화 그대로. 이를테면, 소크라테스의 전령사가 된 것이다. 특히 플라톤은 이 모든 과정과 대화를 생생하게 글로 남겼다. 「변명」, 「크리톤」, 「파이돈」 등. 덕분에 우리도 "테스형"의 변론과 죽음의 과정에 동행할 수 있었다.

다시 처음으로 돌아가 묻는다. 소크라테스의 독배는 비극일까? 지복일까? 아테네 시민들에게는 비극이자 수치였지만 소크라테스에게는 지복이었다. 2600년이 지나 지금 이렇게 소크라테스와 만나고 있는 우리에게도 역시 그렇다. 물론 철학이 '죽음에 관한 탐구이자 연습'임을 깨우칠 수만 있다면!

2장 | 장자

천지라는 큰 집에서 편히 쉬고 있을 뿐!

아내가 죽었다,
질장구를 치자!

슬픔에서 통찰로

아내가 죽었다. 당대를 주름잡던 변증가이자 장자莊子의 절친인 혜시惠施가 문상하러 갔다. 슬픔과 비탄에 젖어 있을 줄 알았는데, 웬걸! 장자는 두 다리를 뻗고 앉아 질장구를 두드리며 노래를 부르고 있었다. 당황한 혜시. 장자에게 비난을 퍼붓는다. 자식 키우고 같이 늙어 가다 아내가 먼저 갔는데, 슬퍼하기는커녕 노래까지 하다니 너무 심한 거 아닌가? 장자가 대꾸한다.

"그렇지 않네. 이 사람이 막 죽었을 때 나라고 어찌 슬프지 않았겠는가. 그런데 삶의 시작을 가만히 생각해 보니 본디 생명은 없었어. 단지 생명이 없었을 뿐 아니라 본디 형체도 없었어. 단지 형체

가 없었을 뿐 아니라 본디 기氣조차 없었어. 무언가 알 수 없는 것
이 저절로 혼합되어 기로 변하고, 기가 변하여 형체가 되고, 형체
가 변하여 생명이 되었다가, 지금 다시 변해 죽음으로 돌아간 것
이야."[1]

이 장면에서 우리가 포착해야 할 사항은 기-형체-생명-죽음
으로 이어지는 고매한 철학이 아니라 장자의 '깊은 슬픔'이다. 아내
의 죽음 앞에서 장자는 비탄에 빠졌다. 어떻게 그걸 느끼냐고? 심
오한 사유의 탄생 경로는 대개 두 가지다. 하나는 생명과 우주의
경이로움과 마주할 때, 다른 하나는 깊은 슬픔과 비탄에 빠지게 될
때. 그때 인간은 깊은 통찰에 돌입한다. 사유하고 탐색하지 않고서
는 도무지 감당할 길이 없기 때문이다.

아내의 죽음은 장자에게 엄청난 비탄과 허무를 안겨 주었으
리라. 그것은 장자로 하여금 사유의 경계를 훌쩍 넘어가게 해 주었
다. 생명에서 형체로, 다시 형체에서 기로. 그리고 마침내 우주 전
체가 기의 운동성이라는 심오한 이치로. 온 힘을 기울여 아내의 죽
음을 분석, 통찰하는 장자의 모습이 어른거린다. 그 결과, 지금 아
내는 생의 고단한 여행을 마치고 천지라는 큰 집에서 푹 쉬고 있겠
구나! 하는 생각에 도달했다. 생각이 거기에 미치자 비로소 마음이
놓였다. 아, 다행이다! 사는 동안 가난과 질병으로 모진 고생살이
를 했었는데, 이젠 그 고역에서 풀려나 천지를 자유롭게 노닐고 있
겠구나. 그래, 그렇다면 "아이고아이고" 하면서 곡을 할 게 아니라
축하의 전언이라도 보내야 마땅하지 않나. 가진 게 없으니 질장구
라도 쳐서 그 기쁨에 동참하기로 하자.

이게 장자와 우리의 차이다. 우리는 가까운 이들의 죽음을 맞

이하면 상실감에 빠져 몸부림을 친다. 사유하기를 포기해 버리는 것이다. 거기에는 어떤 강력한 전제가 작동한다. 죽음은 참혹하기 그지없는, 절망과 허무의 심연에 떨어지는 사건이라는! 소크라테스라면 이렇게 물을 것이다. 죽음과 저승에 대해 알지도 못하면서 그렇게 예단하는 근거가 뭐냐고? 그렇다. 우리는 죽음에 대해, 또 죽음 이후에 대하여 잘 모른다. 그런데 이미 알고 있는 것처럼 생각하고 행동한다. 게다가 죽음에 대한 이런 해석이 과연 죽은 자를 위한 애도인지 아니면 그 죽음 때문에 겪게 될 자신의 상실감(경제적 혹은 실존적) 때문인지 헷갈릴 때가 많다. 그 결과 죽음은 한편으론 비극적 상흔으로 고착되고, 다른 한편으론 삶과 완전히 분리되어 추상화된다.

아내의 죽음 앞에서 질장구를 쳤다는 이 에피소드를 다시 소환해야 하는 이유도 거기에 있다. 우리는 여전히 죽음에 대해 질문을 던지지 않는다. 그 말은 죽음 앞에서 진정으로 슬퍼할 줄 모른다는 뜻이기도 하다. 그런 점에서 우리에게 지금 절실하게 필요한 것은 제대로(!) 슬픔을 겪고 그 애도의 힘을 길어 올려 죽음이라는 심연과 마주하는 담대함일 것이다. 그렇게 맞짱을 뜨다 보면 우리 또한 장자처럼 생사의 순환이라는 경이로운 이치를 깨우칠 수도 있지 않을까. 나아가 질장구까지는 아니어도 가벼운 축가 한 가락 정도는 불러 줄 수 있지 않을까. '그대여, 편히 쉴 수 있어 참 좋겠구나' 하는!

생로병사는
'봄·여름·가을·겨울'

생리와 심리, 물리의 삼중주

장자에 따르면, 태초에 기氣가 있었다! 기는 에너지(혹은 에테르)에 가깝지만 그보다 더 무형적인 어떤 진동 혹은 패턴이라 할 수 있다. "삶의 원료이며, 삶의 기초적 에너지이고, 삶의 원초적 정신"으로, "모든 존재에 생명을 주며, 만물에 독특한 모양과 형식을 부여한다."[2] 인간은 물론이고 동식물, 바위에 이르기까지 천지 만물은 모두 기의 '헤쳐 모여'를 통해 이루어진다. 소크라테스도 말했지만, 이렇게 합성, 조합된 것들은 당연히 소멸, 해체된다. 기는 어떤 특정 입자가 아니라 끊임없이 움직이는 운동성 그 자체이기 때문이다. 그러므로 이 우주에 영원한 것은 없다. 저 장엄한 바위산도, 신비로운 만년설산도, 영험한 아우라를 내뿜는 고목도 다 그러하다.

인간이야 말할 나위도 없다. 기의 운동성으로 인해 탄생했다가 그 운동성으로 인해 다시 소멸될 수밖에 없는 존재다.

이것이 동아시아 문명권이 생명과 우주를 해석하는 기본 틀이다. 이 틀은 두 가지 방식의 알고리즘을 낳았다. 『주역』周易의 사상四象 팔괘八卦론과 음양오행陰陽五行론의 간지(갑자)력이 그것이다. 『주역』은 음양-사상-8괘-64괘로 체계화되면서 보편적 우주론이 되었고, 다른 한편 음양오행론은 오행-천간/지지-육십갑자로 확장되면서 명리, 운기, 관상과 풍수 등 운명과 일상의 내비게이션으로 기능했다. 기의 운동이 천지인의 모든 변화를 주관한다고 본 것이다.

이런 기철학氣哲學적 관점에서 본다면, 인간의 생로병사는 '봄·여름·가을·겨울'의 흐름에 불과하다. 자연에 사계절이 있듯이, 오장육부 역시 사계절의 리듬에 조응한다. 이것은 그저 은유나 상징이 아니다. 실재 상황이다. 그것을 도식화하면 이런 동그라미가 탄생한다.

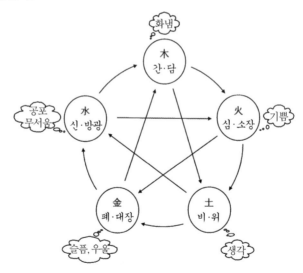

이 동그라미는 비단 생리와 심리, 물리의 순환만 보여 주는 것이 아니다. 인생의 전체 리듬 역시 여기에 조응한다. 청년-봄(목), 장년-여름(화), 갱년기(토-환절기), 중년-가을(금)을 거쳐 노년의 겨울(수)에 접어든다. 이것은 우주의 자연스러운 차서다.

그러므로 태어남이 축복이라면 죽음 역시 그러하리라. 청년의 역동성과 장년의 활기가 인생의 클라이맥스라면, 중년의 결실과 노년의 평온함 역시 사계절이 선사하는 최고의 선물이다. 죽음은 열매가 씨앗으로 돌아가는 과정이다. 씨앗은 당연히 봄이 오면 새싹으로 돋아날 것이다. 모든 생은 죽음으로부터 온다는 원리다. 다만 그뿐이다.

그럼에도 인간의 욕망과 무지는 늘 엇박자를 야기한다. 봄꽃이 피어나면 빨리 질까 전전긍긍하고, 여름 태양을 만끽하기보다 피하기 급급해한다. 가을의 풍요를 누리보다 낙엽 밟는 소리를 한탄하고, 겨울의 고요와 적막이 찾아오면 소멸에 대한 두려움으로 안절부절못한다. 결국 청춘은 청춘대로, 중년은 중년대로, 노년은 노년대로 고단하고 허무하다. 이 존재의 끝없는 어긋남이라니! 죽음을 오직 비극과 재앙으로 간주하는 것도 이런 엇박자에서 비롯할 터이다. 게다가 21세기 디지털 문명은 이런 통념을 더욱 가속하고 있다. 물질적 풍요 앞에서 인간과 자연 사이의 분화는 더욱 심해졌고, 계절과 풍경 역시 일종의 소비 상품이 되어 가고 있다. 노동과 화폐 그리고 소비, 이 삼박자가 생의 키워드가 되면서 노년과 죽음은 그 모든 것을 상실하는 대재앙처럼 간주된다. 삶은 더더욱 불만족스럽고, 죽음은 더한층 두려워지는 이 악순환의 사이클! 어떻게 해야 여기서 탈주할 수 있을까?

가장 먼저 이 자연의 리듬과 원리를 깊이 체득해야 한다. 우리

나라 사람들은 그런 점에서 좀 유복한 편이다. 사계절이 고루 순환하는, 지구상에서 아주 드문 환경에 살고 있기 때문이다. 대부분의 나라는 두셋 정도의 계절밖엔 겪지 못한다. 사막이나 열대 지역이 지닌 편향성은 말할 나위도 없다. 그에 반해 한반도에선 평생 해마다 봄·여름·가을·겨울의 변화를 생생하게 체험할 수 있다. 그러므로 우리는 다만 환기하기만 하면 된다. 이것이 자연뿐 아니라 존재의 리듬이기도 하다는 것을. — '천지 만물과 함께 유동하라!'

장자는 바로 그런 이치에 도달했다. 생로병사의 흐름과 봄·여름·가을·겨울의 리듬이 다르지 않다는 것을 깨닫자 장자는 죽음이 더는 두렵지 않았다. 낮과 밤이 교차하듯, 겨울과 봄이 서로 갈마들 듯, 죽음과 삶, 기쁨과 슬픔 역시 쉼 없이 교체되는 것임을 알게 된 것이다.

"이것(아내의 삶과 죽음)은 봄·여름·가을·겨울 사계절의 변화와 같은 것이지."[3]

물론 장자의 경지에 도달하려면 고도의 수련이 요구된다. 모든 수련은 두 가지 방향성을 지닌다. 일단 원대한 시선이 필요하다. 즉 만물과 인간, 삶과 죽음의 경계를 넘어서겠다는 '호연지기'를 갖추어야 한다. 하지만 거기에서 그치면 곤란하다. 시선이 아무리 높다 한들 내 발은 땅을 딛고 있는바, 일상을 외면하거나 방치해선 역시 곤란하다. 한 스텝 한 스텝, 심지어 한 호흡까지도 주시하는 힘이 필요하다. 사실 일 년뿐 아니라 하루도 사계절이다. 아침이 봄이라면 대낮이 여름, 오후부터가 가을이라면 밤은 겨울이다. 그런 점에서 우리는 하루에도 생로병사를 다 통과하고 있는 셈이다. —

하루가 곧 일생이다!

"악마는 디테일에 있다"라는 말이 있다. 악마뿐이랴. 모든 고귀한 것들 역시 다 디테일에 있다. 디테일이 살아 있어야 고귀하게 된다. 요컨대, 시선은 원대하게! 일상은 세밀하게!

『장자』莊子에 나오는 장자의 이야기는 자못 황홀하다. 서두에 나온 질장구 이야기를 비롯하여 호접몽, 곤에서 붕으로의 도약 등. 광대무변, 종횡무진이다. 만약 그런 이야기의 이미지에만 머물렀다면 그는 중국 문명이 낳은 역대급 몽상가 혹은 허풍쟁이로 이름을 날렸을 것이다. 하지만 그는 그 우주적 원리를 일상의 현장과 즉각 접속시켰다. 장자만이 구사할 수 있는 기막힌 변주 능력이다. 장자는 그런 기예를 양생술이라 불렀다.

3

양생술,
생명의 기예

'사이'에서 존재하라

때는 바야흐로 전국시대(기원전 403년~기원전 221년). 천명을 내세우며 천하를 통합했던 주나라가 몰락하고 사방의 패자들이 각축하는 시대가 도래하였다. 좋게 말하면 낡은 중심을 해체하고 새로운 중심을 향해 나아가는 격한 몸부림이지만, 실제로는 약육강식의 아수라장이었다. 폭력이 일상화되는 한편, 아이러니하게도 수많은 철학적 모험이 시도되었다. 장자가 등장한 것도 바로 이 시기다.

　장자 앞에 놓인 길은 유가, 묵가, 그리고 양주. 예와 인을 통해 천하의 질서를 바로잡겠다는 공자, 무차별적 사랑을 내세우는 평화주의자 묵가. 오직 자신의 생을 보존하는 데만 집중하라는 양주. 장자는 이 모든 것이 다 못마땅했다. 일단 그의 출발점은 생명의 보존이었다. 핵심은 "천수를 누리고 중도에 요절하지 않는 것."[4] 누구나 그런 거 아닌가? 맞다. 하지만 거기에 도달하기는 쉽지 않다. 기술과 제도가 이렇게 발전한 지금도 천수를 누리는 건 쉽지 않다. 죽음은 도처에 있고 언제나 느닷없이 다가온다. 길 가다 죽고, 떨어져 죽고, 교통사고로 죽고, 우울증으로 죽고. 장자의 시대야 말해 무엇하랴. 전쟁, 기근, 홍수, 역병… 요절하는 게 더 일상일 때였다. 그런 시절에 감히 천수를 누리겠다니! 실로 야심 찬 기획이었다.

과연 가능할까? 공자의 길과 묵자의 길은 적합지 않았다. 주나라라는 중심이 사라진 아수라장을 인의와 겸애로 바꾼다는 건 어불성설이거니와 어설픈 개입으로 자칫 비명횡사하기 십상이다. 세상에는 폭군이 너무 많고 사람들의 탐욕에는 브레이크가 없다. 그들을 설득하기란 하늘의 별 따기다.

그렇다고 양주처럼 물러나서 자기만 챙긴다고 생을 보존할 수 있을까? 그 또한 가능하지 않다. 그것을 사무치게 깨달은 계기가 하나 있었다. 이른바 '조릉의 숲'이 그것이다. 장자가 조릉의 울타리 안에서 노닐고 있을 때, 큰 날개를 가진 까치를 보고 활을 겨누었다. 까치는 아주 큰 눈을 가지고 있으면서도 그걸 알아채지 못한 채 사마귀에 정신이 팔렸었다. 사마귀는 또 매미에 정신이 팔렸고 매미는 아름다운 그늘에 정신이 팔려 그 사실을 눈치채지 못했다. 장자는 소스라치게 놀라면서 말했다.

"아! 사물들은 본래 서로 연루되어 있구나. 이로움과 해로움은 서로를 불러들이는구나!"[5]

자신 역시 까치를 사냥하느라 숲지기가 오는 줄도 몰랐다. 욕망에 얼이 빠져 자신을 잊어버린 건 마찬가지였다.

　이후 장자는 3개월 동안 집에서 나오지 않았다. 존재의 먹이 사슬에 대한 깊은 탐색에 들어간 것이다. 세상 어디에 있든 먹고 먹히는 조건 자체를 벗어날 길은 없다. 상호 파괴의 사슬, 이것은 생명을 가진 모든 존재의 운명이었다. 양주처럼 자신만 챙기며 홀로 살아간다고 해결될 문제가 아니었다. 은둔과 고립 역시 위험하다. 깊은 산속이라면 맹수의 먹이가 될 수 있고, 외딴 방에 숨어 있다간 굶어 죽기 십상이다.

　자, 이제 정리해 보자. 전쟁이 일상이 된 시대, 그 혼돈의 와중에 깊숙이 들어갈 수도 없고, 혼자만 살겠다고 변방으로 탈출할 수도 없다. 양쪽 어디든 서로를 파괴하는 조건에서 벗어날 길은 없다. 그럼 어떻게 하지? 이제 필요한 건 시선과 방향을 바꾸는 것. 핵심은 외물에 있지 않다. 생명을 보존하려면 내적 심층을 탐색해야 한다. 아울러 단지 목숨을 연명하는 것만이 생의 목표일 수는 없다. 그런 수동적 태도로는 오히려 더 위험하다. 훨씬 더 능동적이고 자율적이어야 한다. 그러기 위해선? '사이에서' 길을 찾아야 한다. 유가나 묵가처럼 세상 깊숙이 뛰어들어 사회적 부조리를 바로잡는 것도 아니고, 양주처럼 물러나 초연한 자세로 사는 것도 아니다. 세속과 은둔 '사이', 정치와 생명 '사이', 집단과 개체 '사이', 삶과 죽음 '사이'. 그렇다. 장자의 양생술을 한마디로 정의한다면, 그것은 '사이에서 사유하기', '사이에서 존재하기'라 이름할 수 있다.

　좀 더 구체적으로 정리해 보자. 부귀공명이건 인의예지건 세속의 생리를 좇는 건 위태롭다. 성공할 확률도 낮지만 성공해도 문제다. 그걸 지키기 위해선 '정기신'의 소모가 이만저만이 아니다. 그렇다고 정치적 허무주의에 빠져서도 곤란하다. 환멸과 냉소는 몸에 해롭다. 생에 대한 의지를 잠식할 수 있다. 그렇다면 길은 정해졌다. 세속적 욕망과 부귀의 생리를 통찰하여 거기에 휘말리지 않으면서 동시에 생명의 활력과 일상의 기쁨은 그것대로 충분히 누려야 한다. 한마디로 잘 살아야 한다. '별일 없이 잘 사는 것.' 나아가 '명랑하게 천수를 누리며 사는 것'. 실제로 그랬다. 장자는 자발적 가난을 선택했지만 위축되거나 수동적이지 않았다. 누구보다 원기 왕성했고, 상상력이 뛰어났으며, 패기가 넘쳤다.

> "진나라 왕은 병이 나서 의사를 부르면, 등의 종기를 터뜨려 고름을 짜내 준 자에게 수레 한 대를 주고, 항문의 종기를 터뜨려 고름을 빨아 준 자에게 수레 다섯 대를 준다더군. 치료하는 곳이 아래로 내려갈수록 수레를 더 많이 준다는 게야. 혹시 자네가 항문의 종기라도 빨아 주었는가? 어찌 그리 수레를 많이 받았는가? 그만 가시게."[6]

그는 올바른 정치, 올바른 제도에 대해 말하지 않는다. 그보다는 부와 권력을 누리는 것이 얼마나 양생에 해로운지를 말해 준다. 출세한다는 건 '항문의 종기를 빼는' 일을 마다하지 않아야 한다. 그렇게 해서라도 높이 올라가면 좋지 아니한가. 그렇지 않다! 그 과정에서 이미 자존감은 바닥에 떨어졌을 테고, 성정은 한없이 난폭해져 있을 것이다. 거기에 대한 보상은 '주색잡기'뿐이다. 어디 그뿐이랴. 그 과정에서 사방에 적들을 만들고 있을 것이다. 그렇게 살면서 천수를 누리는 건 불가능하다. 하여 장자는 묻고 또 묻는다. 부귀에 '절어' 비명횡사하는 것과 자발적 가난 속에서 천수를 누리는 것, 둘 중에 뭣이 더 중하냐고?

솔직히 장자의 질문은 현대인들에게 더 뼈아프다. 장자 시대야 부귀영화에 탐착하는 이들이 소수에 불과했을 테지만, 우리 시대는 그야말로 모든 이들이 다 저 높은 곳을 향해 달려간다. 왜 달리는지도 모르는 채. 거기에 무엇이 기다리고 있는지도 모르는 채. 그러느라 정기신은 다 소진되어 버린다. 그 결과 수명은 연장되었지만 삶의 질은 현저히 떨어져 버렸다. 양생술이 아니라 연명술이라고 해야 할까….

한편, 장자는 세상을 바로잡겠다는 유가의 계몽 정신에 대해서도 신랄하게 비판한다. 위나라로 가서 왕의 전횡을 막아 보겠다는 안회한테 '공자(장자의 아바타)'가 너의 도는 너무 번잡하다고 하면서, "난폭한 사람 앞에서 인의仁義와 법도를 이야기하는 것은, 그 사람의 악덕을 드러내 자신의 미덕을 과시하려는 데 불과하다 […] 너는 틀림없이 재앙을 당하게 될 것이다"[7]라고 말했다. 공자의 입을 통해 유가를 공격하는 이 현란한 수사학이라니. 상대방의 악덕을 통해 자신의 미덕을 과시하는 건 유치하다. 그 유치한 명예욕 때문에 개죽음을 당하고 싶은가? 이런 식으로 장자는 유가를 포함하여 모든 계몽주의에 담긴 허세를 가차 없이 해부하고 있다.

그런 점에서 장자의 양생술은 참으로 실용적이다. 장자와 실용주의! 왠지 전혀 어울리지 않을 듯하지만 진짜다. 장자야말로 리얼리스트다. 앞에서도 말했지만, 그의 원대한 상상력은 늘 일상의 디테일과 함께하기 때문이다. 아래 '감하후 스토리'를 한번 음미해 보시라.

장자는 가난했습니다. 그래서 감하후에게 양식을 빌리러 갔습니다. 감하후가 말했습니다.

"좋습니다. 머지않아 세금을 거두면 선생님께 삼백 냥을 빌려 드리겠습니다. 그러면 되겠습니까?" 장자는 화가 나서 얼굴을 붉히며 말했습니다.

"어제 여기에 오는 길에 누군가가 저를 불렀습니다. 돌아보니 수레바퀴 자국 안에 붕어가 있었습니다. '붕어야, 왜 그러니?' 붕어가 대답했습니다. '저는 동해 바다 파도에서 살던 작은 놈입니다. 물 한 모금만 주시면 저를 살릴 수 있습니다.' 제가 말했습니다. '좋다. 내가 조만간 남쪽 오나라와 월나라 왕을 만나러 가는데 그때 서강西江의 물길을 터서 너를 맞이하도록 해 주지. 그러면 되겠느냐?' 붕어는 화가 나서 얼굴을 붉히며 말하더군요. '지금 저는 늘 함께 살던 물을 잃어버렸어요. 물 한 모금만 있으면 됩니다. 그런데 이렇게 말씀하시니 차라리 건어물 가게에서 저를 찾으시는 게 더 낫겠습니다.'"[8]

다만 한 모금의 물이 필요한데 서강의 물길을 운운하지 말라는 것. 우리 시대 삶의 현장에서도 자주 접하는 장면이다. 일상을 바꾸는 데는 거창한 구호나 제도적 개혁이 필요한 것이 아니다. 지금 당장 바꿀 수 있다. 지금 당장 바꿀 수 있는 것이 너무 많다. 수레바퀴 자국에 갇힌 붕어에게 한 모금의 물이면 충분한 것처럼. 하지만 우리는 그렇게 하지 않는다. '서강의 물이 들어올 때까지', 즉 대세가 될 때까지, 제도와 시스템이 만들어질 때까지 움직이지 않는다. 양생 또한 마찬가지다. 그저 천수를 누리고 싶다는 거창한 목표(사실은 욕망)만 있을 뿐, 그 대의를 위해 내 몸과 마음, 내 일생을 어떻게 돌볼 것인지는 전혀 헤아리지 않는다. 장자는 그런 허점과 빈틈을 여지없이 파고든다. 그런 점에서 전국시대 같은 혼란기에

'별일 없이 잘 산다'는 장자의 양생술이야말로 최고의 정치적 저항이자 대안이 아니었을지.

다시 말하지만 그의 양생술은 연명술이 아니다. 천수를 누리되 생명 활동을 활기차게 하는 것이다. 난세에 과연 그게 가능할까? 물론 쉽지 않다. 당연히 고도의 긴장, 심연에 관한 탐구가 수반되어야만 한다.

4

오직 생성,
오직 변화뿐!

"천지 만물이 '나'로 살아간다"

"나는 쓸모 있음과 쓸모없음 사이에 있겠다. 그러나 그 사이도 도
道와 비슷할 뿐 아직 도는 아니어서, 거기서도 세상의 번뇌를 피
할 수는 없다. 하지만 자연의 도와 덕을 따라 자유롭게 노닌다면
그렇지 않게 된다. 명예도 없고 비난도 없이, 한번은 용이 되고 한
번은 뱀이 되어, 시절인연에 따라 변할 뿐 한 가지만 고집하지 않
는다. 한번은 올라가고 한번은 내려오며 조화〔和〕를 도량으로 삼
는다. 만물의 시원에서 자유롭게 노닐면서 만물을 만물로 존재하
게 하되 자신은 다른 사물에 의해 규정되지 않는다. 그러니 어찌
세상의 번뇌가 있을 수 있겠느냐?"9

그렇다. 세상의 번뇌에서 벗어나려면 도와 덕을 따라 노닐어야 한다. 도와 덕의 핵심은 무쌍한 변화다. 한번은 용이 되고 한번은 뱀이 되는, 한번은 올라가고 한번은 내려오는 시절인연에 따라 변화의 리듬에 참여할 수 있어야 한다. 핵심은 능동성과 자율성!

"북쪽 깊은 바다에 물고기 한 마리가 살았습니다. 이름을 곤鯤이라 합니다. 그 크기가 몇천 리나 되는지 알 수가 없습니다. 곤은 변하여 새가 됩니다. 이름을 붕鵬이라 합니다. 그 등 길이도 몇천 리나 되는지 알 수가 없습니다. 힘차게 날아올라 날개를 펴면 하늘을 뒤덮은 구름 같았습니다. 붕은 바다가 크게 출렁이면 남쪽 검푸른 바다로 날아가기 시작합니다. 그곳이 바로 천지天池입니다."[10]

『장자』를 펴면 제일 처음 등장하는 이야기다. 그 유명한 '소요유逍遙遊'. 누구든 이 대목을 읽으면 곤과 붕의 웅장한 스케일에 압도된다. 21세기 최고의 흥행작이라는 「아바타: 물의 길」Avatar: The Way of Water의 장면들을 연상시킨다. 아니, 그 이상이다. 한데 시각적 이미지가 너무 웅장하다 보면 시쳇말로 시선을 강탈당한다. 「아바타: 물의 길」을 보고 생명과 에콜로지에 대한 자각을 일으키기보다 디지털 그래픽 기술에 매혹되는 것처럼 말이다. 『장자』를 '중국몽' 내지 대륙적 스케일의 판타지로 만든 것도 이런 맥락이리라.

하지만 여기서 핵심은 변신이다. 곤이 붕으로 변한다는 것. 물고기가 새로 변한다는 것. 언뜻 『주역』의 첫 괘인 중천건괘重天乾卦가 연상된다. 건괘 역시 잠룡(초효)이 비룡(5효)이 되어 솟아오르는 변화를 그리고 있다. 물고기가 새로 변하는 이런 질적 도약이야말로 변화의 정수다. 어떻게 그게 가능하냐고? 그렇게 묻는다는 것은 물고기와 새, 바다와 하늘을 날카롭게 구획하는 분별지의 산물이다. 그게 아니라 이렇게 물어야 한다. 저런 도저한 변화무쌍함이 아니고서야 어떻게 천지가 창조될 수 있겠는가? 생명의 이 '가없는 순환'이 어떻게 가능하겠는가? 질적 도약에는 경계가 없다. 해서 불가사의하다.

앞에서도 언급했듯이, 기氣는 끊임없는 변화의 원천이자 동력이다. 기라는 특정 주체가 있어서 생성과 변화를 주도하는 것이 아니라 생성과 변화 그 자체가 기다. 오직 생성이 있을 뿐! 오직 변화가 있을 뿐! 이것이 우주의 법칙, 곧 도다. 그리고 도는 천지의 모든 것에 편재한다.

동곽자東郭子와 장자가 도에 대해 묻고 답합니다.
동곽자 "소위 도라는 것은 어디에 있는 것입니까?"
장자   "있지 않은 곳이 없습니다."
동곽자 "좀 더 구체적으로 말씀해 주십시오."
장자   "땅강아지와 개미에게 있소."
동곽자 "그렇게 하찮은 곳에 있습니까?"
장자   "돌피와 피에도 있소."
동곽자 "더 하찮은 곳에도 있다는 것입니까?"
장자   "기왓장과 벽돌에도 있소."
동곽자 "점점 더 심해지는 것 같습니다."
장자   "똥과 오줌에도 있소."
동곽자는 아무 말도 하지 않았습니다.[11]

도는 똥오줌에 있다?! 곤에서 붕으로의 도약만큼이나 파격이다.

"부처는 똥 막대기!"라는 선불교의 화두가 연상되는 대목이다. 아울러 연암 박지원이 『열하일기』에서 토해 낸 최고의 아포리즘, '청淸 문명의 장관은 기왓조각과 똥 부스러기에 있다'도 이 사유의 변주가 아닐지. 아무튼 이것이 장자적 특이성이다. 곤과 붕의 원대한 세계를 노닐다가 문득 시선을 돌려 땅강아지와 개미, 똥오줌으로 하강한다. 저 높은 하늘과 이 낮은 대지를 자유자재로 오가는 현란한 스텝, 이것이 장자적 도道다.

그렇다면 생명과 인생 또한 그 도의 작용이 아니겠는가. 우리라는 존재는 이 생성과 변화의 흐름 속에서 잠시 인간의 형체를 한 것일 뿐이다. "천지 만물이 나에게로 와서 '나'로 살아간다."(정화 스님) 그 또한 곤에서 붕으로의 도약, 땅강아지와 똥오줌의 변주에 불과하다.

이런 이치를 깨닫게 되자 장자와 그의 벗들은 죽음, 소멸, 해체 등이 더는 두렵지 않았다. "없음을 머리로 삼고, 삶을 등으로 삼고, 죽음을 꼬리로 삼아 사생존망死生存亡이 모두 한 몸이라는 것을"12 알게 되었기 때문이다. 장자의 벗 자래子來가 병에 걸려 죽어 가자 친구 자리子犂가 문에 기대어 말했다.

> "위대하군, 이 자연의 조화造化가! 자네를 어떻게 하려는 것일까? 자네를 어디로 보내려는 것일까? 자네를 쥐의 간으로 만들려나? 자네를 벌레의 팔뚝으로 만들려나?"13

사람의 몸이 해체되면 쥐의 간이 될 수도 있고, 벌레의 팔뚝이 될 수도 있다. 그게 뭐 어때서? 쥐의 간이 되면 불행하고, 독수리의 발톱이 되면 좀 나은가? 그게 무슨 차이가 있지? 생각해 보니 그렇다. 생명의 조화라는 차원에서 보면 그 사이에는 어떤 차별도 없다. 이런 경지에 도달하자 장자와 그의 친구들은 상상할 수 없는 그윽한 평정에 도달했다. 그것은 결코 유가나 묵가, 그 외 다른 사상을 통해서는 절대 도달할 수 없는 경지였다.

자여子輿가 병에 걸렸습니다. 자사子祀가 문병하러 가서 자여를 보고 말했습니다. "위대하구나, 조물자! 그대를 이렇게 곱사등이로 만들었구나!" 그의 창자는 위쪽으로 올라붙었으며, 턱은 배꼽에 파묻혔고, 어깨는 정수리보다 높았으며, 상투만 달랑 하늘을 향해 있었습니다. 음양의 기가 흐트러져 많이 아파 보였으나 마음은 평온해 보였습니다. 자여는 비틀거리며 우물로 가서 자신을 비춰 보고 말했습니다.
"위대하구나, 조물자! 나를 이렇게 곱사등이로 만들었구나!"
자사가 물었습니다.
"자네는 그 모습이 싫은가?"
자여가 말했습니다.
"아니네, 그럴 리가 있는가? 내 왼팔이 점점 변해 닭이 된다면, 나는 새벽을 알리겠네. 내 오른팔이 점점 변해 활이 된다면 나는 올빼미를 잡아 구워 먹겠네. 내 꼬리뼈가 점점 변해 수레바퀴가 되고 내 마음이 말이 된다면, 그것을 탈 테니 따로 수레가 필요하겠는가?"14

장애/비장애를 넘어 생물/무생물의 경계조차 뛰어넘었다. 활이 되고 수레바퀴가 되고 달리는 말이 되어도 괜찮다. '천지가 내 안에 있고 내가 천지 속에 있는' 그런 경지에 이른 것이다. 그러니

곤과 붕이 연출하는 화려하고 웅장한 스펙터클에 현혹되지 마시라. 변화란 '폼나고 멋지게' 바뀌는 것이 아니다. 핵심은 거기에 있지 않다. '무엇이든 될 수 있다'는 사실 자체에 있다. 그것이 쥐의 간이든 벌레의 팔뚝이든 혹은 활이든 수레바퀴든!

그 무엇이건 생성과 변화의 한 스텝일 뿐이다. 거기에 무슨 아픔, 상처, 슬픔이 개입할 여지가 있겠는가. "천지를 큰 화로로 여기고 조화를 대장장이로 여긴다면 어디로 간들 무슨 대수겠는가?"[15] 나고 죽는 것 역시 마찬가지다. "편안히 잠들었다가 홀연히 깨어날 뿐!"[16]이다.

5

바보야,
문제는 이분법이라니까!

해골의 즐거움과 자유

하지만 현실은 영 딴판이다. 생성과 변화의 유동성은커녕 완전히 딱딱하게 굳어 있다. 모든 고착된 것들은 서로 비교하고 대립하고 적대한다. 나와 너, 인간과 자연, 남자와 여자, 부자와 빈자, 유용함과 무용함 등. 그렇다. 세상을 지배하는 법칙은 언제나 이분법이다. 그런 점에서 이분법이야말로 '반생명적'이다. 생명의 유동성을 가로막고 훼손하기 때문이다. 그럼 어떻게 해야 할까? 일단 흔들어야 한다. 이분법의 지반에 균열을 일으켜서 양극단의 실체성을 와해시켜야 한다.

　이분법을 뒤흔드는 장자의 전략은 전방위적이다. 심층에서 치고 올라오거나 아니면 망원렌즈로 포착하거나 혹은 전후좌우의 방향성을 뒤집어 버리거나. 예컨대 이런 식이다. 쓸모 있음과 없음의 차이는 무엇일까? 쓸모없는 나무가 장수하는 건 맞다. 그럼 무용한 게 장땡인가? 무슨 소리! 쓸모없는 오리는 당장 그날로 요릿감이 되어 접시에 올라온다. 그렇다면? 둘을 나누는 고정된 법칙은 없다. 그렇다면 그 사이를 유연하게 오가는 수밖에. "나는 쓸모 있음과 쓸모없음 사이에 있겠다." 사이에 있으려면? 변화의 리듬을 타야 한다. 마음이 머무는 순간 바로 이분법의 그물에 걸려들고 만다. 이것이 다소 경쾌한 스텝에 해당한다면 아래 이야기는 자못 심오하다.

> "쓸모없는 것을 알아야 비로소 쓸모 있는 것을 말할 수 있다네. 천하의 땅은 더할 나위 없이 넓고 크지만 실제 사람에게 쓸모 있는 것은 단지 발을 내디딜 수 있는 정도의 땅뿐이지. 그렇다고 발을 딛는 부분만 잰 후 그 부분만 남겨 두고 나머지 땅을 바닥까지 깎아 버린다면, 그래도 발을 딛는 부분이 사람들에게 쓸모가 있겠나?"[17]

오, 멋지다! 내가 앞으로 나아가려면 발만 디뎌서 되는 게 아니다. 비어 있는 곳, 다시 말해 쓸모없는 곳이 있어야 발을 디딜 수 있다. 발 딛는 부분만 남겨 두고 다 없애 버리면 어떻게 될까? 그게 바로 낭떠러지다! 현대인들이 꼭 이렇게 살고 있다. 시간이든 공간이든 빈터를 용납하지 않는다. 도로도 그렇고 집 안도 그렇다. 채우고 또 채우고…. 그러면서 말한다. 숨이 막힌다고, 죽을 것 같다고. 출구는 간단하다. '사이 공간'을 확보하면 된다. 숨 쉴 수 있는 공간, 자유를 만끽할 수 있는 공간, 외부와 소통하고 공감할 수 있는 공간. 그런데 왜 안될까? 비움과 채움을 완전히 이원화한 탓이다. 채움은 증식이요 풍요로, 비움은 결핍과 빈곤으로 해서 다시 결론은 낭떠러지! 장자의 위트와 유머가 생성되는 것도 그 지점이다.

장자의 수사학에 '엄근진(엄격, 근엄, 진지)'은 없다. 앞에서도 말했지만, 양생술의 핵심은 난세일수록 '명랑하게 잘 사는 것'이다. 세상이 혼탁하다고, 혹은 세상이 암울하다고 비장하게 대응하면 지는 거다. 그런 대응 자체가 이분법의 그물에 걸려드는 짓이기 때문이다. 최고의 전략은? '나비처럼 날아서 벌처럼 쏘면 된다.' 장자의 유머와 역설은 특히 죽음을 이야기할 때 더욱 빛을 발한다.

"여희麗姬의 후회

삶을 즐거워하는 것이 미혹 아닐까? 죽음을 싫어하는 것은 어려서 집을 잃고 돌아갈 줄 모름과 같은 것 아닐까? 미녀 여희는 애艾라는 곳 변경지기 딸이었네. 진晉나라로 데려갈 때 여희는 너무 울어서 눈물에 옷깃이 흠뻑 젖었지. 그러나 왕의 처소에 이르러 왕과 아름다운 잠자리를 같이하고 맛있는 고기를 먹게 되자, 울던 일을 후회하였다네. 죽은 사람들도 전에 자기들이 삶에 집착한 것을 후회하지 않을까?"[18]

참으로 사실적인 예시다. 변경지기 딸 여희가 진나라로 끌려갈 때 '옷깃이 흠뻑 젖을 정도로' 울었는데 막상 가 보니 왕궁이다. 왕의 총애를 받으며 부귀영화를 누리게 되자 스스로 깜짝 놀랐다. '내가 왜 그렇게 난리를 떨었지? 그러다 이 좋은 곳을 못 왔으면 어쩔 뻔했담?' 하면서 오히려 가슴을 쓸어내렸을 것이다. 살면서 이런 경험은 참 많다. 어린 시절 장난감 때문에 울고불고하지만 한

살만 더 먹으면 보기도 싫어진다. 사춘기 땐 첫사랑에 목을 매지만 눈꺼풀이 벗겨지는 순간 오만 정이 다 떨어진다. 그렇듯 열렬히 갈망하다 한순간에 혐오로 바뀌는 것들이 얼마나 많은가. 모든 것을 다 잃은 것 같지만 덕분에 상상도 못 했던 길이 열리는 일도 수두룩하다.

장자는 말한다. 죽음도 그렇다고. 죽음이야말로 대반전일 수 있다고. 우리는 왜 죽음을 그토록 싫어할까? 삶을 즐거워하면서 그 삶의 이면인 죽음을 싫어하는 것이 과연 타당한가? 여희의 서사를 떠올리면 도저히 장자의 말을 반박할 수가 없다. 이것이 서사의 힘이다. 한편 훨씬 파격적인 이야기도 있다.

장자가 초나라로 가던 도중 앙상하게 형체만 남은 해골을 보았습니다. 장자는 말채찍으로 해골을 탁탁 두드리면서 말했습니다. "그대는 삶을 탐하다 양생의 도를 잃어 이 꼴이 된 것이냐? 아니면 나라를 망칠 큰 죄를 짓고 참형에 처해 이 꼴이 된 것이냐? 아니면 그대가 한 짓으로 부모처자를 욕보일까 두려워 스스로 목숨을 끊어 이 꼴이 된 것이냐? 아니면 춥고 배고파 이 꼴이 된 것이냐? 아니면 수명이 다해 이 꼴이 된 것이냐?"
그러고 나서 해골을 끌어다가 베고 누워 잠이 들었습니다. 한밤중에 해골이 꿈에 나타나서 말했습니다.
"너의 말이 꼭 변사辯士의 연설 같구나. 그러나 네 말은 모두 산 사람들의 걱정거리이다. 죽으면 그런 건 없다. 혹시 죽음의 세계에 대해 들어 보겠느냐?"
장자가 좋다고 하니 해골이 말을 이어 갔습니다.
"죽으면 위로는 군주도 없고, 아래로는 신하도 없으며, 계절에 따

라 애써야 할 일도 없다. 느긋하게 마음 내키는 대로 천지자연의
시간을 사계절로 삼으니, 비록 천하를 다스리는 왕의 즐거움이라
도 이보다 더 즐거울 수는 없는 법이다."

장자는 도저히 믿을 수가 없어서 이렇게 말했습니다.

"내가 생명을 주관하는 신〔司命〕에게 부탁해 그대의 형체를 복구
시키고, 뼈와 살과 피부를 만들어 준 후, 그대의 부모처자와 마을
친구들에게 돌려보내 주겠다면, 그대는 그것을 원하시는가?"

해골은 눈살을 심하게 찌푸리면서 말했습니다.

"내 어찌 왕의 즐거움보다 더 큰 즐거움을 버리고 인간 세상의 고
통을 다시 겪겠는가?"[19]

장자와 해골의 문답이라! 공포물인가 싶지만 아주 유쾌한 철
학 코미디다. 주인공은 해골이다. 다시 살려 주겠다는 장자의 제안
에 해골은 말한다. 됐다고! 장자가 해골을 동정하면서 한 말들, 즉
형벌이니 욕보임이니 춥고 배고픔 따위는 다 산 자의 걱정거리다.
죽음은 무형의 세계인데 그런 걱정거리가 있을 리가 있나? 게다가
신분적 차별도, 계절마다 감내해야 하는 노동도 없다. 한마디로 걸
림이 없다. 한데 뭣 때문에 이승을 그리워한단 말인가?

20세기 초 중국의 대문호 루쉰魯迅은 이 이야기를 훨씬 더 멋
들어지게 다시 썼다. 제목은 『고사신편: 죽은 자가 되살아난 이야
기』故事新編. 거기서는 깊은 산속을 가던 장자가 정말로 해골을 살
려 낸다. 부활한 해골의 첫 반응은? 영화 「터미네이터」를 떠올리면
된다. 벌거벗은 채로 되살아났으니 가장 시급한 건 옷가지다. 장자
한테 옷가지를 달라고 떼를 쓰고, 또 죽기 전에 지니고 있었던 봇
짐을 되돌려 달라고 아우성을 친다. 죽은 자를 살리는 건 거룩하기

짝이 없는 일이다. 하지만 '부활당한' 자가 할 일은 지극히 단순하다. 죽기 전에 하려고 했던 일을 계속하는 것. 일단 옷부터 챙겨야 하고 친척 집에 가던 중이었으니 봇짐을 되찾아야 한다. 당황한 장자는 부활한 해골을 떼어 내지 못해 안달하다 결국 순경이 등장하는 대소동이 벌어진다(궁금하면 직접 감상하시라!).

장자나 루쉰이 말하고자 하는 바는 간단하다. 삶과 죽음은 둘이 아니다. 그런데 우리는 둘을 날카롭게 갈라놓은 채, 살아서는 집착 때문에 괴로워하고, 죽음 앞에선 불안과 두려움에 시달린다. 더 놀라운 건 그럼에도 정작 죽음에 대해서는 질문도 하지 않고, 탐색도 하지 않는다. 이분법과 무지, 둘은 찰떡궁합이다.

이 현란한 디지털 문명 시대에도 별반 다를 바 없다. 다들 오직 죽음을 피하고 생명을 연장하는 데만 골몰한다. 그 덕분인가. 바야흐로 100세 시대가 도래하였다. 그러면 문제가 해결됐는가? 삶은 충만하고 죽음은 더는 두렵지 않게 되었는가? 보다시피 아니올시다. 100세, 150세, 아니 200세를 살아도 달라지는 건 없다. 그렇게 수명이 계속 연장되면 어느 순간 거꾸로 죽음을 찬미하고 열망하게 될지도 모른다. 뱀파이어의 유일한 꿈이 인간처럼 죽는 것이라고 하지 않던가. 설령 죽었다 다시 사는 부활이 일어난다 한들 달라지는 건 없다. 오히려 인생살이가 더 뒤죽박죽되어 미궁에 빠질 따름이다.

'곤에서 붕으로, 장주에서 나비로!' 생성과 변화의 리듬을 타라는 장자의 깨달음에 동의하는 건 쉽다. 멋지니까! 반면 '도는 땅강아지와 똥오줌에 있다'는 말은 좀 수긍하기 어렵다. 왜? 너무 시시하고 비루해 보이니까. 이렇듯 우리는 이분법의 망상에 폭 빠져 있다. 삶과 죽음을 아득히 갈라놓는 이분법 역시 같은 맥락이다. 장

자 시대에는 중원의 대자연이 변화무쌍한 리듬을 연출했다. 지금
은 디지털 기술이 온갖 기기묘묘한 파노라마를 펼쳐 보인다. 신화
가 묘사하는 그 어떤 이미지보다 더 환상적이다! 손오공의 근두운,
72가지 변신술이 부럽지 않은 지경이다. 그럼에도 삶에 대한 지혜
는 늘지 않고 죽음에 대한 두려움은 더한층 커져만 간다. 죽음이
두려우면 삶은 늘 불안하다. 두렵거나 불안하거나, 아니면 공허하
거나! 현대인 앞에 놓인 숙명적 코스다.

　대체 우리는 언제쯤 이 숙명에서 벗어나 생로병사의 파노라
마를 유쾌하게 통과할 수 있을까? 과연 그런 날이 오기는 할까? 이
런 우문에 장자는 다시 말한다. 바보야, 문제는 이분법이라니까!

양생의
에티카

심재心齋와 덕충德充

그럼 우리는 또 묻는다. 이분법을 벗어나려면 어떤 공부, 어떤 수련을 해야 하지? 좋은 질문이다. 그게 바로 양생술이다. 양생술의 핵심은 간단하다. 정기신을 잘 흐르게 하면 된다. 생리와 심리, 몸과 마음, 일상과 원리 등 이원화된 것들이 서로 어우러지면 된다. 한마디로 통즉불통!(통하면 아프지 않다!) 그러면 누구든 천수를 누릴 수 있다.

하지만 양생술은 단지 천수를 누리는 데서 그치지 않는다. 누차 말했지만 '명랑하게' 잘 살아야 한다. 달리 말하면, 매 순간 '살맛'이 나야 한다. 즉 생명의 파동이 넘쳐 외부(자연과 타자)에도 흘러야 한다. 양생술이 삶의 기예 혹은 에티카Ethica가 되는 지점이 바로 여기다.

1) 자아를 굶겨라 [심재]

"여러 갈래의 마음을 하나로 모아, 귀로 듣지 말고 마음으로 들어
라. 나아가 마음으로 듣지 말고 기氣로 들어라. 귀는 소리를 듣는
데서 멈추고 마음은 인상을 받아들이는 데서 그쳐라. 그렇게 하면
기는 텅 비어[虛] 모든 사물에 부응한다. 도道는 오직 텅 빈 것에서
실현되는데, 이 텅 비게 하는 것이 심재, 곧 마음의 재계이다."[20]

장자의 기수련은 좌망이 핵심이다. 후대에 선불교에서 하는
좌선과 여러모로 통하는 수련법이다.

"명상하는 사람은 자신의 기를 해방시키게 된다. 기의 자연스러
운 흐름을 막는 모든 욕망, 증오, 불안한 정신적 활동을 체계적으
로 제거하여 기가 방해받지 않고 하늘이 의도한 대로 마음, 정신,
몸을 흐르게 한다. 이렇게 도와 완전히 일치를 이루었을 때 명상
을 하는 사람은 황홀경에 빠지며, 내부에서 신성한 평화가 솟아오
른다."[21]

핵심은 비우는 것. 뭘 비우나? 자아에 대한 집착을 비운다. 카
렌 암스트롱의 말을 빌리면 '자아를 굶기는' 것. 우리는 대부분 생
을 자아를 살찌우는 데 바친다. 자아가 비대해지면 이분법이 견고
해진다. 나와 너, 우리와 그들, 나의 것과 남의 것 등. 거기가 바로

번뇌의 원천이다. 번뇌에 시달리면 정기신은 급격하게 소진된다.

　　양생은 정확히 그 반대의 방향을 지향한다. 이분법의 원천인 자아를 굶김으로써 그 안에 생명력이 흘러넘치도록 하는 것이다. 그 순간 모든 대립과 적대감 또한 증발해 버린다. '빈 배와 다투는 이는 없다'는 이치가 바로 그것이다. 그 '텅 빈 곳'에 솟아오르는 것, 그것을 일러 덕이라 한다.

2) 애태타, 참을 수 없는 존재의 매혹 [덕충]

　　『장자』에는 장애인들의 이야기가 자주 등장한다. 장애의 정도도 상상을 뛰어넘는다. 생각해 보면, 당시엔 선천적인 장애뿐 아니라 전쟁과 자연재해, 기근과 신체적 형벌 등에 의한 후천적인 장애도 엄청나게 많았을 것이다.

　　장자에게 있어 장애와 비장애의 차별 따위는 없다. 따지고 보면, 인간은 원초적으로 다 장애인이다. 늙고 병드는 것이 다 장애인이 되는 과정이 아니겠는가. 설령 평생을 건강하게 산다 해도 정신적 차원에서 보면 역시 갖가지 장애를 겪게 마련이다. 장애인들은 인간의 그런 실존적 한계를 적나라하게 보여 줄 뿐이다. 결국 신체적 장애가 있든 없든 누구나 자신의 부자유를 넘어서기 위해 최선을 다해야 한다. 그 비결이 바로 앞에서 나온 '자아를 굶기는 것'이다. 자아를 굶겨서 텅 비게 하면 그 빈 곳에 덕이 차오른다. 애태타哀駘它가 그런 인물이었다. 이름도 좀 이상하지만 심하게 추남이다. 그럼에도 어찌나 매력적인지 수많은 사람의 애를 태운 인물이다. 그래서 애태타인가? 농담이다!

　　그는 참으로 매혹적인 사람이다. 그와 함께 있어 본 남자들은 그의 곁을 떠나지 못하고, 그를 한 번이라도 본 여자들은 너도나도 '다른 사람의 아내가 되느니 차라리 그분의 첩이 되겠다'고 부모를 조른다나. 대체 어떤 사람이길래?

> "그가 먼저 나서서 뭔가 주장하는 것을 본 사람이 없습니다. 그는 늘 다른 사람의 의견에 맞장구를 칠 뿐이랍니다. 왕의 지위를 갖고 있어 사람들을 죽음에서 구해 주는 것도 아니고, 재산이 많아 사람들을 배불리 먹여 주는 것도 아닙니다. 다만 흉측한 몰골로 사람을 놀라게 할 따름이죠."[22]

다시 말해 남들이 추앙하거나 존경할 만한 일을 한 적이 없다는 것. 몹시 추하게 생겨 사람들을 놀라게 하는 게 전부라는 것. 여기서 핵심은 첫 구절에 있는 '먼저 나서서 뭔가를 주장하지 않는다'는 사실에 있다. 그러니까 애태타는 내세울 만한 '자기'도 없지만 내세우려는 마음 또한 없는 인물이다. '목숨을 구하고' '배불리 먹이는' 것은 훌륭한 일이다. 하지만 그 일에는 대개 보상 심리가 작용한다. 자아가 강렬하게 작동하는 것이다. 그런 존재들은 부담스럽다. 질투심을 야기할 수도 있다. 놀라운 업적을 이룬 인물들이 종종 비난과 모함을 당하는 것도 그 때문일 것이다. 그에 반해, 애태타는 그런 식의 자아가 애당초 부재한다. 자기를 내세우지 않는 사람은 존재 자체만으로 모두를 '릴랙스'하게 해 준다. 생긴 것조차 아주 추했으니 더더욱 그랬을 것이다. 인간사에서 외모로 인한 스트레스도 엄청나다. 애태타는 못생겼을 뿐 아니라 미추에 대한 의식 자체가 없다. 덕분에 많은 이들을 무장 해제시켜 주었을 것이다.
　그래서 한 사람이 애태타를 불러 살펴보았다. 과연 추하기가 세상을 놀라게 할 만했다. 하지만 곧 그 역시 애태타에게 이끌려 그를 굳게 믿게 되었다.

> "마침 재상 자리가 비어 그에게 맡기려 하니, 그는 망설이며 받아들이는 듯도 했고, 무심히 사양하는 듯도 했습니다. 저는 좀 민망해졌으나 기어코 재상 자리를 맡겨 버렸습니다. 그런데 얼마 지나지 않아 떠나 버리더군요. 저는 뭔가를 잃어버린 듯 두려웠습니다. 다시는 누군가와 함께 나랏일을 의논하는 기쁨을 얻을 수 없을 것 같더군요. 그는 도대체 어떤 사람일까요?"[23]

모르긴 해도 이것이 덕이 연출하는 카리스마일 것이다. 자아를 텅 비운 존재로부터 뿜어져 나오는 눈부신 생명력. 모든 이를 있는 그대로 비춰 주는 거울 같은 고요와 평화. 정기신의 자유로운 유동성이 만들어 내는 기쁨과 환희. 그것이 모두가 애태타에게 반할 수밖에 없었던 이유일 것이다. 우리 시대의 기준으론 도무지 이해되지 않는다. 그럴 수밖에. 우리는 늘 외치지 않는가. "오늘 밤 주인공은 나야 나!"라고. 타인이 들어설 공간이 하나도 없다. 정기신의 흐름이 사방에서 막히는 건 당연지사.

그런 자아를 굶기면 사방이 탁 트이게 된다. 동시에 모든 인위적인 생각과 행동에서 벗어나게 된다. 그것을 일러 덕이라 한다. 덕이 충만하면 자유롭다. 미와 추, 머물고 떠남, 만남과 헤어짐에 끄달리지 않는다. 그저 변화의 리듬에 따라 조응할 뿐이다. 과거에 붙들릴 것도 미래를 걱정할 일도 없다. 매 순간 다시 태어난다.

> "수많은 변화들이 원래 하나라는 것에 통달하면 마음의 기쁨을 잃

어버리지 않습니다. 시시각각의 변화에 완벽히 응하게 되면 만물과 함께 늘 새로 탄생합니다. 이렇게 되면 만물을 만나는 모든 순간이 매번 꽃피는 순간입니다. 이를 '타고난 바탕이 잘 보존되어 있다'고 하는 것입니다."[24]

운명애
Amor Fati

충만한 신체, 충만한 대지

『장자』「양생주」養生主 편을 보면, 노자가 죽어 친구와 제자들이 문
상하는 장면이 나온다. 노자와 장자는 다른 시대를 살지 않았나?
그렇다. 두 사람이 공존했다는 기록은 없다. 그렇다면 공자와 마찬
가지로 여기에 등장하는 노자와 그의 벗 진일秦佚 역시 장자의 아
바타에 해당한다. 노자가 죽자 제자들이 비통해 마지않는다. 문상
하러 온 진일이 말한다.

> "저들은 노담이 바라지도 않은 칭송을 하기 위해, 노담이 원하지
> 도 않은 통곡을 하기 위해 이곳에 온 것처럼 보이더구나."[25]

한마디로 자연의 순리에서 벗어난 짓이라는 것이다. 그럼 어떻게 해야 하나?

"마침 세상에 온 것도 때를 얻은 것이요, 마침 세상에서 떠나는 것도 때를 따를 뿐이다. 생사를 편안히 때의 추이에 맡기면〔安時而處順〕 슬픔과 기쁨이 끼어들 여지가 없다. 옛사람들은 이를 일러 '하늘이 내린 형벌에서 풀려나는 것〔懸解〕'이라 하였다."[26]

풀려난다? 어디에서? 육체라고 해도 좋고 그 육체가 만들어 내는 온갖 번뇌와 괴로움이라 해도 좋다.

아내가 죽고, 벗들이 죽고, 노자가 죽고. 드디어 장자 자신에게도 죽음이 다가왔다. 제자들이 어떻게 장례를 치러야 하느냐고 묻는다.

"나는 하늘과 땅을 널로 삼고, 해와 달을 행렬의 장식 옥玉으로 삼고, 별들을 죽은 자의 입에 물리는 구슬로 삼고, 이 세상 만물을 저승길의 선물로 삼으련다. 나의 장례용품이 이미 다 갖추어져 있는데 무엇을 여기에 덧붙이겠는가?"[27]

과연 장자답다. 하늘과 땅, 해와 달, 별과 만물, 즉 온 누리가 다 나의 장례를 치러 줄 장식물이다. 내 안에 천지가 있고, 천지가 곧 나의 몸이다. 천지와 한 몸이 되었는데 뭐가 더 부족하단 말인가? 충만한 신체, 충만한 대지!

하지만 제자들은 여전히 생과 육체라는 형식에 매여 있다. 소크라테스가 독배를 마실 때 친지와 제자들이 비탄에 겨워 몸을 가

누지 못했듯이, 장자의 제자들 역시 스승의 마음을 도무지 헤아리지 못한다.

제자들이 말했습니다.
"저희는 까마귀나 솔개가 선생님의 시신을 쪼아 먹을까 두렵습니다."
장자가 말했습니다.
"땅 위에 있으면 까마귀나 솔개의 밥이 되고, 땅 아래 있으면 땅강아지나 개미의 밥이 된다. 저쪽에서 빼앗아 이쪽에다 주는 꼴이니 어찌 불공평하지 않겠느냐?"[28]

그들에겐 스승의 시신을 어떻게 보존하느냐가 관건이다. 장자는 그 통념을 한 방에 날려 버린다. 죽으면 이 몸은 당연히 해체된다. 땅속에 묻으면 벌레들이 파먹을 것이고, 들판에 내놓으면 날짐승들의 먹이가 될 것이다. 벌레들 역시 다시 흙으로 돌아갈 것이고, 날짐승들 역시 그리될 것이다. 벌레든 날짐승이든 혹은 장자 자신이든 오직 순환과 변환의 운동이 있을 뿐이다. 한데 까마귀나 솔개의 밥을 빼앗아 땅강아지와 개미의 밥으로 주는 것은 좀 이상하지 않은가? 설마 날짐승들을 미워하고 벌레들을 편애하는 것이냐? 소크라테스의 죽음을 앞두고 웃다가 울다가 했던 파이돈처럼, 이 순간 장자의 제자들도 웃음을 터뜨렸을 것이다. 눈에는 눈물이 그렁그렁한 채로.
이런 장자에게 미련이나 회한 따위는 들어설 자리가 없다. 인과응보나 내세의 보상, 심판 따위도 필요하지 않다. 삶과 죽음이 하나인데, 무얼 보상하고 무얼 심판하겠는가. 그래도 좀 허무하다고? 아니다, 그렇지 않다! 삶은 그 자체로 충만했고, 따라서 죽음 역시 더할 나위 없이 만족스럽다. 살아서 좋았고, 죽어서 또한 좋았다. 이거야말로 운명에 대한 무한긍정이다. 아모르 파티Amor Fati!

"자연은 나에게 몸을 주어 태어나게 하고 삶을 주어 애쓰며 살게 하고 늙음을 주어 편안하게 하고 죽음을 주어 쉬게 합니다."[29]

3장 | 마하트마 간디

오, 라마! 죽음은 영광스러운 해방이다

1948년 1월 30일
오후 5시 5분

세 발의 총탄과 연꽃의 화환

1948년 1월 30일 오후 5시 5분. 뉴델리의 조로아스터교 부호의 저택인 비를라 하우스. 공개 기도 시간은 5시였는데, 접견이 길어지면서 5분 정도 늦어졌다. 두 종손녀 아바와 마누의 부축을 받으며 마하트마 간디Mahatma Gandhi는 비를라 하우스를 나섰다. 한 청년이 다가와 간디의 발에 입을 맞추려고 무릎을 꿇었다. 간디가 특유의 '이 빠진 미소'로 응답하면서 두 손을 모으는 순간, 청년이 품에서 권총을 꺼내어 세 발을 쏘았다. 탕! 탕! 탕! 모두 간디의 가슴에 적중했다. 그때의 시간은 5시 17분. 그 순간, 간디의 입에서 터져 나온 건 비명이 아니었다. "오, 라마!" 평소에 늘 읊조리던 만트라mantra(불교나 힌두교에서 기도 또는 명상 때 외우는 주문 또는 주술) '라마나마!'(신이시여!)였다. 총탄을 맞은 간디의 가슴엔 붉은 피가 번졌고, 그 모양이 마치 '연꽃의 화환'처럼 보였다고 한다.

그날 인도 전역에 모든 불빛이 꺼졌다. 거대한 침묵의 시간이었다. 하지만 간디로선 가장 염원했던 죽음의 형식이었다. 누군가를 미소로 환대하고, 두 손을 모은 채 신의 이름을 부르며 최후를 맞이했다는 점에서. 더 중요하게는 인도 독립과 더불어 극단적으로 치닫던 이슬람교와 힌두교의 대립, 그 결과 자행된 끔찍한 폭력을 잠시나마 멈추게 할 수 있었다는 점에서. 마하트마(위대한 영혼)라는 이름에 걸맞은 최후였다. 당시 간디의 나이는 79세.

간디, 그는 누구인가? 그의 자서전을 우리말로 옮긴 함석헌 선생님은 그를 일러 "현대사의 조명탄"이라고 불렀다. "그가 있기 위해서는 인도 5천 년의 종교 문명과 유럽 5백 년의 과학 발달과 아시아, 아프리카의 짓눌려 고민하는 20억 넘는 유색인종이 필요했"고, "그를 다듬기 위해서는 대영제국의 가혹한 3백 년 식민지 정치가 있어야 했고, 인류 역사에서 가장 부끄러운 보어 전쟁과, 두 차례의 세계대전이 있어야"[1] 했다. 한마디로, 간디의 삶과 사상에는 동양과 서양, 종교와 과학, 제국주의와 식민지, 그리고 그 사이에서 벌어진 피의 향연들, 이 모든 역사가 종횡으로 교차하고 있다는 뜻이다. 그렇다면 1948년 1월 30일, 그날 밤은 그 조명탄이 가장 환하게 쏘아 올려진 순간이 아니었을까.

그럼 대체 누가 이 '조명탄'에 총을 겨누었을까? 인도의 바푸(아버지)이자 20세기에 가장 신과 가까운 존재라고 추앙받던 '위대한 영혼(마하트마)'에게.

암살범의
최후진술

"나는 결코 후회하지 않는다!"

암살범은 나투람 고드세. 가난한 브라만 가문에서 태어난 힌두교 근본주의자. 애초엔 간디를 추종했으나 나중에는 브라만 계급의 인종적 우월성에 빠져들어 힌두교 원리주의 단체의 일원이 되었다. 간디 암살 후 1년여의 재판을 거쳐 교수형을 선고받았다. 암살범의 재판은 아주 상징적인 장소에서 진행되었다. 바로 붉은 요새 Red Fort. 1947년 8월 15일 자정, 자와할랄 네루Jawaharlal Nehru가 인도 독립을 선언할 때 대국민 연설을 한 곳, 수백만의 군중이 "독립 만세! 간디 만세!"를 외친 바로 그곳이었다.

암살범은 법정 변호인을 거부하고 자신을 스스로 변호했다. 자신의 행위는 힌두교의 경전인 『바가바드기타』의 가르침에 따른 것이라고. 간디는 『바가바드기타』의 뜻을 배신했으므로 마땅히 제거되어야 했노라고. 후회 따위는 있을 리 없다. 최후진술은 더 비장하다. ―"인더스강이 통일 인도로 흘러 들어가 거기에서 자기의 재가 수장될 수 있는 날까지 자기의 재를 살펴 달라."

요컨대, 나투람 고드세는 전문적 킬러도 아니고 배후 조종을 당한 하수인도 아닌 확신범이었던 것이다. 종교적 광기와 민족주의적 열정에 사로잡힌 확신범!

「마하트마 간디―자유를 위해 죽다」Mahatma Gandhi―Dying for Freedom라는 다큐멘터리가 있다. 영상 초반에 감옥에 있는 한 노인이 등장한다. 암살범 나투람 고드세의 형인 고팔 고드세가 그다. 함께 암살단에 참가했지만 무기형에 처해졌고, 인터뷰 당시 20년 이상 수감 중이었다. 그의 나이는 85세. 그러니까 간디 암살 이후 무려 20여 년이 지난 때였다. 그는 담담한 어조로 말했다. "그해는 1948년이었고, 나는 그 암살단에 참가한 것에 대해 결코 후회하지 않는다." 그가 증언하는 암살을 결심할 때의 장면이다. "우리 열 명(암살단)이 모두 교수형에 처해진다고 해도 이 사람 간디는 결단코 살려 두어서는 안 된다." 당시 간디는 목숨을 건 대단식 중이었고 언제든 죽을 수 있는 나이였다. 하지만 그들은 그것조차 용납하지 않았다. 단식으로 죽어서도, 노환으로 죽어서도 안 된다. 오직 자신들의 손에 의해 처단당해야 한다. 미움과 증오를 훌쩍 뛰어넘는 정서적 결기, 즉 원한의 파토스pathos가 느껴진다.

인도는 종교의 나라다. 힌두교가 다수를 차지하지만, 그 안에 이슬람교, 조로아스터교, 기독교, 시크교, 자이나교, 유대교 등 다양한 종교들이 공존해 왔다. 간디에 따르면, "힌두교는 각자의 신앙, 즉 다르마dharma(자연과 사회의 조화를 이루는 질서 체계를 지키려는

행동 규범)에 따라 신을 공경하라고" 가르친다. 그러므로 어떤 종교
도 배제하거나 적대할 이유가 없다. 한데 그런 나라에서 힌두교도
들이 인도가 배출한 가장 신성한 존재에게 총을 겨누다니, 그것도
신의 이름으로!

이렇듯 간디의 죽음은 아이러니투성이다. 평생 대영제국을 상
대로 인도의 독립을 위해 싸운 그가 영국 정부가 아닌 인도인에게,
그것도 자신의 영적 기반인 『바가바드기타』를 배신했다는 죄명으
로, 또 60대 이후 인도인들에게 바푸(아버지)로 불린 그가 자신을
바푸로 추앙한 젊은이들의 표적이 되었으니 말이다. 더 지독한 아
이러니는 평생을 아힘사, 곧 '비폭력'을 실천했던 그가 가장 폭력적
인 방식으로 죽임을 당한 것이다. 그것도 가장 성스러운 기도 시간
에! 게다가 목숨을 건 단식을 수도 없이 했는데, 단식이 아닌 총탄
에 희생된 것도 참으로 아이러니하다. 그럼에도 그는 가장 자신이
원하는 방식의 종말을 맞이했다. "오, 라마!"라는 만트라로 자신을
죽인 살인자를 축복할 수 있었으니 말이다. 그것이야말로 아힘사
의 최고 경지를 구현한 것이 아닐까.

사건의 핵심에는 이슬람교와 힌두교 사이의 갈등이 놓여 있
다. 종교는 인간을 신적인 상태로 고양한다. 하지만 그만큼 무의식
의 심층과 연결되어 있다. 하여 일단 갈등이 표면화되면 그것은 엄
청난 쓰나미를 몰고 온다. 바다의 심연이 요동치면 해일을 일으키
는 것과 같은 이치다. 신의 이름으로 2천 년이 넘도록 전쟁을 치른
서양의 역사가 그 증거다. 그에 비하면 인도는 오랫동안 종교 간
화합과 공존을 도모해 왔다. 16세기 이래 인도에 무굴제국이 들어
서면서 소수의 이슬람교도가 다수의 힌두교도를 지배하는 구조를
취하긴 했지만 종교 간 갈등이 노골화하지는 않았다. 다양한 종교

들이 경전과 만트라, 계율 등을 공유하기도 했다. 간디 자신이 바로 그런 존재다. 그의 아힘사는 자이나교의 원리를 수용, 변주한 것이고, 그의 영성의 기저에는 『바가바드기타』와 『아시아의 빛』The Light of Asia과 그리스도의 '산상수훈山上垂訓'(「마태복음」 5~7장에 실려 있는 예수의 가르침)이 아무런 걸림 없이 공존하고 있다.

하지만 무굴제국이 멸망하고 대영제국의 식민지가 시작되면서부터 이슬람교도와 힌두교도 사이의 갈등과 대립이 본격적으로 부상하기 시작한다. 한편으론 대영제국의 갈라치기 전략에 의해, 다른 한편으론 제국주의에 맞선 힌두 민족주의(그리고 그에 짝하여 부상된 이슬람 민족주의)의 부상에 의해. 간디는 이미 오래전에 예감하고 있었다.

> "나는 일찍이 남아프리카에 있을 때부터 힌두교도와 이슬람교도 사이에는 진정한 우정이 없다는 것을 알고 있었다. 〔…〕 나는 내 아힘사가 가장 쓰라린 시련을 당하게 되고, 그 시험을 광범위하게 해야만 하는 것은 힌두·이슬람교 연합 문제가 될 것이라는 것을 확신했다. 그 확신은 지금도 변함없다."[2]

그의 예감이 결국 적중한 셈이다. 그럼에도 그의 죽음은 의문투성이다. 그것이 단지 종교적, 민족적 광기에 사로잡힌 암살범들의 결단만으로 가능했을까? 풀잎 하나가 피고 지는 데도 온 우주가 작용한다는데, "3억의 국민을 분발케 하여 대영제국을 떨게 하는 근 2천 년 이래 인간의 정치에 가장 강력한 운동을 전개한"[3] 존재의 죽음이 고작 열 명의 잡범들에 의해 결정된다는 게 가당키나 한가?

그러니 어쩌겠는가. 이 당혹감을 가슴에 품고 탐색을 시도하는 수밖에. 간디, 그는 대체 어떤 생의 경로를 거쳐 '그날 그 자리'에 도착한 것일까?

3

오직
한 걸음씩!

사탸그라하Satyagraha

"독자에게

〔…〕 나는 시종일관을 보여 주는 데 아무 관심이 없음을 말해 두고 싶다. '진실'을 탐구하는 과정에서 나는 많은 생각을 버렸고 많은 새것을 배웠다. 나이 비록 늙었지만 나의 내적 성장이 끝났다거나 육신의 소멸과 함께 그 성장이 멈출 것이라는 느낌은 없다. 내 관심사는 순간에서 순간으로 '진실'에, 나의 신神에 복종할 준비를 하는 것이다. 따라서 내가 쓴 두 글에 일관성이 없을 때, 여전히 내가 제정신인 사람이라고 믿는다면, 같은 주제를 다룬 두 글 가운데 나중 것을 선택하는 것이 좋겠다.

M. K. 간디[*4]

1930년, 예라브다 감옥에서 보낸 편지다. 간디 나이 이미 60대에 접어들었다. 남아프리카에서 '느닷없이' 인권 운동을 시작하여 무려 20여 년을 보내고, 이후 인도에 돌아와 마침내 '대체 불가능한' 지도자가 되었을 시점이다. 처음 이 글을 읽는 순간 가슴이 서늘했다. 자신은 시종일관을 보여 주는 데 관심이 없고, 혹시라도 자신의 태도가 앞뒤가 안 맞으면 나중 것을 택하라고? 대체 무슨 말이지? 어제의 오류를 합리화하기 위한 전략인가? 아니면 생각이 자주 오락가락한다는 고백인가? 모두 아니다! 그가 말하고자 하는 바는 자신은 순간에서 순간으로, 어제에서 오늘로, 계속 앞으로 나아가고 있다는 것. 설령 늙고 병들어 육체가 소멸한다 해도 '내적 성장'은 멈추지 않겠다는 것이다. 한없이 겸손하되 단호한 결기가 느껴진다.

간디의 청년기는 시쳇말로 '흑역사' 그 자체였다. 간신히 대학에 갔지만 적응을 못해 런던으로 유학을 떠난다. 도피인지 추방인지 알 수 없는 행로다. 우여곡절 끝에 변호사가 되어 돌아오긴 했지만 역시 개업이 만만치 않았다. 변호사는 법정에서 많은 사람 앞에서 변론을 펼쳐야 하는데 "말할 용기는 없었기 때문에 생각을 글로 쓰기로 했다."[5] 원고를 읽을 자신도 없어서 "다른 사람을 시켜 읽게 했다." "사교적인 방문에서조차도 사람이 6, 7명만 있으면 나는 벙어리가 돼 버렸다."[6] 연설문을 읽으려고 일어섰는데 "눈이 어지럽고 몸이 떨렸다."[7]

우여곡절 끝에 이번엔 남아프리카로 떠났다. 바로 거기서부터였다. 우리가 아는 간디의 생애가 시작된 것은. 그 유명한 '기차

사건'(유색인종이라는 이유로 1등 칸에서 내동댕이쳐진 사건)을 겪으면서 그는 소위 '존재론적'으로 탈바꿈한다. — "나는 민중을 알게 되었고 민중은 나를 알게 되었다."

이 사건으로 인해 1년을 기약하고 떠난 남아프리카행이 무려 22년의 '대장정'이 되었다. 1915년 다시 인도로 돌아온 뒤, 그는 인권 운동을 넘어 노동자, 농민의 권리 투쟁에 나섰고, 이후 인도 독립운동의 명실상부한 지도자가 되었으며, 나아가 전 인류에 아주 특별한 비전—다른 나라의 국가주의, 민족주의에서는 결코 찾아볼 수 없는!—을 제시하기에 이른다. 아힘사, 비협력, 스와라지(자치) 등이 그것이다. 그는 이 모든 것을 일러 "사탸그라하Satyagraha"라 명명했다. 사탸그라하란 '사티아Satya'(진리)와 '아그라하Agraha'(주장)를 조합한 단어로 '진리의 실험'이라는 뜻이다.

진리와 실험, 이 두 단어가 어떻게 공존할 수 있지? 진리는 고매한 추상이고, 실험은 그야말로 구체적인 행위가 아닌가? 둘 사이는 따로 노는 게 정상 아닌가? 물론 아니다. 그것은 우리가 '만들어낸 환상'이다. 간디가 공략하는 지점이 바로 거기다. 방법은 간단하다. 진리와 실험 사이에 가로놓인 장애물들을 하나씩 제거해 가면 된다. 사탸그라하의 이상에 단번에 도달하는 것은 어렵다. 하지만 그것을 가로막는 장애를 하나씩 걷어 내는 것은 가능하다. 그것은 단 한 걸음씩이면 충분하다. 하나씩, 한 걸음씩! 이 과정에서 가장 필요한 덕목은? 서두르지 않는 것. 그렇다. — "선한 것은 달팽이처럼 나아간다."

철도의 등장 이후 모두 가속의 페달을 밟고 있는 그 와중에 달팽이의 속도를 취한다고? 그런 여유와 담대함은 어디서 비롯한 것일까?

간디는 알고 있었다. 우리가 사는 세계는 결코 직선도, 평면도 아니라는 것을. 세계는 이리저리 휘어지고 구부러져 있다. 해서 죽어라고 달려 봤자 다시 제자리로 돌아오게 되어 있다. 그러므로 중요한 건 남보다 더 빨리 가는 것이 아니다. 빨리보다 더 중요한 건 리듬을 타는 것이다. 탱고 혹은 왈츠를 추듯이!

도피성 유학을 떠난 런던에서 채식과 영성, 산스크리트어에 눈을 뜨고 남아프리카에서 인권과 민중에 눈을 떴다. 이 과정을 아무리 클로즈업해 보아도 거대한 도약과 비상은 보이지 않는다. 그야말로 슬로우 앤 스테디! 오죽하면 '가장 경이로운 것은 그가 지닌 인간적 오류와 결함'이라고 했을까.

종교적 계시나 영감의 흔적도 보이지 않는다. 시위 중에도 기도를 하고 가끔 요가를 하기도 했지만 삼매나 법열을 느낀 적은 없었다. 그것을 갈망한 적도 없다. 오히려 그런 식의 종교적 체험이 신앙에 걸림돌이 될 수 있다고 여겼다. 그의 영적 베이스는 『바가바드기타』, '산상수훈', 『아시아의 빛』, 자이나교의 비폭력 등이다. 이 중에서 가장 중요한 경전이 『바가바드기타』인 것은 맞지만 그는 자신을 힌두교도라고 생각하지 않았다. 그가 주목한 것은 일종의 '메타 종교'였다. 메타 종교란 '인간의 모든 종교적 지향을 고차원적 차원에서 연결하는 것'이라 할 수 있다. 다시 말해 그는 모든 종교가 지닌 보편적 가치를 구현하는 것이었다.

같은 맥락에서 간디는 자신을 정치적 지도자라 여기지도 않았다. 인도가 대영제국의 억압과 착취에서 벗어나고 국부로 추앙받을 즈음, 그는 통치와 관련한 모든 것을 가차 없이 내려놓고 드높은 이상을 향해 나아갔다. 그것이 무엇인가? 진리! 그렇다. 그는 다만 진리를 실험하는 존재였을 뿐이다.

"진실

〔…〕 '사트야'(진실)는 '존재'를 뜻하는 '사트sat'에서 나온 말이다. '진실' 말고는 아무것도 존재하거나 실존하지 않는다. 〔…〕 신이 '진실'이라고 하기보다는 '진실'이 신이라고 말하는 게 옳다. 〔…〕 '진실'이 있는 곳, 거기에 무엇이 '진실'인지를 아는 앎이 있다. 〔…〕 진실한 앎이 있는 곳, 거기에는 언제나 지복이 있다. 슬픔은 있을 곳이 없다. '진실'이 영원하므로 거기에서 오는 지복도 영원하다. 그래서 우리는 신을 자기 안에서 '진실'과 '앎'과 '지복'을 아우르는 분으로 안다. 〔…〕 우리의 모든 행위는 '진실'에 중심을 두어야 한다. '진실'이 우리의 호흡이어야 한다."[8]

진실과 앎과 지복. 이것은 한 치의 어긋남이 없어야 한다. 모든 행위, 매 순간의 호흡으로 표현되어야 한다. 그래야 한 걸음씩 나아갈 수 있다. 이전에 밟아 온 것을 '낡은' 것으로 만들 수 있는 오늘의 '새로운' 한 걸음. 그것이 곧 진실이자 신이었다. 그리고 간디는 그것을 실험이라고 명명했다. 그것은 마치 알베르트 아인슈타인이 상대성 원리를 발견할 때 했던 '사고실험'에 견줄 만하다. 아인슈타인은 물리학의 원리를 실험실이 아닌 상상 속에서 시도하였다. 예를 들면, '빛의 속도로 이동하면 어떤 일이 벌어질까?' '엘리베이터가 낙하하면 그 안에서 무슨 일이 일어날까?' 등. 물론 간디의 진리 실험과 아인슈타인의 사고실험은 대칭적이다. 전자가 진리를 저 추상의 세계에서 끌어내려 '여기, 삶의 현장'에서 구현하고자 했다면, 아인슈타인의 사고실험은 우주의 법칙을 상상 속에서 재현해 냈다는 점에서 그렇다.

아, 그렇다면 이제 좀 알 것 같다. 서두의 편지에 나온 바, 나에게 '시종일관'을 요구하지 말라는 저 단호함의 원천이 무엇인지. 비우고 떠나고 다시 비우고 떠나고…. 그는 늘 한 걸음씩 나아가고 있었던 것이다. 언제나 이전과는 '다른' 길 위에 있었던 것이다. 그러니 매번 새로운 실험일 수밖에. 날마다 지복일 수밖에.

4

진리와 기쁨의
정치경제학

브라마차리아Brahmacharya

1925년, 간디는 단식투쟁에 들어간다. 인도 국민회의 내에서 힌두교와 이슬람교의 갈등이 불거진 탓이다. 두 집단의 지도자들이 한자리에 모이면서 간디의 뜻이 관철되었다. 하지만 그는 얼마 후 다시 단식을 감행한다. 왜? 바로 자기 자신 때문이었다. 내면의 소리가 그렇게 하라고 한 것이다. 그는 진리를 추구하는 존재다. 그에게는 심층에서 솟구치는 내면의 소리에 응답하는 것이 히말라야를 정복하는 것보다 더 중요하다. 이후 그는 1년간의 정치적 침묵을 지키겠다고 선포했다.

또 하나, 1932년 8월 17일에 대영제국이 불가촉천민에 대해서 독립 선거를 시행할 것이라는 결정을 내렸다. 간디는 결코 받아들일 수 없었다. 그렇게 되면 불가촉천민에 대한 차별이 영구적으로 굳어질 것이기 때문이다. 목숨을 건 단식이 9월 20일 정오부터 시작되었다. 간디가 죽을 고비를 맞이하자, 9월 24일 힌두교도와 불가촉천민 간에 예라브다 협약이 체결되었다. 간디의 승리였다. 하지만 간디는 여전히 투옥 중이었다. 그런데 얼마 후 간디는 돌연 3주간의 새로운 단식에 들어간다. 이번에도 자기 자신을 위한 것이라고 했다. 자기를 면회하러 온 한 미국인 처녀로 인해 내면이 크게 오염되었기 때문이란다. 요컨대 미국인 처녀한테 성욕을 느꼈고 그런 자신을 참회하려고 단식을 시도한 것이다. 이것은 정치적 결단일까? 아니면 종교적 참회일까? 당혹스럽다. 하지만 그의 논리는 간단하다.

"생명 가진 모든 것을 평등하게 대하는 것은 자기 정화 없이는 불가능하다. 자기 정화가 없으면서 아힘사의 법칙을 지킨다는 것은 허망한 꿈일 뿐이다."[9]

어이없게도 영국 당국이 겁을 먹고 단식 첫날 간디를 석방했다. 근대 이후 정치와 종교, 경제와 영성은 날카롭게 갈라섰다. 서양 중세의 경우, 정치가 종교에 예속되면서 온갖 폐해를 일으켰다면, 근대 이후엔 둘을 과격하게 분리시킴으로써 또 지독한 소외가 일어났다. 정치는 인간의 삶에서 가장 근원적인 지향인 영성을 배제해 버렸고, 종교는 세속의 혼란과 고통을 외면함으로써 '은둔의 영토'에 갇혀 버리는 식으로. 그 결과 근대인의 삶은 이중적으로 소외를 겪게 되었다. 정치와 종교, 욕망과 진리, 세속과 영성 등이 제각기 '따로 놀게' 된 것이다. 이 간극 자체가 참을 수 없는 공허함을 야기한다. 그 공허를 대체한 것이 제국과 민족, 혹은 혁명에 대한 열광이라고 할 수 있다. 그것이 얼마나 끔찍한 폭력의 사슬을 야기했는지는 더 말할 나위도 없다. 개별적 차원에서 겪는 현대인의 극심한 소외 역시 무관하지 않다.

간디의 정치는 그런 점에서 전복적이다. 그에게 있어서 대영제국과의 투쟁이나 자신의 내부에서 망동하는 성욕과의 대결은 한 치도 다르지 않다. 남아프리카에서 활동하던 시절, 줄루족의 반란이 일어나자 간디는 영국군 위생병으로 자원한다. 줄루족의 울창한 숲을 거닐면서 그는 마침내 결심한다. 아내와의 정결을 선언하기로. 간디의 생애를 장식하는 핵심적 키워드 중의 하나가 된 그 유명한 '브라마차리아Brahmacharya'가 그것이다. 당시 그의 나이 37세. 한창 원기 왕성한 나이 아닌가. 그런 나이에 부부 사이의 섹스를 중단한다고? 출가자도 아니고 성직자도 아니고 그저 인권 변호사였을 뿐인데? 게다가 불륜, 방탕을 저지른 것도 아닌데?

이런 파격적 결단의 유래는 20여 년 전으로 거슬러 올라간다. 간디는 13세에 비슷한 또래의 아내를 맞이했다. 그와 동시에 질풍노도의 성욕에 휩싸여 사랑의 이름으로 아내를 끊임없이 괴롭히는 짓을 저지르곤 했다. 결정적으로 아버지가 돌아가시는 날 밤에 임신한 아내를 깨워 성욕을 채우느라 임종을 지키지 못했고, 그때 아내의 배 속에 있던 아이 또한 태어나자마자 죽어 버렸다. 간디는 '멘붕'에 빠졌다. 그날 이후 간디는 사랑과 정욕에 대해 치열하게 탐색하기 시작한다.

그는 진정으로 아내를 사랑했다. 하지만 정욕이 망동하는 한 아내에 대한 진정한 존중이 불가능하다는 것을 깨달았다. 그는 고백한다. 온종일 아내가 어디에 가는지 알아야만 했다고. 그것은 결국 성욕에 대한 집착이었다. 학교에 가서도 끊임없이 아내와의 섹스를 생각하느라 정신이 없었고, 그러다 보니 잠시라도 떨어져 있는 상태를 견딜 수 없었던 것이다.

보통, 이런 상태는 '신혼의 깨소금', '달콤한 사랑싸움' 정도로 치부된다. 하지만 이게 과연 사랑인가? 아내를 감금하다시피 하고, 늘 머릿속에 섹스만을 떠올리는 것이?

간디는 자신에게 물었고, 나아가 모든 이들에게 묻고 있다. 섹스에 대한 정욕과 사랑의 윤리가 어떻게 조화를 이룰 수 있는지를. 아마 다들 불편할 것이다. 누구를 사랑하면 다 그런 거 아닌가? 그렇다. 그게 우리가 말하는 사랑의 수준이다. 사랑이 아니라 정욕의 노예라고 해야 맞다. 하지만 그렇게 말하면 역시 불편해한다. 그래서 결국 문제를 회피하는 것으로 끝나곤 한다. 그저 열렬히 원하는 것을 사랑이라고 믿고 싶다. 근데, 문제는 그게 또 지속되지 않는다는 데 있다. 욕망은 채우는 순간 혐오로 바뀌어 버린다. 그때부턴 또 다른 대상을 찾아 헤맨다. 그래서 다시 질문이 시작된다. 나는 진정으로 누군가를 사랑했던가? 그때 비로소 알게 된다. 사랑한 게 아니라 욕망했다는 것을. 다시 원점이다. 정욕의 탐닉과 사랑의 윤리가 어떻게 조화될 수 있을까? 간디는 이런 질문을 20년 동안 자신에게 던져 왔다. 진정 사랑한다면 정욕이 아니어도 상관없지 않을까? 아니 정욕의 유혹을 벗어나도 이 사람과 함께하고 싶다면 그게 진짜 사랑이 아닐까? 마침 세 번째 아이가 태어났고 이제 더는 아이가 필요하지 않다고 느끼자 마침내 이 기나긴 고뇌와 번민을 끝내기로 작정한다. 정욕이 주는 번민이 아니라 사랑이 주는 평화를 선택하기로. 물론 아내도 흔쾌히 동의했다. 어릴 때부터 정욕을 누린 시간은 충분했고, 자신을 진정으로 사랑하겠노라 선언한 남편을 거부할 이유는 없다.

또 하나, 그는 『바가바드기타』의 추앙자로서 늘 봉사에 대한 의무를 새기고 있었다. 그에게 있어 시민운동은 정치적인 행위가 아니라 신이 부여한 '공동체에 대한 봉사'의 연장이었다. 이 봉사를 온전히 실현하려면 사유재산과 가족에 대한 애착에서 벗어나야 한다. 이런 경우 대개 공적인 삶을 선택하거나 아니면 출가자 혹은 성직자의 길을 간다. 간디는 그 점에서 아주 달랐다. 그는 세속에 머무른 채로 욕망을 제어하는 길을 선택한 것이다. 그야말로 '좁은 문'이다. 간디의 결심을 들은 아내는 이번에도 기꺼이 동의한다. 그렇게 정욕도 소유욕도 다 내려놓은 채 아내와 함께 진리와 봉사의 길을 함께 걸으면서 무려 62년을 해로한다.

그가 시도한 모든 정치적 결단과 실천은 이런 방식으로 진행되었다. 런던에서 『바가바드기타』를 만난 이후 신에 대한 무한한 사랑을 느끼고, 붓다의 생애와 그리스도의 산상수훈, 그리고 자이나교에서 비폭력을 배우고, 존 러스킨John Ruskin과 톨스토이에게서 무소유와 공동체적 삶의 가치를 배웠다. 그는 배움에 관한 한 거의 '물 먹는 하마'에 가깝다. 모든 진리를 스펀지처럼 흡수하고 즉시 실행에 옮긴다. 물론 달팽이의 속도로 한 걸음씩! 아힘사가 신의 뜻이라면 그것은 적에게도 적용되어야 한다. 예를 들면, 치열하게 저항하되 적을 경멸하거나 증오하지 않는다, 투쟁이 시작되는 타이밍을 영국 당국에도 반드시 알려 준다, 사탸그라하 운동이 유혈 사태로 번지자 그 즉시 중단을 선언하고 법정에서 자신에게 가장 엄한 벌을 내려 달라고 요청한다 등.

성욕 못지않게 예민한 주제인 돈 혹은 경제활동에 대해서도 마찬가지다. 영국 유학 시절부터 그는 가계부를 꼬박꼬박 썼고, 동시에 불필요한 생활비를 하나씩 줄여 간다. 두 개였던 방을 하나로 줄이고, 아침 식사는 손수 만들기로 한다. 그러자 하루 1실링 3펜스면 충분했다. 그 결과 "내적 생활과 외적 생활이 잘 조화"되었고 "내 생활은 확실히 보다 진실했고, 내 혼은 무한히 기뻤다."[10] 생활의 리듬과 혼의 기쁨이 하나로 연결되는 것, 이것이 간디의 인생 전략이다. 그리고 그것은 이후 사회적 활동에도 고스란히 적용된다.

> "구원을 얻고자 하는 자는 관리인처럼 행해야 한다. 그는 막대한 재산을 관리하면서도 피천 한 푼도 제 것이라는 생각을 하지 않는다."[11]

실제로 그는 그렇게 했다. 남아프리카에서 시민운동을 시작할 때 그는 투명하고 꼼꼼하게 회계를 정리했고, 덕분에 운동 단체 안에서 돈으로 인한 불화를 겪지 않았다. 오히려 단체의 자금이 넉넉해져서 더 많은 사람을 도울 수 있게 되었다. 돈에 대한 이런 태도가 훗날 스와라지라는 자치와 자립의 경제학으로 이어진다. 생활의 간소함과 무소유라는 진리, 돈의 투명성이라는 공적 윤리가 독립운동의 중요한 전략 전술로 연결되는 것, 이것을 일러 '진리와 기쁨의 정치경제학'이라 해도 좋으리라.

정치가 다수의 행복을 위한 것이라면 그 과정에서 자신을 정화하는 활동이 반드시 이어져야 한다. 민중을 위한 투쟁에 헌신했지만 결국은 분노 조절 장애가 생겼다면 그것이 과연 승리일까? 그래서 모든 정치적 활동의 베이스에는 영적 윤리가 작동해야 한다. 아힘사와 무소유, 그리고 자기 정화하는 과정이 없다면 결국 정치는 누가 더 '나쁜 놈'인가를 내기하는 아수라장이 되고 만다. 하지만 간디의 정치는 그런 함정에 빠지지 않았다. 진리와 내면, 진리와 생활, 그 사이의 카오스를 기꺼이 견디고, 거기에서 오는 긴장과 전율을 조금도 피하지 않았다. 하여 그는 투쟁이 깊어질수록 분노와 미움이 아닌 자비와 공감의 강도가 높아졌다. 어떻게 이런 기발한 정치를 상상해 낼 수 있었을까?

"진리의 영靈을 얼굴과 얼굴을 맞대고 보려면 가장 보잘것없는 미물도 내 몸처럼 사랑할 수 있어야 한다. 그리고 그것을 향해 애타게 올라가는 사람은 생활의 어떠한 면도 등한히 할 수는 없다. 그것이 나의 진리에 대한 헌신이 나를 정치로 끌고 들어간 이유다."[12]

그러므로 그는 한 치의 망설임 없이 말한다. "종교가 정치와는 상관이 없다고 하는 사람들은 종교의 의미가 무엇인지 알지 못"[13]한다고. 정치도 종교도, 진리도 영성도 자본이라는 유일신에 굴종하여 갈 바를 잃은 우리에게 참으로 큰 울림을 준다.

간디의 후계자이자 독립 인도의 초대 총리였던 네루는 간디에 대해 이렇게 말했다.

"그의 미소는 경이롭다. 남들에게 쉽게 번져 가는 웃음소리와 환하게 빛나는 경쾌한 마음."

노년에 접어든 이후 '이 빠진 미소'는 간디의 트레이드 마크였다. 적에게조차 환한 미소와 유머를 던질 수 있었던 존재, 진리와

정치가 하나인 그런 존재에게 슬픔은 있을 수 없다. 매일, 매 순간
이 기쁨이었으리라. 우리는 과연 언제나 이런 진리와 기쁨의 정치
경제학을 꿈꿀 수 있을까? 과연 언제나?

5

"나의 삶이
곧 나의 메시지다"

걷기, 굶기, 쓰기

남아프리카에서 돌아온 지도 15년 정도가 되었다. 이제 간디는 미
소 짓는 노인의 이미지로 인도의 수백만 군중을 '번개처럼' 사로잡
았다. 누군가는 이렇게 말했다. 그는 구도자도 정치인도 아니고, 신
비주의자도 현실주의자도 아니다. 바이샤도 아니고 브라만도 아니
었다. 그러면서 동시에 그 모든 것이기도 했다. 한마디로 그는 '인
도 그 자체'였다고.

　눈부신 도약이다. 낯가림이 심해서 변론지를 제대로 읽지도
못했던 그 청년 변호사가, 아내와의 정욕에 불타 아버지의 임종도
지키지 못한 그 '못난' 아들이 모든 종교, 모든 계급을 다 아우르는
인도 그 자체로 추앙받다니 말이다. 물론 그는 마지막 결론에는 동
의하지 않았을 것이다. 그는 인도 자체가 아니라 '인류 그 자체'가

되고자 했기 때문이다. 그는 단지 인도에서 태어났기 때문에 인도를 위해 봉사한 것일 뿐, 궁극적으로 그의 삶이 향한 곳은 신이자 인류, 나아가 생명을 가진 존재 전체였다. 그는 단호하게 외친다.

"나의 애국심은 나의 종교에 대해 보조적補助的이다. 나는 아기가 어머니의 젖에 매달리는 것처럼 인도에 집착하고 있지만, 그것은 그녀가 나에게 필요한 마음의 양식을 제공해 주기 때문이다."[14]

만일 그녀가 이 양식을 제공하지 않는다면?

"나는 피가 흐르는 내 영혼을 위해 히말라야의 눈 덮인 높은 봉우리로 물러날 것이다…."[15]

그렇다. 평범하고 오류투성이의 청년으로 하여금 저토록 드 높은 경지에 오르게 한 원천은 진리와 영성이었다. 하지만 그를 더 위대하게 만든 것은 그 진리와 영성을 현장에서 오롯이 구현해 냈기 때문이다. 그래서 참 궁금하다. 그런 심오한 비전을 세속적 현장에서 구현하려면 무엇부터 시작해야 하지? 종교적 차원에서 말하면 수행의 구체적 방편이고, 정치적으로 말하면 전략 전술이다. 짐작하다시피 매우 간단하다. 그는 매일 걸었고, 굶기를 밥 먹듯 했으며, 틈만 나면 썼다. 걷기, 굶기, 쓰기!

먼저, 그는 걷기의 달인이다. 그의 모든 행위는 걷는 데서 시작한다. 그의 걷기는 영국에서부터 시작되었다. 유학 생활 무렵 생활비를 절약하려고 그는 무려 16킬로미터를 걸어 다녔다. 그러면서 걷기, 산책이 주는 효능감을 제대로 익혔다. 변호사로 성공하고,

시민운동가가 된 이후에도 그는 날마다 걸었다. 그리고 마침내 영국을 상대로 불복종 투쟁을 할 때 그의 걷기는 최고의 정치적 전술로 발휘된다. 그의 생애, 나아가 인도 독립운동의 가장 눈부신 페이지가 바로 '소금 행진'이다.

1930년 3월 2일, 간디는 영국 당국에 통고한다. 9일 후에 사티아그라하가 시작될 것이라고. 투쟁이 시작되면 적에게 가장 먼저 알린다는 게 그의 원칙이었다. 드디어 3월 12일, 70명의 아슈람 회원들과 함께 길을 떠났다. 그는 걸었다. 수많은 사람과 삶에 관한 이야기를 나누고, 매일 한 시간씩 물레를 돌렸다. 메시지는? 소금세에 저항하라! 영국은 인도 바다에서 채취한 소금을 인도인에게 팔면서 소금세를 부과하는 만행을 저질렀다. 수많은 이들이 동행하기 시작했다. 아마다바드의 사바르마티 강변에서 시작하여 단디 해안까지 이르는 약 380킬로미터에 달하는 대장정이었다. 총 24일. 목적지에 도착했을 즈음, 그와 함께 걷는 무리는 수천 명이 되었다. 하룻밤 밤샘 기도를 마친 다음 날, 그는 바닷가에 몸을 구부려 한 줌의 소금을 집어 올렸다. 그를 따르던 군중들 역시 소금을 줍기 시작했다. 소금에 대한 열정이 전 인도에 흘러넘쳤다. "그 순간, 역사가 움직였다!"라는 아포리즘이 이 장면에서 탄생했다고 한다.

단지 걸었을 뿐이다. 그리고 소금을 집어 올렸을 뿐이다. 그것만으로 메시지는 충분했다. 아니, 폭발적이었다. 그는 뜻밖에도 퍼포먼스의 달인이었다. 그가 움직이면 모든 언론, 모든 카메라가 그를 주시하며 뒤를 따른다. 동시에 그의 일거수일투족이 생생하게 전 인도, 전 세계에 중계된다. 영국에서 배운 민주주의와 미디어의 위력을 최대한 활용한 것이다.

그리고 그의 최대 무기이자 장기인 굶기. 최초의 정치적 단식은 1918년, 아마다바드시의 공장 노동자들이 파업을 일으켰을 때 시작되었다. 그의 단식은 노동자와 회사 양쪽에 큰 울림을 주었고, 양측의 교섭에 상당한 힘을 발휘했다. 이후 단식은 간디만의 특별한 정치적 행동으로 자리 잡기에 이르렀다.

그중에서도 목숨을 건 단식을 대단식이라 한다. 대영제국과의 투쟁은 물론이고 불가촉천민의 분리, 힌두교도와 이슬람교도의 대결 같은 결정적 국면에서 그는 대단식을 시도한다. 사탸그라하, 아힘사 등 그의 정치 활동의 구체적 성취는 늘 단식을 통해서 이루어졌다.

그런 점에서 비폭력, 불살생은 절대 수동적인 저항이 아니다. 가장 능동적인 행위다. 폭력을 두려워하는 비겁자들은 흉내조차 낼 수 없다. 그렇다면 비폭력을 통해 독립을 쟁취하는 최고의 수단이 무엇일까? 자신을 희생시키는 것이다. 자살 테러나 분신도 그에 해당할 수 있다. 하지만 그것은 분노와 원한의 파토스를 야기한다. 과격하지 않으면서 사람들의 마음을 고요히 요동치게 할 수 있는 것, 굶기가 바로 그것이다. 그가 단식을 시작하면 사람들은 차분히, 깊게 사유하기 시작한다. 인도의 영성은 희생 제의를 중시한다. 신화에 따르면, 태초의 인간인 푸루샤의 희생으로 인간과 만물이 탄생할 수 있었다고 한다. 하여 희생은 창조의 원천이다. 간디의 단식 역시 일종의 희생 제의다. 그의 식욕과 음식, 궁극적으로는 목숨까지 건다는 점에서 그렇다. 정치적 효과는 엄청났다. 그가 단식에 돌입하면 인도는 물론 영국 당국까지 초긴장에 들어간다. 같은 편에게는 희생의 거룩함과 신성함을 일깨우고, 적에게는 당혹감과 죄책감을 야기한다는 점에서 최고의 전략이다.

하지만 그에게는 가장 쉽고 평이한 일이었다. 왜? 늘 단식을 해 왔기 때문이다. 어릴 때부터 어머니가 종교적 이유로 단식을 주기적으로 하는 것을 봐 왔고, 영국에서 채식주의자가 된 이래 입맛을 통제하기 위해서는 단식이 필요하다는 것을 알게 되었다. 병이 들었을 땐 일단 단식부터 시작했다. 특히 그는 성욕을 제어하려면 반드시 식욕을 통제해야 한다는 걸 깊이 깨닫게 되었다. 사실 이것은 모든 양생술의 기초이기도 하다. 육식과 과식은 성욕이 항진하는 데 땔감을 제공한다. 거꾸로 성욕이 항진되면 고기와 술 등과 같은 뜨겁고 열량이 높은 음식을 맹렬하게 탐하게 된다. 그러므로 타고난 수명을 보존하고 일상을 조화롭게 이끌려면 식욕과 성욕의 연결고리를 끊어야 한다. 이런 원리가 공론장에서 등장하면 바로 정치가 된다.

"부모들은 잘못된 자식 사랑으로 아이들에게 오만 가지 음식을 먹인다. 그래서 그들의 체질을 망쳐 놓고 인공 맛에 혀를 길들여 놓는다. 그렇게 먹으면서 자란 아이들은 결국 몸이 병들고 뒤틀린 입맛으로 살게 된다. 어린 시절 잘못된 식생활의 좋지 못한 결과는 우리의 걸음걸음에 뒤따라온다. 그래서 우리는 너무 많은 돈을 낭비하고 너무 쉽게 의료인의 밥으로 전락한다."[16]

어떤가? 이게 20세기 초 인도에서 나온 진단이라는 게 믿어지는가? 이런 원리를 간디는 영국의 채식주의자들에게서 배웠다. 당시 서구 지성인들에겐 이런 성찰이 있었다. 현대인은 먹어도 너무 먹는다고. 온종일 먹고 또 야식을 먹는다고. 이건 정말 반생명적인 것이 아닌가?

그래서 서구에서 먼저 채식 운동이 일어난 것이다. 그럼 21세기를 살아가는 우리는 어떤가? 정말이지 치명적으로 먹는다. 먹는 방송이 거의 모든 채널을 장악한 시대, 한마디로 식욕 자체가 테러가 된 시대다. 그럼 이것은 정치의 영역인가? 생활인가? 종교인가? 간디에겐 이 모든 것이 다른 것이 아니었다. 그에게 정치와 진리, 그리고 양생은 하나다! 그런 점에서 모두 쪼개 놓고 따로따로 대처하는 것이야말로 우리 시대의 치명적 약점이 아닐까?

그리고 또 하나, 쓰기! 그는 말보다 글을 더 좋아했다. 감옥에 가는 것을 두려워하지 않았을 뿐 아니라 감옥을 최고의 예배 장소로, 최고의 독서 현장으로, 또 글쓰기 학교로 바꾸었다. 수줍음이 많아서였을까. 그는 대중 앞에서 소리 높여 연설하기보다 쓰기를 좋아했다. 그의 연설에 대한 흥미로운 논평이 하나 있다. 그는 소리를 높인다거나 몸짓을 쓴다거나 하는 식의 웅변술을 전혀 사용하지 않았다.

"순서, 절차 따위에는 조금도 개의치 않는다. 그는 서론 없이 이야기를 시작했다가 결론 없이 끝낸다. 하고 싶었던 말—그것이 많든 적든—을 해 버리면, 그는 이야기를 중단하고 떠난다. 군중은 우레와 같은 환호성을 보낸다."[17]

간디의 타고난 기질인 수줍음과 솔직함이 느껴진다. 어쨌든 그는 쓰기를 더 좋아했고, 많은 글을 썼다. 그가 쓴 글들은 정치적 평론이라기보다 삶에 대한 서사이자 수행의 일환이다. 그의 글들이 정치적 논평에 그쳤다면 지금 우리가 간디를 다시 만날 필요는 없다. 이미 너무 다른 시대가 되었으니까. 하지만 『간디 자서전』을 비롯한 그의 저서들은 불멸의 고전이다. 인류학적 차원에서 삶에 대한 소중한 지도이기 때문이다.

1934년, 60대 중반이 된 간디는 국민회의에서도 물러났다. 그러고 나서 그가 한 일은 인도 여행. 탁발승 수행자처럼 망고나무 아래서 잠을 자고 또 걸었다. 그가 한 일은 주로 민중의 일상을 세심하게 챙기는 것이었다. 자급자족의 현황에서 성냥이나 치약 같은 생필품의 제조 등에 이르기까지. 그로부터 몇 년 뒤, 그는 오랜 동지 압둘 가파르 칸Abdul Ghaffar Khan(국경의 간디로 불린 비폭력주의자)과 함께 아프가니스탄 산악 지방을 순회한다. 그때 이렇게 외쳤다. '나는 지금까지처럼 여전히 힘이 솟구친다. 앞으로도 그럴 것이다.' 진짜로 그랬다. 그는 79세로 생을 마칠 때까지 늘 진리와 정치의 한가운데 있었다. 하여 그는 노년에도 늙지 않았다. 늘 길 위에 있었고, 수시로 굶었고, 또 진실을 기록하기를 멈추지 않았다.

어떤 사람이 물었다. "세상에 주는 당신의 메시지가 무엇이오?"[18] 그는 이렇게 답했다.

"나의 삶이 곧 나의 메시지요."[19]

'마하트마'의 '위대한' 패배

"그날 간디는 그곳에 있지 않았다"

1945년 8월 15일, 제2차 세계대전이 끝났다. 우리나라는 1945년 8월 15일 종전일에 바로 해방이 되었지만 인도는 좀 시간이 걸렸다. 진짜 올 것이 오고야 말았기 때문이다. 간디가 1925년 대단식 때부터 우려했던 그것이. 힌두교도와 이슬람교도 간의 평화는 깨졌다. 그동안 영국이라는 거대한 적 때문에 가려져 있던 봉합이 터지면서 서로 간의 적대와 갈등이 적나라하게 드러난 것이다. 이 소용돌이의 한가운데를 장식한 두 명의 정치인이 있었으니 네루와 무함마드 알리 진나Muhammad Ali Jinnah가 그들이다.

인도를 이끌 차기 지도자는 결정되었다. 오랫동안 간디를 아버지처럼 따르던 네루. 브라만 출신이지만 인도에선 정말로 드물게 무신론자에다 사회주의자였다. 그에 맞서 독립과 함께 인도를 분할해야 한다고 강력하게 주장한 이가 있었으니 바로 이슬람 연맹을 대표하는 진나였다. 그는 파키스탄, 즉 '순수한 사람들의 나라'라는 뜻을 가진 나라를 세우겠다고 결심했다. 인도는 독립과 동시에 둘로 쪼개지는 운명에 처한 것이다. 간디는 결코 받아들일 수 없었다. 그동안 인종차별, 민족적/계급적 착취, 불가촉천민에 대한 종교적 차별, 그 모든 장벽과 마주해야 했던 간디는 이제 가장 치명적인 장벽 앞에 서야 했다. 이슬람교도와 힌두교도의 대립이라는!

독립 3년 전(1944년), 간디는 진나를 설득하기 위해 그의 저택을 찾아가 18일 동안 긴 대화를 나누었다. 하지만 어떤 설득, 어떤 제안도 통하지 않았다. 그는 20세기 이래 간디가 만난 어떤 적과도 비할 수 없는 인물이었다. 냉혹하고 끈질겼으며 지독했다. 지루한 협상이 계속되자 진나는 자신의 의지를 폭력으로 관철하기로 작정한다. 1946년 8월 16일을 '직접 행동'의 날로 선포한 것이다. 그 결과 캘커타에서 5000명의 사망자와 1만 5000명의 부상자가 발생했다. 벵골 지방에선 이슬람교도들이 먼저 힌두교도들을 공격했고, 비하르에서는 힌두교도들이 이슬람교도들을 학살했다. 힌두교도와 이슬람교도, 둘 다 돌아올 수 없는 강을 건너고 만 것이다. 간디는 경악했다. 영국과의 투쟁에서도 일어나지 않았던 폭력이 같은 동족 사이에서 일어나다니. 그것도 양쪽 다 '신'의 이름으로.

그때 나이 75세. 간디는 지팡이를 짚고 길을 떠났다. 그는 모든 이들의 눈물을 닦아 주면서 『코란』, 『성서』, 『바가바드기타』를 읽어 주었다. 분노에 찬 군중들은 그에게 무례와 욕설, 똥 덩어리, 유리 조각을 투척했다. 그러자 간디는 샌들마저 벗어 버렸다. 그리고 맨발로 걸었다. 많은 사람이 울음을 터뜨렸다. 그의 모습에서 그리스도의 수난을 떠올린 이들도 있었다. 그렇게 폭력이 진정되었다.

1947년 8월 15일, 인도와 파키스탄이 동시에 탄생했다. 시계가 자정을 알리는 순간 붉은 요새 위로 영국 국기 유니언잭이 내려오고, 대신 삼색의 인도 국기가 힘차게 휘날렸다. 연사들은 밤새도록 간디에게 경의를 표했고, 수백만의 군중은 열정적으로 외쳐 댔다. "간디는 인도의 아버지!", "승리는 마하트마 간디의 것!"이라고. 하지만 간디는 '그날, 그곳에 있지 않았다.' 그에게 있어 인도의 분할은 너무 큰 비극, 아니 참담한 패배였다. 그날 그는 동인도의 캘커타 거리를 걷고 있었다. 독립 기념으로 하루 단식을 하면서. 대체 누가 상상했으랴! 인도가 독립하는 그날 간디가 그 먼 곳에서 홀로 단식을 하게 될 줄은. 인생은, 아니 역사는 이토록 아이러니투성이다.

게다가 그것은 비극의 서곡이었다. 더 끔찍한 폭력의 향연이 기다리고 있었다. 역사상 최대의 집단 이주로 불리는, 무려 1200만 명의 사람들이 이동하기 시작했다. 인도에 살던 이슬람교도들은 파키스탄을 향해, 파키스탄 지역에 살던 힌두교도들은 독립 인도를 향해. 그 과정에서 말로 표현하기 어려운 학살이 자행되었다. 굶어 죽고, 맞아 죽고, 총탄에 죽고, 몽둥이에 죽고…. 간디의 표현대로 그야말로 "죽음의 무도"였다.

그것은 완전한 패배였다. 그가 평생을 걸고 수행했던 사탸그라하, 아힘사는 누구도 설득하지 못했던 것이다. 하지만 역설적으로 그 패배는 증명하고 말았다. 그의 진리 실험이 얼마나 위대한 것인지를. 그가 걸어간 길이 얼마나 고귀한 것인지를. 위대한 영혼

마하트마의 위대한 패배! 앞서 보았듯이, 그는 구도자면서 정치가였고, 신비주의자면서 동시에 현실주의자였다. 바이샤에 속했지만 기꺼이 불가촉천민이 되고자 했다. 그는 인도 그 자체였다. 아니다. 그는 인도인으로 살지 않았다. 그는 인간으로, 신을 사랑하는 인간, 진실과 앎과 지복을 향해 나아가는 인간으로 살았다. 그런 간디에게 이제 힌두교도들은 요구한다. 힌두교 원리주의자가 되라고, 인도 민족주의자가 되어 이슬람교도와 싸우라고. 진리를 포기하고 한낱 정치가가 되라고.

7

죽음은
영광스러운 해방이다!

신의 손 안에

하지만 누구도 간디의 걸음을 멈춰 세울 수는 없었다. 지금까지 그 랬듯 그는 다시 또 한 걸음을 내디딘다. 이제 인도 안에 비폭력주 의자는 없다. 오직 간디 자신뿐! 할 수 있는 일은 오직 단식뿐! 그 리고 그것은 분열된 공동체의 치유를 위한 것이지만 무엇보다 자 신의 절망을 위로하기 위한 것이었다. 그는 선언한다. '죽음은 최고 의 영광이자 해방이 될 것이다. 내가 살고 죽는 것은 오직 신의 손 안에 있으므로.'

죽음에 이르기 전 그는 두 번의 대단식을 시도한다. 먼저 캘커 타 대단식을 통해 군중의 분노와 폭력을 가라앉히고, 다시 델리로 향한다. 거기가 마지막 장소였다. 간디는 자신은 힌두교도가 아니라고 선언했다. 그럼에도 그는 힌두교와 분리될 수 없었다. 그렇다면 이제 그가 해야 할 일은 이슬람교도들을 향해 사랑과 희생의 손길을 내미는 것이다.

1948년 1월 13일, 델리 대단식이 시작되었다. 그것은 전적으로 파키스탄의 이슬람교도 형제들을 위한 것이었다. 간디는 '이슬람교도들의 종교와 생명, 아울러 재산을 보호한다'는 문서를 요구했다. 문서의 내용은 파키스탄에 무려 5억 5000루피의 할당금을 주어야 한다는 것. 바로 그 순간 힌두교 원리주의자들의 분노는 폭발한다.

열 명의 암살단이 조직되었다. 그들은 결심한다. "간디는 결코 단식으로 죽어서는 안 된다. 반드시 우리의 총탄에 의해 죽임을 당해야 한다."(다큐멘터리 중에서) 1948년 1월 20일, 1차 시도는 실패했다. 총격은 불발로 끝났다. 공범자 중 하나가 체포되었고 다른 공범자들을 다 실토했건만 경찰은 그들을 체포하는 데 실패했다. 이건 지금까지도 미스터리로 간주된다. 대체 왜 그랬을까? 다시 열흘 뒤인 1월 30일, 암살범들은 2차 저격을 시도했고 마침내 성공했다. 나투람 고드세의 총탄 세 발이 그것이다. 그의 형 고팔 고드세의 증언을 다시 환기해 보자. "우리 열 명이 모두 교수형에 처해진다 해도 간디는 반드시 우리 손에 처단되어야 한다." 이슬람교도에 대한 원한과 증오의 불꽃이 온전히 간디에게로 옮겨붙었다. 간디는 그 폭력의 제전에 바쳐진 희생 제물이었던 것이다.

1차 암살 기도 후 간디는 말한다. "어쩌면 그들이 옳을 수도 있다. 나라는 존재는 독립 인도에는 걸림돌이 아닐까." 간디는 예감했으리라. 독립 인도는 나의 희생을 요구하고 있다고. 지금이 바로 자신이 죽어야 하는 순간일지 모른다고. 마침내 나투람 고드세의 총탄이 가슴을 관통할 때 간디는 크게 안도했을 것이다. 자기 죽음으로 이 "죽음의 무도"가 잠시라도 멈출 수 있을 테니 말이다. 사실 그랬다. 간디가 죽은 날 인도 전역에 불이 꺼졌다. 힌두교도든 이슬람교도든 그날만큼은 '증오의 화탕지옥'에서 벗어나 잠시 영혼을 쉴 수 있었으리라.

간디에게 죽음은 일상이자 가장 가까운 벗이었다. 정치적 대단식은 그로 하여금 언제나 생사의 기로를 오가게 했다. 숨이 멎기 직전까지 간 적도 많다. 하지만 죽음의 두려움에 항복한 적은 없다. 언제든 죽을 수 있는 존재가 되는 것, 그것이야말로 영적 수련의 핵심이었다. 그러므로 그의 말대로 죽음은 해방이었다. 삶의 모든 짐 혹은 운명이 부여한 다르마에서 벗어나 신의 곁으로 가는 영광스러운 해방. 그런 점에서 그의 죽음은 '진리 실험'의 완결판이라 할 수 있다. 아니, 간디라면 좀 다르게 말할지도 모르겠다. 사탸그라하에 완결이란 없다. 죽음 또한 그저 한 걸음일 따름이다. 이 세계에서 저 세계로 넘어가는 단 한 걸음!

그가 남긴 것은 '시계 하나, 상아로 만든 작은 원숭이 세 마리, 그리고 책 몇 권'이 전부였다.

***

1948년 2월 11일, 마하트마의 육신은 재가 되어 갠지스강과 잠나강이 만나는 곳에 뿌려졌다. 그해 여름에 마하트마의 맏아들 할리랄 간디Harilal Gandhi가 한 시골 병원에서 알코올 중독자로 결핵을 앓다가 세상을 떠났다. 같은 해 9월 11일. 파키스탄을 세운 진나가 카라치에서 암으로 죽었다.

간디의 아들이 알코올 중독자라고? 사연이 무엇이건 간디의 영혼이 그에게 가 닿지 못한 것은 분명하다. 어떤 훌륭한 사람도 자기 자식만은 뜻대로 되지 않는다는 인생의 법칙을 보여 주는 대목이다. 그리고 간디에게 위대한 패배, 그리고 참혹한 죽음을 안겨 준 진나. 그는 오래전에 이미 시한부 인생이었다고 한다. 그래서 그토록 '파키스탄(순수한 사람들의 나라)'에 집착했던 것일까? 그토록 끔찍한 "죽음의 무도"를 연출하면서?

간디와 그의 아들, 그리고 진나. 이들 세 사람의 운명의 수레바퀴, 거기에 담긴 신의 섭리는 과연 무엇일까? Nobody knows! 분명한 건 간디의 죽음은 어이없고 당혹스러운, 또 심오하고 오묘한 질문들로 넘쳐난다는 뜻이다. 이제 우리가 해야 할 일은 그 질문들을 품고 또 다른 사탸그라하의 길로 나아가는 것뿐이다. 간디가 그랬듯이 오직 한 걸음씩!

4장

알베르트
아인슈타인

이 한 번의 생으로 충분하다

1

인생은
'자전거 타기'와 같다

역마와 우정의 달인

"인생은 자전거 타기와 같다. 균형을 잡으려면 끊임없이 움직여야
한다." (1930년 2월 5일)

알베르트 아인슈타인Albert Einstein이 둘째 아들에게 보낸 편
지다. 이것은 사실 아인슈타인 자신에게 더 어울리는 말이다. 아인
슈타인이야말로 끊임없이 인생의 페달을 밟았다. 왜? 그래야 균형
을 잡을 수 있으니까. 보통 우리는 반대로 생각한다. 균형과 조화를
이루려면 가능한 한 움직이지 말아야 한다고. 하지만 움직이지 않
으면 오히려 충동에 사로잡혀 균형이 깨어진다. 거기에 휘말리지
않으려면 계속 움직여야 한다. 두 발을 움직이면서 페달을 밟아야

한다. 아인슈타인의 인생이 바로 그러했다.

어린 시절 아버지의 잦은 파산으로 고향인 독일 울름시(그곳에선 모든 시민이 수학자였다!)를 떠나 이탈리아로, 스위스로 계속 이동해야 했다. 스위스의 취리히 폴리테크닉 물리학과를 졸업했지만, '졸업생들 가운데 유일하게 교수직을 얻지 못해' 또 사방팔방으로 뛰어다녀야 했다. 이후 과학계의 아이콘이 된 이후에도 취리히에서 프라하로, 프라하에서 다시 취리히로, 또 베를린으로 수시로 국경을 넘나들었다. 히틀러 집권 이후엔 나치의 핍박을 피해 미국 프린스턴으로. 가히 역마살의 연속이었다.

장소의 이동보다 더 격렬했던 건 그의 지성과 감성이었다. 그의 역마살은 모든 권위를 원초적으로 무시하는 타고난 기질과 무관하지 않다. 군국주의의 제식훈련制式訓鍊에 대해서는 어릴 때부터 치를 떨었고, 학교 안에서는 '존재 자체가' 모든 교수를 불편하게 만들었다. 오죽하면 김나지움 시절의 한 교사는 "네가 학교를 그만두는 게 내 소원이다."[1]라고 했을까. '특수 상대성 이론'을 발견하고도 4년이나 지난 뒤에야 겨우 교수직에 임명된 것 역시 그 때문이다. 사회 부적응자였나 싶지만, 아니다! 놀랍게도 그는 우정의 달인이었다. 모든 권위에는 저항했지만 수평적 공감에는 활짝 열려 있었다. 평생을 함께한 친구들이 있었고, 언제 어디서든 누구와도 대화를 나눌 수 있는 강력한 친화력을 갖추고 있었다. 프린스턴 시절엔 동네 초등학생들의 수학 문제를 풀어 주기도 한 맘씨 좋은 '동네 할아버지'였다.

그런 그가 질풍노도의 시기에 에로스의 정염에 휩싸인 건 지극히 자연스럽다. 취리히 대학 시절, 물리학과의 유일한 여학생이었던 밀레바 마리치Mileva Marić와 '베개가 불타오를 지경'의 열애에 빠진다. 다리를 약간 절고 결핵에다 우울증까지 앓던 그녀를 가족들은 결사적으로 반대했다. 특히 어머니는 마치 '자기 아들이 죽기라도 한 듯' 베개에 얼굴을 파묻고 오열하곤 했다. 아들은 '베개가 탈 정도로' 정염에 불타고, 어머니는 '베개를 흠뻑 적실' 정도로 비탄에 빠지고! 하지만 이 애증의 소용돌이 속에서도 그는 균형을 잃지 않았다. 사랑은 확고하게 지켜 내면서 동시에 어머니의 마음을 돌보는 것도 잊지 않았다. 마침내 결혼에 성공했고 두 아들을 낳았지만 부부 사이에 파탄이 찾아올 즈음 새로운 사랑을 만났다. 청춘의 정염이 폭풍이라면 중년의 파토스는 쓰나미다. 이번에도 그는 새로운 사랑에 충실하되 아내와 아이들에게 상처를 주지 않으려고 최선을 다한다. 우여곡절 끝에 위자료에 대한 파격적인 제안(언젠가 타게 될 노벨상 상금 전액을 주는 것으로!)으로 마침내 이혼에 골인했고, 두 번째 결혼 이후에도 둘은 비교적 좋은 관계를 유지할 수 있었다.

두 번의 사랑과 결혼 이외에도 그는 평생 수많은 여성과 사랑을 나눴다고 한다. 그럼에도 그 격정에 휩싸여 자신을 훼손하는 어리석음을 범하지는 않았다.

"이성에게 마음을 빼앗기는 것은 큰 기쁨이요, 필요불가결한 일입니다. 그러나 그것이 인생의 중심사가 되어서는 안 됩니다. 만약 그렇게 된다면, 사람은 길을 잃게 될 것입니다."[2]

그렇다. 그는 어떤 격정에도 길을 잃지 않았다. 물리학이라는 페달을 밟았기 때문이다. 물리학에 관한 탐구는 그로 하여금 모든 열정과 번뇌에서 벗어날 수 있는 '비밀의 정원'이었다.

그는 주변이 아무리 시끄러워도 소파에서 물리학이나 수학 문제를 푸는 데 몰두할 수 있었다. 마치 주변의 소란을 즐기는 것처럼 보이기도 했다. 심지어 한 손으론 어린 아들을 붙들고 있으면서, 동시에 다른 한 손으론 물리학 문제를 푸는 신공을 펼치기도 한다. 그만의 이 은밀한 세계 속에서 그는 자유와 환희, 무한한 경외감으로 충만했다.

물론 과학계 안에서도 그의 위상은 롤러코스터를 탄다. 생애 초반에는 뉴턴 역학을 전복한 혁명가였지만, 생애 후반기엔 양자역학을 무너뜨리기 위해 전력을 다한 '외로운 늑대'였다. $E = mc^2$이라는 세계에서 가장 아름다운 방정식을 발견했지만, 그 공식에 근거하여 원자폭탄이 만들어지는 바람에 "원자폭탄의 아버지"라는 불명예를 뒤집어 써야 했다. 하지만 그는 평생에 걸쳐 반전을 외친 평화주의자였다. 제1차, 2차 세계대전이라는 미증유의 포화 속에서 그는 전쟁의 어리석음과 평화의 비전을 밝히는 데 매진했다. 한편, 유대인이라는 이유로 히틀러에 의해 추방되었지만 평생 자신을 유대인이 아닌 '세계시민'으로 간주했고, 비폭력 운동의 화신인 간디를 진심으로 추앙했다.

간디의 트레이드 마크가 '이 빠진 미소'였듯이, 아인슈타인은 '헝클어진 머리', '쑥 내민 혓바닥'으로 세계인과 벗이 되었다. 그만큼 유머를 즐겼고, 그것은 그의 세계관이기도 했다. 그에 따르면, "유일한 구원은 유머 감각뿐이다."[3] 한편, 아파트 열쇠는 수시로 잃어버렸지만 바이올린은 한시도 몸에서 떼어 놓지 않았다. 일주일에 한두 번은 연주회를 열었고, 상당한 수준의 바이올린 연주자이기도 했다.

이렇듯 그의 인생은 그 자체로 '자전거 타기'다. 그것도 오르막 내리막이 교차하는 난코스를 주행하는! 그는 이 난코스의 스릴과 격정을 기꺼이 감내했고, 그 길이 끝나는 지점에서 더할 나위 없는 평화를 맛보았다.

2

아인슈타인과
전쟁

"내 생애 가장 행복했던 생각"

『동의보감』에 따르면 아기는 말을 늦게 배울수록 좋다. 너무 빨리 말을 배우면 선천의 정기가 손상된다고 보기 때문이다. 요즘처럼 조기교육을 강조하는 관점에서 보면 뭔 소리인가 싶겠지만 아인슈타인의 경우엔 정말이지 딱 들어맞는다. 그는 말이 아주 더뎠다. 그러다 보니 속으로 수없이 연습한 다음에야 말을 했다고 한다. 그는 그것이 자신의 관찰력과 사고력에 상당한 도움이 되었다고 주장한다. 말 대신 생각이 깊어지다 보니 사람들이 당연하게 여기는 현상, 시간과 공간 등에 대해서도 감탄과 경이를 느낄 수 있었다는 것.

가장 유명한 일화가 나침반 에피소드다. 그는 다섯 살 땐가 나

4장 안씨번드 아인슈타인147

침반을 처음 보고는 어찌나 놀랐던지 온몸이 전율하는 경험을 했다. 아무런 외부의 힘이 가해지지 않았는데도 사물이 저절로 움직이다니, 이 우주에는 뭔가 숨겨진 힘이 있구나! 이런 체험들이 시간, 중력, 전자기력, 빛의 속도 등에 관한 탐구로 이어진 것이다. 그렇다. 그의 천재성은 통념과 관습에 질문을 던지고, 일상 속에서 발견되는 신비에 경이로움을 느낀 결과였다.

그것은 그의 기발한 상상력의 원천이기도 했다. 열여섯 살 때 빛의 파동에 대하여 고심하던 중 번뜩 하나의 질문이 솟아났다.

"혹시 광속도로 빛의 파동을 쫓아간다면, 빛의 파동은 멈춘 것처럼 보일까? 설마 그러진 않겠지."[4]

멋진 상상이긴 한데 실험은 불가능하다. 해서 '사고실험'이다. 하지만 이 사고실험이 10년쯤 뒤, 물리학의 혁명을 야기한 특수 상대성 이론(1905년)으로 발전한다.

거기서 끝나지 않았다. 특수 상대성 이론을 발견한 지 2년째 되던 1907년, 다시 이런 상상에 사로잡혔다. ― '자유낙하 하는 사람은 자기 몸무게를 느낄 수 있을까?'

마치 선승들이 화두를 들 듯이 그는 그 생각에 매진하고 또 매진했다. 그것이 마침내 1915년 '일반 상대성 이론'을 낳게 된다. 그는 이것이 "내 생애 가장 행복했던 생각"이라고 고백한다. 하지만 이 시기는 생애 최악의 연대기였다. 특수 상대성 이론을 발표하고 나서도 4년이 지난 뒤에야 그는 간신히 교수직을 얻게 되었다. 그렇게 대단한 이론을 발견했는데도 왜 취업이 안 되었을까? 여러 가지 이유가 있었지만 무엇보다 강의를 너무 못했다! 강의 시간에 자신의 연구 과제에 몰두하느라 독백을 중얼거리고 있었으니 말이다.

좌충우돌 끝에 겨우 교수가 되었으나 그때부터 아내 밀레바 마리치와의 불화가 시작된다. 뜨거웠던 청춘의 파토스가 마침내 파국을 맞이한 것이다. 인생사가 대체로 이렇다. 이것을 얻으면 저것을 잃고, 꽃길인가 하면 진흙탕이고. 아인슈타인의 영광이 빛날수록 아내 마리치의 우울증은 심화되었고 둘 사이는 돌이킬 수 없이 멀어지고 말았다. 그 와중에 아인슈타인은 세 살 연상의 이혼녀이자 사촌인 엘사Elsa와 새로운 사랑에 빠진다(하지만 그는 다시 결혼할 생각은 없었다). 그리고 하필 그즈음, 제1차 세계대전(1914년)이 터지고 말았다. 독일-오스트리아-이탈리아로 이루어진 삼국동맹(후발 자본주의 제국)과 영국-프랑스-러시아로 구성된 삼국 연합(선발 자본주의 제국) 사이에 대격돌이 일어난 것이다. 식민지 쟁탈전에 후발 주자로 뛰어든 독일의 박탈감이 전쟁을 발발한 주요 인이었지만, 독일도 전쟁을 길게 끌고 갈 생각은 없었다. 선제 타격으로 이득을 챙긴 다음 빠질 작정이었지만 완전 오판이었다. 생각지도 못한 변수들이 사방에서 일어나면서—예컨대 러시아에 소비에트 혁명이 일어난 것, 미국의 개입, 그리고 스페인 독감 등— 전쟁은 지리멸렬하게 이어졌다. 전쟁의 두 주축인 영국과 독일 모두 식량 보급이 차단되면서 당시 베를린에 살던 아인슈타인도 큰 곤경에 처하게 되었다. 그야말로 삼중고였다. 아내는 이혼을 거부하고, 애인 엘자는 결혼을 열망하고, 이놈의 전쟁은 끝날 기미가 보이지 않고!

그러다 1917년, 태어나서 처음으로 죽음과 직면한다. 당시 나이 38세. 마흔도 안 된 팔팔한 나이였지만 건강 상태가 심각하게 위태로워졌다. 원래 비위가 안 좋은 체질인 데다 식량 부족으로 제대로 된 식사를 할 수 없게 되자 만성 위장병이 도진 것이다. 몸무게가 무려 23킬로그램이나 감소했다. 그는 암에 걸렸다고 생각했다.

하지만 그는 태평했다. "나는 죽음이 두렵지 않다. 사명을 완성했으므로." 그 사명이란 바로 1915년 일반 상대성 이론을 완성한 것을 말한다. 이 장면에서 많이 놀랐다. 마흔도 안된 나이에 죽음을 이렇게 태연하게 맞이할 수 있다니! 그에게는 자연의 신비를 푸는 물리학적 법칙이 지루한 이혼 송사나 다시 찾아온 사랑의 격정, 전쟁의 수난 등을 초연히 바라볼 수 있는 '영적 베이스'였던 것. 하여 특수 상대성 이론에 이어 일반 상대성 이론까지 완성했으니 죽어도 아무 여한이 없었던 것이다. 그런 점에서 일반 상대성 이론을 완성하도록 촉발한 '자유낙하'에 대한 아이디어가 "내 생애 가장 행복했던 생각"이라는 표현은 결코 과장이 아니었다.

다행히도 그의 병은 암이 아니었다. 예상대로 영양실조였다. 의사는 그에게 '쌀, 마카로니, 바싹 구운 빵' 등을 먹으면 회복될 거라고 처방했다. 식량 조달이 안 되어서 영양실조에 걸린 환자한테 좋은 음식을 먹으라니, 참 '한심한' 처방이다. 하긴 의사로서도 달리 무슨 방법이 있었으랴마는. 베를린 대학의 천재 물리학자를 영양실조로 몰고 갈 정도였으니 당시 보통의 시민들이 겪었을 고통이야 말해 무엇하랴. 전쟁은 이토록 야만적이다!

그 덕분인지 엘사와 동거를 할 수밖에 없었고, 이후 엘사의 지극한 돌봄 아래 무사히 건강을 회복했다. 그리고 그다음 해 1918년 11월 11일 11시, 전쟁이 끝났다! 동시에 이혼 송사도 마침내

종지부를 찍는다. 앞에서도 언급했듯이, 언젠가 타게 될 노벨상 상
금(당시 1년 생활비의 137배에 이르는 금액)을 몽땅 위자료로 준다는
'통 큰' 결단으로.

3

"나는 우아하게
떠나겠다"

유일한 구원은 유머 감각뿐!

그로부터 40여 년 지난 1955년, 마침내 최후의 순간이 다가왔다. 이미 아인슈타인은 복부 대동맥의 '동맥류'라는 지병을 앓고 있었고, 그는 이것이 언젠가는 치명적인 상태로 발전할 것임을 예견하고 있었다. 하지만 아인슈타인은 다가올 죽음에 대해 평화로운 마음을 가지고 있었다. 죽기 한 해 전, 동료 물리학자 루돌프 라덴부르크Rudolf Ladenburg가 먼저 세상을 떠났다. 그의 묘지 앞에서 낭독한 애도사에서 이렇게 말한다. '낯선 곳을 여행하듯 삶은 순간적이고, 앞에 놓인 길은 희미한 불빛으로 아련할 따름이다.' 거의 달관한 듯한 태도가 엿보인다.

위장병은 여전히 그를 괴롭히고 있었다. 하지만 그는 산책을 포기하지 않았다. 나치에 쫓겨 미국으로 탈출한 뒤 생애 후반부를 미국 동부에 있는 프린스턴 대학의 고등연구소The Institute for Advanced Study에서 보냈다. 그곳은 숲으로 유명한 도시다. 그는 틈만 나면 양딸과 함께, 또 불확정성의 원리로 유명한 괴짜 과학자 쿠르트 괴델Kurt Gödel과 함께 프린스턴의 숲을 거닐었다. 『아인슈타인이 괴델과 함께 걸을 때』When Einstein Walked with Gödel라는 책이 그 이야기를 바탕으로 한 것이다. 또 66세 이후 은퇴한 뒤에도 거의 매일 고등연구소로 나가 양자 역학에 맞서 통일장 이론을 수립하기 위해 전력을 기울였다.

마침내 생애 마지막 생일을 맞이했고, 그때 어린 시절부터 평생을 함께한 친구 미셸 베소Michele Besso의 사망 소식을 전해 듣는다. 그는 아인슈타인에게 가족이나 연인 그 이상의 친구였다. 삶의 거의 모든 것을 함께했다고 할 정도로. 그런 그가 세상을 떠난 것이다. 아인슈타인은 담담했다. '그는 나보다 조금 먼저 떠났을 뿐 아무런 의미도 없다고.' 그리고 이렇게 덧붙인다. '물리학자에게 과거, 현재, 미래의 구분은 한낱 망상에 지나지 않는다고.'

역시 종교적 비의가 느껴진다. 사망 일주일 전 4월 11일, 그는 러셀-아인슈타인 선언(핵무기 통제)에 서명했다. 생애 마지막까지 평화운동을 멈추지 않은 것이다. 다음날 동맥류가 터지기 시작했다. 의사들은 수술을 권유했다. 하지만 그는 단호히 거부했다.

'생명을 인위적으로 연장하는 것은 볼품없는 짓이다. 나는 나에게 주어진 일을 다 했고, 이제는 작별을 고할 시간이다.' 그리고 이렇게 말한다. "나는 우아하게 떠나겠다."

오랫동안 자신을 위해 고군분투했던 여비서 헬렌 듀카스Helen Dukas는 비탄에 빠져 어찌할 바를 몰랐다. 아인슈타인은 웃으면서 그녀를 위로한다. 자신은 언젠가 죽어야 하고, 그게 단지 지금일 뿐이라면서.

다음 날 다시 통증이 시작되자 병원으로 이송되었다. 구급차의 자원봉사 대원은 프린스턴 대학의 정치경제학자. 구급차 안에서 아인슈타인은 그와 활발한 토론을 나눈다. 우리나라 문화에는 낯설지만 이런 장면은 미국 지성인들의 에피소드에 종종 등장한다. 뭔가 신선하고 멋지지 않은가. 극적인 순간에도 누군가와 토론을 한다는 것 말이다. 아마도 그 순간만은 통증을 잊을 수 있었을 것이다.

4월 17일에 잠깐 상태가 좋아지자 비서 듀카스에게 안경과 종이와 연필을 달라고 하여 몇 가지 방정식을 적어 나갔다. 그의 임종을 보려고 사방에서 달려온 지인들과 유쾌하게 농담을 주고받으면서. "유일한 구원은 유머 감각뿐이다. 숨을 쉬는 한 그것을 잃어버리지 않도록 해야겠다"[5]라는 소신을 진짜로 실천한 것이다. 그리고 4월 18일 새벽 1시 숨을 거두었다.

참으로 '아인슈타인다운' 죽음이다. 1917년, 38세로 처음 죽음을 마주했을 때, 일반 상대성 이론을 완성했으니 '언제 죽어도 괜찮다'고 했던 그가 무려 35년이나 지나 76세에 진짜 죽음을 맞이하였다. 상대성 이론이 검증된 이후 양자 역학과 맞서 싸우면서 그는 두 원리를 하나로 연결하는 통일장 이론을 완성하는 데 총력을 기울였다. 하지만 끝끝내 실패하고 말았다. 그렇다면 이번에는 뭔가 깊은 회한이 남았을 것 같지만, 절대 아니었다. 그는 평화롭게 죽음을 맞이했다. 삶의 충만함이란 어떤 목적지에 도달하는 데 있는 것이 아니다. 그것을 향해 달려가는 운동 자체에 있다. 그는 최선을 다했고, 그 무수한 실패야말로 아인슈타인을 살아 숨 쉬게 한

동력이었다.

그의 죽음을 생각하면 뇌리에 스치는 하나의 영상이 있다. 달빛 가득한 날에 자전거를 타고 '우아하게' 저 높은 창공 속으로 날아오르는 노년의 물리학자! 그는 어디로 갔을까? 헝클어진 백발을 휘날리며 장난기 넘치는 얼굴로 또 다른 별에서 힘차게 페달을 밟고 있을 것이다.

뉴턴의 '우주'를 해체하다

'시공간space-time'의 탄생

1905년, 우리에겐 소위 '을사늑약'으로 일제 식민 통치의 서막을 알린 그해가 아인슈타인에겐 "기적의 해"였다. 뉴턴이 만유인력의 법칙을 발견한 1666년을 "경이의 해"라 부르는 것을 본떠 만든 명칭이다. 당시 아인슈타인의 나이는 스물여섯.

취리히 폴리테크닉을 졸업한 뒤 아인슈타인은 '북해에서 이탈리아 남단에 이르는 지역의 모든 물리학자에게 일자리를 요청하는 영광'을 누렸으나 결국은 취업에 실패했다. 겨우 절친인 마르셀 그로스만Marcel Grossmann의 도움으로 스위스 베른의 특허사무소에서 일자리를 얻었다. 물리학자의 직업으론 좀 뜬금없지만 아이러니하게도 그곳에서 7년 동안 가장 생산적인 시기를 보낸다. 그 결과물이 1905년에 제출되었는데, 아인슈타인은 그해에 3월에서 6월까지 무려 4편의 논문을 발표했다. 지적 퍼텐셜이 폭발했다고나 할까. 그중의 하나가 특수 상대성 이론이었다.

1900년, 물리학계에선 이런 선언을 했다고 한다. 아이작 뉴턴Isaac Newton의 등장 이래 이제 우주에서 더는 불확실한 것은 없다! 몇 가지 세세한 사항들만 밝혀지면 물리학의 체계는 거의 완성된다! 이 천지 사이의 법칙이 완전히 파악될 수 있다고? 동양 사상에선 있을 수 없는 설정이다. 존재와 세계가 끊임없이 유동하고 있는데, 어떻게 그게 가능한가? 하지만 서양의 학문, 특히 자연과학은 대상을 세밀하게 구획해 놓고 하나씩 분석해 들어가는 방식이라 그런 식의 '만용'이 가능했을 것이다. 이것이 만용인 이유는 이런 선언이 선포되는 바로 그 순간에 뉴턴 역학의 기반을 뒤흔드는 사건이 벌어지고 있었으니 말이다. 그런 대격변이 일어난 것은 바로 아인슈타인이라는 무명의 물리학도의 머릿속에서였다.

19세기가 끝날 무렵, 물리학을 떠받치는 기둥이 두 개 있었으니, 하나는 갈릴레오 갈릴레이Galileo Galilei와 뉴턴의 역학, 다른 하나는 제임스 맥스웰James Maxwell의 전자기학. 둘 사이에는 모순이 있었다. 하지만 과학자들은 문제가 있다면 후자일 것이라고 여겼다. 왜냐하면 뉴턴은 틀렸을 리가 없으니까! 아인슈타인 역시 이 둘 사이의 모순에 매달렸다. 몇 년을 고심한 끝에 어느 날 문득 그는 확신했다. 수정해야 할 것은 맥스웰의 전자기학이 아니라 뉴턴의 역학이라고. 여기에서 특수 상대성 이론이 탄생한다. 앞에서도 말했지만 16세에 했던, '광선과 함께 이동하면 어떻게 될까?'라는 그의 상상이 비로소 하나의 법칙으로 등장하는 순간이었다.

뉴턴 역학은 시간과 공간의 절대성, 즉 절대 시간/절대 공간에 기초한다. 뉴턴은 『프린키피아』Principia 1권에서 이렇게 말한다. '시간은 그 본질상 절대적이고 수학적이어서 외적 요인에 상관없이 균일하게 흐른다. 공간 또한 마찬가지다.'

이런 절대성이 가능한 것은 물론 신으로 인해서다. '신은 영원하고, 도처에 편재한다. 그러므로 신이 시간과 공간을 구성한다.' 절대 시간, 절대 공간, 그리고 신의 삼위일체!

아인슈타인은 특허사무소 시절 어느 날 아침, 침대에서 이렇게 외친다. "그거다, 문제는 뉴턴 역학의 시간 개념을 버리는 거야!"

그의 이론에 따르면, 서로 다른 운동 상태에 있는 관찰자는 모든 것을 서로 다르게 측정한다. 상대성이란 관찰자의 운동에 따라 시간이 다르게 측정될 수 있다는 뜻이다. 공간 또한 마찬가지다. 공간은 '텅 빈 용기'가 아니다. 물질이나 에너지의 작용이 공간을 펼치고, 또 공간이 펼쳐지는 순간 물질과 에너지의 운동이 가능하다. 결국 공간 그 자체는 세상 어디에도 존재하지 않는다. 그렇게 해서 절대 공간, 절대 시간이라는 개념은 사라져 버렸다. 대신 시간과 공간이 결합한 새로운 개념이 등장했다. 이름하여 '시공간space-time'.

맥락은 좀 다르지만, 사실 동양 사상에선 오래전부터 이 개념을 써 왔다. 음양오행의 흐름에서 시간과 공간은 분할되지 않는 '시공'이다. 시간에는 공간이 접혀 있고, 공간에는 시간의 주름이 접혀 있다. 따라서 시간과 공간을 따로 분리한다는 건 상상할 수 없는 일이다. 아무튼 '시공간'의 탄생과 함께 뉴턴의 '우주'(절대 시간/절대 공간)는 산산이 해체되고 말았다.

특수 상대성 이론에 따르면, 시간과 공간의 절대성은 사라졌지만 대신 빛의 절대성이 증명되었다. 빛은 언제, 어디서, 누가 관찰해도 초속 30만여 킬로미터를 유지한다. 누구도 빛의 속도를 따라잡을 수 없다. 게다가 빛은 전자기 운동 그 자체. 시작도 끝도 없는 순수 운동! 게다가 모든 물질, 그리고 우리 몸을 이루는 원자들은 빛으로 묶여 있다. 빛이 곧 존재의 본성이자 원천이라는 뜻이다. 그래서였나? 고대의 모든 경전에서 신이나 부활, 해탈, 열반 등을 표현할 때도 늘 빛의 이미지가 등장한다. 그렇다면 인류는 이미 무의식적으로 알고 있었던 게 아닐까. 물리적 운동과 영적 비전이 하나로 연동된다는 것을.

아무튼 아인슈타인의 뇌는 여기서 멈추지 않았다. 특수 상대성 이론은 '등속 직선 운동'을 하는 좌표계 사이의 상대성만을 다룬다. 다시 말해 특수한 조건하에서의 운동만을 대상으로 한다. 하지만 더 넓은 의미에서 모든 운동은 서로 상대적이라고 할 수 있지 않을까. 그렇다면 등속이 아닌 서로 다른 속도, 즉 가속도 운동을 하는 좌표계 사이의 관계도 상대적이라고 볼 수 있을 것이다. 이런 발상이 떠오른 건 1907년 어느 날, 베른 특허국에서였다. 갑자기 아인슈타인에게 하나의 아이디어가 떠올랐다. 그것은 높은 곳에서 아래로 떨어지는 사람은 자기의 몸무게를 느끼지 못한다는 사실이었다. 예컨대 "엘리베이터가 갑자기 아래로 내려가면 몸을 아래로 당기고 있던 중력이 줄어든 것처럼 느끼게" 되고, "갑자기 올라가기 시작하면 몸이 바닥에 꺼지는 듯한 느낌이"[6] 든다. 이때부터 아인슈타인은 관성력과 중력의 관계를 다시 생각하기 시작했다. 중력과 관성력을 동일시하는 등가 원리의 입장에 서면 새로운 시야가 열리게 된다.

이 생각을 물리학 법칙으로 증명한 것이 바로 1915년에 나온 일반 상대성 이론이다. 특수 상대성 이론이 나온 지 딱 10년 만이다.

이 이론은 우여곡절 끝에 1919년, 개기일식을 통해 증명되었고, 그 이후 아인슈타인은 세계에서 가장 유명한 '셀럽'이 되었다. 나의 깜냥으로 이론적 과정을 다 따라잡기는 어렵지만, 핵심은 간단하다. 그의 상상력은 이전 뉴턴 역학에선 모두 분리되어 있던 범주들을 하나로 연결해 버렸다는 것, 특수 상대성 이론은 시간과 공간, 속도와 거리, 빛 등의 개념을, 일반 상대성 이론은 중력과 가속도, 시공간의 곡률, 그리고 빛의 휘어짐 등을.

한 가지 더. 아인슈타인의 트레이드 마크가 된 $E = mc^2$ 역시 같은 맥락에서 볼 필요가 있다. 이것은 특수 상대성 이론의 부속 논문으로 발표된 것인데, 탄생 이후 세상에서 가장 유명한 방정식이 되었다. 언제 봐도 멋지긴 하다. 의미도 단순 명쾌하다. 에너지(E)는 질량(m)에 광속의 제곱(c^2)을 곱한 것이다. 이게 무슨 뜻일까? 이전의 물리학계엔 두 개의 법칙이 있었다. 에너지 불변의 법칙과 질량 불변의 법칙. 이 우주에 존재하는 에너지와 질량의 총합은 변하지 않는다는 것. 한데 총합이 불변이라는 건 동일하지만 에너지와 질량은 각기 다른 범주에 속했다. 그런데 아인슈타인이 보기에 에너지와 질량은 상호적이다. 에너지는 질량이 되기 전의 상태이고, 질량은 다시 에너지로 변환될 수 있다. 그 사이에 있는 것이 바로 광속. 그러니까 물질의 모든 질량은 빛을 품고 있다. 광속의 제곱(초속 약 30만 킬로미터의 제곱)은 어마어마한 양이다. 예컨대 '건포도 한 알의 질량'을 에너지로 바꾸면 뉴욕시 전체가 하루에 필요한 전력이 된다고 한다. 그렇다면 사람의 몸에 포함된 에너지는? 수소폭탄 20개에 해당한다. 맙소사! 이 방정식의 발견은 고대 사회라면 거의 '신의 계시'라 할 만하다. 이 원리가 결국 원자폭탄으로 이어졌으니 말이다.

요컨대 뉴턴 역학이 모든 범주를 잘 쪼개어서 따로따로 분석한 우주라면, 아인슈타인은 그렇게 나누어진 것들이 심층에선 서로 연결되어 상호 작용하고 있음을 발견한 것이다. 1666년 이래 인류는 뉴턴 역학이 설정한 우주, 즉 절대 시간/절대 공간에서 살았다면, 20세기 이후 인류는 아인슈타인의 '시공간'에서 살게 되었다. 뉴턴의 우주가 명석판명明晳判明하고 견고하기 그지없다면, 아인슈타인의 '시공간'에는 모든 것들이 생생하게 살아 움직인다. 공간은 꿀렁꿀렁하고 시간은 나선형으로 돌아간다. 그것을 후대의 과학자는 "우주의 탱고"라고 이름했다.

"공간과 시간은 살아 움직인다. 물질은 공간을 휘어지게 하고, 공간의 변화는 다시 다른 곳의 물질을 운동하게 만들고, 그것이 다시 또 다른 공간을 휘어지게 하고, 그렇게 계속 맞물려 돌아간다. 이처럼 아인슈타인의 일반 상대성 이론은 시간, 공간, 에너지, 물질이 서로 어우러진 우주적 춤사위를 연출한다." (브라이언 그린)[7]

양자 역학과
'주사위 놀이'

운명의 기묘한 엇갈림

1905년 특수 상대성 이론, 1915년 일반 상대성 이론. 이렇게 엄청난 업적을 이루고도 아인슈타인은 노벨상을 타지 못했다. 심지어 1919년, 영국의 천문학자 아서 에딩턴Arthur Eddington에 의해 개기일식 관찰이 이루어지고 그 작업을 통해 빛의 휘어짐이 검증되면서 세계적 명성을 얻게 되었는데도 말이다. 그러다가 1921년 비로소 노벨상을 받게 되었는데, 그 공적 역시 상대성 이론이 아니라 1905년 기적의 해에 발표한 첫 번째 논문, 즉 광전자 효과에 관한 것이었다. 이 논문은 양자 역학의 문을 여는 데 크게 기여한다.

　뉴턴은 빛을 입자라고 생각했다. 하지만 이후 빛이 파동임이 밝혀졌다. 이렇게 파동설이 유력한 가운데 아인슈타인은 빛이 에너지 덩어리, 곧 양자로 이루어져 있음을 발견했다. 자, 그러면 빛은 파동일까? 입자일까? 결국 파동이면서 입자라는 게 정설이다. 이것이 양자 역학의 출발이다. 한데 여기서 아주 극적인 드라마가 펼쳐진다. 흔히 물리학자로서 아인슈타인의 생애를 전반부는 혁명가, 후반부는 권위자로 구분한다. 전반부에선 뉴턴 역학을 전복하는 거침없는 행군을 보였지만, 후반부에는 양자 역학이라는 새로운 이론과의 전투에 모든 것을 쏟아부었기 때문이다. 권위라면 치를 떨었던 그가 권위자가 되었다고? 게다가 자신이 그 문을 여는데 크게 기여한 양자 역학과 맞서느라고? 놀라운 일이다.

인류는 오랫동안 물질의 최소 단위, 순수한 결정체를 찾아 헤맸다. 그리고 마침내 찾았다! 더는 나눌 수도 쪼갤 수도 없는 단위, 그것이 원자다. 하지만 그 정의가 무색하게 원자는 다시 쪼개졌다. 원자핵과 그 주위를 빙빙 도는 전자로, 원자핵은 또 그 안에 양성자와 중성자로. 원자의 크기는 대체로 100억 분의 1미터. 원자핵은 원자의 104분의 1. 그래서 100조 분의 1센티미터(장난치나? 이런 단위를 추론한다는 것도 믿기지 않지만 이런 걸 물질이라고 부를 수 있나?). 양성자와 중성자는 그보다 10배쯤 더 작다. 문제는 아직도 끝나지 않았다는 것. 더 나아간다면 결국 물질과 비물질 사이의 경계가 사라지지 않을까.

빛 혹은 전자가 파동이면서 입자라는 것도 같은 맥락이다. 파동이면서 입자라고? 그럼 언제 입자가 되지? 유명한 '이중 슬릿' 실험이 보여 주는바, 관찰이 시작되는 순간 입자로 현현한다. 충격적인 장면이다. 주체와 객체, 다시 말해 관찰자와 관찰 대상은 서로 별개다. 관찰자가 있든 없든 대상은 그 자체로 존재할 것이다 ─ 이것이 우리들의 상식이었다. 아니, 오랫동안 신봉된 불멸의 법칙이었다. 한데 이런 만고불변의 상식이 완전히 붕괴된 것이다. 양자 역학은 이렇게 말한다. '관찰자의 관찰 행위와 관찰 대상은 분리되지 않는다.' 그럼 이렇게 물을 수 있다. 그럼 관찰 이전에는 어떤 상태로 있는 거지? 한마디로 '겹침'의 상태로 공존한다. 그러다가 관찰되는 순간에 소위 '파동함수'가 붕괴하면서 특정 입자로 드러난다.

결국 그 입자가 무엇이 될지는 우연과 확률로만 존재한다. 아인슈타인은 그 점을 받아들일 수 없었다. 상대성 이론으로 뉴턴 역학의 절대성을 뒤흔들었지만, 관찰자(주체)와 무관하게 존재하는 자연의 법칙, 그리고 인과론적 명료함에 대한 믿음만은 견고했다. 그는 온 힘을 다해 저항했다. 뉴턴 역학을 전복할 때보다 더 치열하게! 결론은? 처참한 패배의 연속이었다. 20세기 초반 이후 양자 역학은 진군에 진군을 거듭했다. 닐스 보어Niels Bohr, 베르너 하이젠베르크Werner Heisenberg, 막스 보른Max Born 등 소위 코펜하겐 학파에 의해서. 이중 슬릿 실험의 충격은 시작에 불과했다. 양자 얽힘, 비국소성, 불확정성의 원리 등. 한마디로 점입가경, 아니 아인슈타인으로선 설상가상이었다.

아인슈타인은 그 이론들의 함정과 허점을 찾아내려고 갖은 노력을 다했지만 번번이 격파당했다. 양자 역학자들의 반응은? "아인슈타인 씨, 당신이 부끄럽습니다." 어느덧 물리학계의 꼰대 취급을 받은 것이다. 그는 한탄했다. '평생 권위에 저항했던 나를 벌주기 위해 나 자신을 권위로 만들었구나!'

양자 역학을 대표했던, 그리고 아인슈타인과 함께 같은 해에 노벨상을 받은 닐스 보어와의 유명한 일화가 있다.

아인슈타인 "신은 주사위 놀이를 하지 않아요!"

닐스 보어   "아인슈타인 박사님, 신에게 무엇을 하라고 명령하지 마세요!"

여기까지가 아인슈타인이 생애 후반부에 연출한 희비극적 이야기의 대강이다. 하지만 이렇게 마무리하면 아인슈타인이 많이 억울할 것 같다. 먼저 아인슈타인은 명성과 인기에 갇힌 '꼰대'가 아니었다. 그는 절대로 권위자가 될 수 없는 인간이다. 자타공인 그는 영원한 자유인, '외로운 늑대'였기 때문이다. 그는 상대성 이론을 위해 분투했던 시절과 똑같이 자신이 받아들일 수 없는 이론에 맞서 치열하게 사고실험을 했을 뿐이다. 다만 그것이 실패했다는 것이 이전과 다를 뿐이다.

그렇다면 이제 질문을 바꾸어야 한다. 대체 무엇이 아인슈타인처럼 호기심과 독창성이 넘치는 천재로 하여금 양자 역학이라는 신세계를 거부하게 한 것일까? 그는 분명 다른 과학자들과 달랐다. 그는 단순한 전문가가 아니었다. 그는 우주의 조화, 자연의 섭리를 믿었고, 과학은 그 숨은 법칙들을 찾아내는 것이라고 확고하게 믿었다. 이것은 그의 철학이자 신념이었다. 거기에 아주 충실했을 뿐이다. 그런 그에게 양자 역학이 의미하는 불확실성과 우연성은 자신의 세계관을 송두리째 무너뜨리는 일이었다. 그건 마치 신이 주사위 놀이를 한다고 주장하는 것이나 마찬가지였다. 하지만 그가 저항하면 할수록 결과는 늘 반대로 진행되었다.

아주 재미있는 비유가 하나 있다. 아인슈타인이 양자 역학의 사원에 테러를 가하면 가할수록 기이하게도 양자 역학의 사원은 더욱더 굳건해졌다는 것. 다소 '웃프게' 들리는 장면이다. 어찌 보면 그는 양자 역학을 옹호하는 이들보다 더 양자 역학을 사랑한 것처럼 보이기도 한다. 물론 그 사랑의 목적은 양자 역학을 조용히 사라지게 하는 것이었지만! 아무튼 무엇을 하든 과학을 진보하게 한다는 점에서 그는 '찐 과학자'라 할 수 있다. 하여 그는 결코 권위자, 꼰대가 될 수 없는 인물이다.

그래서 그도 차츰 전략을 수정한다. 양자 역학을 박살 낼 수 없다면, 이제 상대성 이론과 양자 역학을 함께 아우르는 통일장 이론을 만드는 쪽으로. 물론 이것 또한 세상에서 가장 '쓸모없는 헛수고'로 판명이 난다. 하지만 나는 이 대목이 아인슈타인의 진면목이라고 생각한다. 세상 모두가 쓸모없는 일이라고 여기는 것에 매진할 수 있다는 것, 그가 얼마나 자신의 세계관과 철학에 투철했는지를 보여 주는 장면이다. 내가 그의 지성에서 영성을 느끼게 된 이유다.

그가 숨을 거두었을 때, 그의 침대에는 난해하기 그지없는 방정식들로 가득한 12페이지의 서류가 그의 곁을 지켰다. 마지막 순간까지 통일장 이론을 찾으려는 노력을 멈추지 않았던 것이다.

지성에서
영성으로!

에딩턴과 스피노자, 그리고 간디

대개의 과학자는 과학과 정치, 과학과 종교를 분리한다. 그러면서
도 전쟁이 일어나면 즉각 민족주의, 애국주의의 열광에 빠져 자신
의 전문성을 살상 무기를 만드는 데 전력을 기울인다. 다른 한편,
과학적 진실이 새로운 세계와 우주를 발견해 내도 정작 자신의 세
계관에는 아무런 변화도 겪지 않는다. 왜? 질문 자체를 차단하기
때문이다. 과학적 진리와 인생관은 별개라고 굳게 믿는 것이다.

 그런 점에서 아인슈타인은 정말 달랐다. 청소년기부터 이미
제식훈련, 군국주의에 대한 거부 의사를 분명히 밝혔고, 이후 그의
정치사상은 자유주의, 세계주의, 민주적 사회주의 등으로 발전해
간다. 자본주의의 사치와 방탕에 대해서 경멸을 아끼지 않는 한편,

공산주의의 전체주의적 체제에도 절대 동의하지 않았다. 시온주의 운동에 참여했지만 이스라엘의 건국 자체에는 회의적이었다. 흑인, 여성, 동성애자 등 '마이너'들에 대한 지지도 아끼지 않았다.

『아인슈타인의 전쟁』Einstein's War이라는 책이 있다. 제1차 세계대전 중에 아인슈타인이 일반 상대성 이론을 완성하는 과정과 그 이론을 증명해 주는 일식 관찰에 관한 이야기를 담고 있다. 바로 그 일식 관찰을 끌어낸 천문학자가 영국의 아서 에딩턴이었다. 제1차 세계대전에서 영국과 독일은 적국이었다. 양쪽의 과학자들은 민족주의적 광기에 사로잡혀 서로를 적대시하는 데 골몰했다. 그 아수라장의 혼돈 속에서 눈부시게 빛나는 두 별이 있었으니 독일의 아인슈타인과 영국의 에딩턴이 그들이다. 아인슈타인을 모르는 이는 드물지만, 에딩턴은 지금도 매우 낯설다. 하지만 그는 당시 천문학계의 스타였다. 더 중요한 사실은 그가 퀘이커교도였다는 것이다. 퀘이커교는 프로테스탄트의 한 종파로 철저한 비폭력을 계율로 삼는다. 당연히 에딩턴은 열렬한 반전주의자였다. 에딩턴의 평화 선언을 잠깐 들어 보자.

"그것은 모든 이들 속에 신이 잠재할 가능성을 믿는 우리의 신앙에서 비롯한다. 우리가 '내면의 빛'이라 칭하는 이것은 숨겨져 있든 어두워진 상태든 모든 사람 안에 있다. 〔…〕 증오와 폭력은 악의 불꽃에 기름을 부을 뿐이다. 〔…〕 이것이 개인 간의 관계에서 진실이라면, 도시 간의 관계, 국가 간의 관계에서도 동일하리라고 우리는 믿는다."8

그런 까닭에 퀘이커교도들은 징병 거부로 엄청난 수난을 겪었다. 감금, 테러, 굶주림, 모욕 등. 하지만 그들은 끝까지 평화의 원칙을 포기하지 않았고, 전쟁이 끝난 이후에는 패전국 독일을 돕기 위해 다방면의 노력을 아끼지 않았다."(1920년 7월 당시 퀘이커 단독으로만 63만 2000명이나 되는 아이들을 먹여 살리고 있었다)"[9]

에딩턴은 천문학계의 인재라는 이유로 징집면제를 받았지만, 자기 나름의 반전 평화운동을 시도하던 중 아인슈타인의 상대성 이론을 접하게 되었고, 그것을 증명하기 위해서는 천문학자의 일식 관찰이 필요하다는 사실을 알게 되었다. 마침 1919년 5월에 개기일식이 있을 예정이었다. 에딩턴은 이 사건을 과학계를 넘어 전 세계적인 이벤트로 만들기 위해 고군분투한다. 다행히 1918년, 제1차 세계대전이 끝나고 그다음 해 5월, 마침내 일식 관찰에 성공함으로써 아인슈타인의 일반 상대성 이론을 증명해 내는 쾌거를 이룬다.

이 사건은 여러모로 극적이었다. 앞장에서 상대성 이론은 뉴턴의 우주를 해체하는 일이라고 했다. 그러니까 과학계는 오랫동안 뉴턴의 역학을 절대적 명제로 간주해 왔다. 그 뉴턴이 누군가? 바로 영국이 낳은 과학계의 레전드 아닌가. 바야흐로 그 뉴턴의 우주가 전복되려 하는데, 그 사건을 총관리한 인물이 뉴턴의 후예인 에딩턴이었던 것. 반전에 반전을 거듭하는 최고의 드라마였다. 이 사건을 계기로 아인슈타인은 세계적인 명성을 얻게 된다. 헤어스타일을 비롯한 그의 일거수일투족이 언론에 중계되었고, 그 결과 우리는 지금도 도처에서 아인슈타인의 아이콘들을 만나고 있다. 하지만 절대 잊어서는 안 되는 것이 1919년의 일식 관찰 사건은 제1차 세계대전의 포화 속에 피어난 평화적 연대의 상징이라는 사실이다. 과학이 어떻게 민족과 국경이라는 장벽을 넘는지를 보여 주는 최고의 사례이기도 하다.

　우리는 바야흐로 양자 역학의 시대에 살고 있다. 양자 역학의 원리가 기술 문명의 원천이 된 지금, 과연 양자 역학자들이 삶과 세계에 대한 멘토 역할을 하고 있는가? 유감스럽게도 그렇지 못하다. 신의 자리에 과학이 들어선 지 오래지만, 과학은 여전히 기술지 knowledge by description에 불과하다. 하지만 아인슈타인은 과학이 무엇을 해야 하는지를 깊이 자각하고 있었다. 미국 여행 중 칼텍 Caltech의 학생회에서 그는 이렇게 말했다. '전쟁이 일어나면 과학은 사람들에게 서로를 죽이고 불구로 만드는 무기를 제공하기 바쁘고, 평화 시에는 사람들의 생활을 더더욱 분주하게 만들었다. 과학은 해방의 동력이 되기는커녕 장시간 지루하게 일하도록 함으로써 결국 사람을 기계의 노예로 만들었다.'

　그에 따르면, 과학은 보통 사람들을 더 잘 살게 만드는 것에 관한 관심이 주된 목표가 되어야만 한다. 그리고 이렇게 당부한다. '도형과 방정식을 풀 때 그 사실을 꼭 명심해라!'

　그럼 그는 어떻게 이런 세계관을 지니게 되었을까? 무엇보다 그는 철학하기를 멈춘 적이 없다. 어렸을 때부터 임마누엘 칸트 Immanuel Kant의 『순수이성비판』을 독파했고, 아르투어 쇼펜하우어Arthur Schopenhauer, 에른스트 마흐Ernst Mach, 데이비드 흄David Hume 등을 섭렵했다. 철학은 그저 교양이나 취미가 아니었다. 모든 철학이 그의 사고실험에 깊은 영감을 주었다. 그중에서도 가장 큰 영향을 끼친 것은 바뤼흐 스피노자Baruch Spinoza의 『에티카』Ethica였다. 아인슈타인과 스피노자의 마주침도 참 흥미로운 사건이다.

　17세기 네덜란드의 철학자 스피노자도 유대인이었다. 하지만 그는 유대인의 인격신(유일신)을 거부하는 바람에 유대 공동체에서 추방되었고, 이후 렌즈 세공을 하면서 거리의 철학자가 되었다. 『에티카』는 그의 대표작으로 서양 철학사의 한 장을 차지한다. 이 책은 스타일 자체가 파격이다. 책 전체가 명제와 정리, 정의 등 기하학적 형식을 취하고 있다. 철학책을 이렇게 쓸 수도 있나 싶은 충격을 안겨 준다. 신에 대한 정리를 통해 신과 자연, 신과 만물, 그리고 인식의 세 단계(일종/이종/삼종)를 거쳐 윤리학으로 나아가는 형식이다. 아인슈타인은 스피노자의 '범신론'에 깊이 공감했다. 그가 생각하기에 스피노자의 신은 '존재하는 모든 것의 법칙적 조화로서의 신'이었다.

간디의 영적 원천인 『바가바드기타』의 신과도 통하는 면이 있다. 그래서인지 아인슈타인은 간디의 열렬한 추종자였다. 간디가 진리와 정치는 절대 분리될 수 없다고 믿었듯이, 아인슈타인도 그랬다. ─ "종교 없는 과학은 똑바로 걸을 수 없고, 과학 없는 종교는 눈이 먼 것이다."

앞서 뉴턴의 "경이의 해"와 아인슈타인의 "기적의 해"에 대한 언급을 한 바 있다. 경이나 기적, 이런 표현이 어떻게 가능할까? 과학계에선 '마치 두 놀라운 천재에게 신이 깃든 것 같은 해'라고 여겨졌기 때문이다. 이를테면, 고대사회에서 사제들에게 내려진 신의 가호가 근대 이후엔 과학자들의 영감으로 전이된 것이 아닐까. 그렇다. 아인슈타인에 따르면, 그가 생각하는 미래의 종교는 '우주적 종교cosmic religion'다.

"우주적 종교는 우주 종교적 감정에 바탕을 두고 있는 종교라는 뜻인데, 우주 종교적 감정이란 인간이 갖는 그릇된 욕망의 허망함을 깨닫고 정신과 물질 양쪽 측면에서 나타나는 질서의 신비와 장엄을 느끼는 것이다. 다윗을 비롯한 이스라엘 예언자들은 이 감정을 느끼고 있었고 특별히 불교는 이 요소를 강하게 갖고 있다."[10]

간디가 지향한 '보편 종교' 혹은 '메타 종교'와 통하는 지점이다. 아인슈타인의 탄생이 1879년, 그로부터 10년 전인 1869년에 간디가 태어났다. 간디가 생을 마친 시기는 1948년, 아인슈타인이 생을 마감한 해는 1955년. 거의 동시대를 살아간 셈이다. 그리고 이 두 사람은 20세기에 전 지구적 명성을 누렸다. 그는 간디의 비폭력주의에 깊은 존경을 표했다. 역대 과학자들의 초상 옆에 간디의 초상을 걸 정도로. 그에 따르면 간디야말로 최고의 정치 천재다. 인간의 의지와 생각이 어떤 물리적 힘보다 더 강력할 수 있음을 보여 주었기 때문이다.

이 정도면 그가 왜 양자 역학에 그토록 거부감을 보였는지 이해할 만하지 않은가. 그것은 결코 자신이 누리는 최고의 권위를 지키기 위한 몸부림이 아니었다. 과학적 탐구와 종교적 원리를 일치시키고자 한 자신의 세계관의 자연스러운 표현이었다. 그러니까 아인슈타인은 혁명가도, 권위자도 아닌, 다만 '아인슈타인'으로 살았을 뿐이다.

"나는 진정 '외로운 나그네'로, 지금까지 단 한 번도 내 나라, 내 집, 내 친구, 심지어 내 육친에게조차 귀속된 적이 없었다."[11]

7

"이 한 번의 생으로
충분하다"

모두의 미소와 안녕을 위해

버섯 모양의 구름과 아인슈타인의 얼굴이 만나면? 원자폭탄이 탄생한다. 졸지에 원자폭탄의 아버지가 된 것이다. 평화운동가로선 참으로 뼈아픈 이미지다. 사실 그는 원자탄 개발에는 일절 참여하지 않았다. 반전 평화운동과 사회민주주의라는 정치적 입지상 참여하려야 참여할 수도 없는 처지였다. 하지만 그 시작을 연 것은 맞다. 제2차 세계대전이 막 시작했을 무렵, 방사능 추출이 가능한 기술이 개발되었고, 이것이 괴력을 뿜어내는 폭탄을 제조할 수 있음을 알게 되자 아인슈타인은 당시 미국 대통령인 시어도어 루스벨트Theodore Roosevelt에게 편지를 쓴다. 만약 히틀러가 이 기술을 먼저 개발하면 세계는 지옥의 아수라장이 될 것이 뻔했다. 이것만은 막아야 한다. 하지만 놀랍게도 독일은 그토록 많은 천재 과학자들을 보유하고도 원자탄을 제조하는 데 실패했다. 그는 탄식했다. '그럴 줄 알았으면 손가락도 까딱하지 않았을' 거라며.

하지만 원자탄이 탄생한 근원에는 바로 그의 방정식(E = mc²)이 있었다. 이건 부인할 수 없는 사실이다. 1905년, 이 우주의 섭리가 발견되었다. 그 방정식을 통해 인간은 자연의 숨겨진 비밀을 알게 되는 기쁨을 누렸지만 대가는 혹독했다. 이것은 사실 아인슈타인의 탓이라 할 수 없다. 자연의 법칙에는 공짜가 없다. 당연히 선악도 없다. 문제는 오직 그것을 어떻게 쓰느냐 하는 용법에 달려 있을 뿐이다. 하필 당시가 제2차 세계대전 말기였고, 일군의 과학자, 공학자들이 그 원리로 폭탄을 제조하는 방법을 개발해 버린 것이다. 굳이 책임을 묻자면 인류 전체가 함께 떠안아야 하는 게 아닐까. 어쨌든 아인슈타인은 제2차 세계대전 이후 핵무기 억제를 위한 운동에 적극적으로 나선다. 마지막 순간까지 러셀-아인슈타인 선언에 사인을 한 건 바로 이런 맥락이다.

아울러 그가 사망했을 때 그의 침대 곁에는 이스라엘 독립 기념을 위한 연설문의 원고가 놓여 있었다. 그는 유대인이었다. 하지만 그는 자신을 유대인에 가두지 않았다. 이스라엘이 이웃한 중동의 여러 국가와 조화롭게 사는 길을 열어야 한다고 역설하기도 했다. 연설문의 시작은 이렇다. "오늘 나는 여러분에게 미국 시민이나 유대인이 아니라 인간으로서 이야기합니다." 그렇다. 그는 어디에도 속하지 않았고, 그럼으로써 모두에게 속하고 싶었던 인간이다. 스피노자와 간디가 그러했듯이.

"사람의 운명이란 얼마나 기묘한가! 저마다 이 세상에 잠시 머물다 갈 뿐이다. 인간들은 때때로 인생의 목적을 안다고 자부하나 사실 무엇 때문에 세상에 왔다 가는지 모른다. 하지만 깊이 생각해 보지 않더라도 나날의 생활을 함으로써 삶의 의미를 깨달아 가게 마련이니, 자신이 다른 사람을 위해 존재한다는 사실이 바로 그것이다. 무엇보다도 자신의 행복을 모두 쥐고 있는 그들의 미소와 안녕을 위해, 그리고 비록 얼굴은 모르더라도 공감이란 유대로 얽혀 있는 운명 공동체에 매여 우리는 살고 있다.

나는 매일 수백 번씩 되새긴다. 나의 내면적, 외형적 삶이 살아 있거나 이미 숨진 다른 사람들의 노력과 수고에 의지함을. 따라서 내가 받았거나 현재 받는 것만큼 돌려주기 위해 노력해야 함을."[12]

누군가 그에게 물었다. "불멸을 믿는가?" "아닙니다. 나에게는 한 번의 삶으로 충분합니다." 그 단 한 번의 생을 마친 시각은 1955년 4월 18일 새벽 1시. 빽빽하게 쓴 방정식의 복잡한 수식들이 그의 곁을 지켰다. 마지막 순간까지 상대성 이론과 양자 역학의 통일을 위해 페달 밟기를 멈추지 않았던 것이다. 안타깝게도 그 페달은 계속 어긋났다. 그래도 괜찮다. 어차피 인생도, 과학도 완성이라는 건 없다. 그의 우주론에 따르면, 죽어라고 달려가 봐야 다시 제자리로 돌아온다지 않는가. 마지막 순간까지 페달을 밟을 수 있었던 인생, 그것으로 충분하다!

아인슈타인의 뇌는
어떻게 생겼을까?

유언에 따라, 그의 유해는 사망한 당일 오후에 화장을 거친 뒤 델라웨어강에 뿌려졌다. 자신의 장례식이 또 하나의 '우상숭배'의 장이 되는 것을 미리 막은 것이다.

　한데 거기서 끝이 아니었다. 사망 직후 그의 시신을 부검했던 프린스턴의 병리학자 토머스 하비Thomas Harvey라는 의사가 아인슈타인의 뇌 조직 일부를 잘라서 빼돌린 것이다. 더 어이없는 건 다음 날 아침, 프린스턴 초등학교의 5학년 교실에서 한 학생이 담임선생님께 이렇게 말했다. "아인슈타인이 사망했습니다." 아인슈타인은 초등학생들과도 우정을 나눈 터라 아이들에게도 그의 죽음은 충격이었다. 그러자 한 소년이 말했다. "아버지가 그의 뇌를 가지고 있습니다." 아버지는 뇌를 빼돌리고 아들은 그걸 폭로하고. 부전자전!

　이때 토마스 하비에 의해 240조각으로 해부된 그의 뇌는 온갖 루머의 진원지가 되었다. 결과는? 허무했다. 그의 뇌는 "1230그

램으로 오히려 정상인의 평균 무게(1400그램)보다 덜 나갔으며 대뇌의 주름도 단순해 일반인의 뇌와 비교했을 때 결코 특별하지 않았다."(롤랑 바르트, 《신화론》에서)[13] 당연하지 않은가. 이미 활동을 멈춘 뇌세포는 그저 죽어 버린 물질에 지나지 않는다. 거기서 대체 뭘 발견할 수 있단 말인가. 문제는 용법이고, 문제는 네트워킹이다.

그렇다면 아인슈타인은 자신의 평범한 뇌를 어떻게 활용했을까?

"나에게는 특별한 재능 같은 건 없다. 다만 호기심이 굉장히 강할 뿐이다."[14]

호기심과 경이로움, 그것이 자아내는 무한한 사고실험. 이것들은 결코 뇌 조직의 구조 안에선 찾아낼 수 없다. 그러므로 아인슈타인의 천재성에 대한 해석은 아인슈타인 자신의 설명이 최고로 적절해 보인다.

'우리 같은 사람들은 절대 늙지 않는다. 왜냐하면 우리는 존재와 세계의 위대한 신비 앞에서 호기심 넘치는 어린아이들처럼 바라보는 일을 결코 멈추지 않기 때문이다.'

5장 | 연암 박지원

죽음은 도처에 있다

1

내 이제야
'도道'를 알았도다!

물이 옷이 되고 몸이 되고 마음이 되는

1780년(경자년) 여름, 연암 박지원은 생애 처음 중원 땅을 밟는다. 청나라 건륭황제의 만수절(70세 생일잔치) 기념 사절단에 합류하게 된 까닭이다. 당시 연암의 나이 마흔넷. 그때 조선 지성사의 흐름은 북벌(청나라는 만주족 오랑캐라 정벌해야 한다는 이념)에서 북학(오랑캐지만 청나라로부터 문명의 진수를 배워야 한다는 사상)으로 이동하는 중이었다. 그 흐름을 주도한 집단 지성이 바로 '연암 그룹'이다. 이들 가운데 홍대용, 박제가, 이덕무 등은 이미 오래전에 중원 땅에 가서 문명의 현주소를 답사한 바 있지만, 정작 연암만은 마흔이 넘도록 귀동냥에 만족해야 했다. 그러던 차, 마침내 때가 온 것이다.

조선 최고의 문장가가 중원을 가로지른다는 것은 그야말로

'문명사적 사건'이었다. 이 여행의 기록이 바로 『열하일기』熱河日記 다. 그 명성에 걸맞게 이 텍스트에 대해서는 헤아릴 수 없이 많은 연구가 이루어져 왔다. 한데 우리의 주제는 죽음이다. 이 주제와도 조응하는 지점이 있을까? 있다! 일단 이 여정 자체가 거의 '극한 체험'이었다. 압록강에서 연경(베이징)까지 2000여 리, 연경에서 열하까지 700여 리. 게다가 폭염과 폭우가 교차하는 악천후의 연속이었다. 연경에 도착했을 때 사절단은 이미 탈진 상태. 하지만 황제는 자금성에 있지 않았다! 만수절 행사를 동북방의 피서지 열하행궁에서 하기로 한 것. 거기다 하필 조선 사신단을 콕(!) 찍어 열하로 불러들이라는 명령을 내렸다.

열하로 가는 길은 무박 나흘! 폭우에 땔감이 젖어 밥을 익힐 수도 없었다. 굶주림과 잠 고문, 그야말로 체력의 한계를 시험하는 '극한 코스'였다. 누군가의 생일 파티에 가는 길이 이토록 험난하다니. 연암은 마침내 동북방의 관문인 고북구 장성을 통과한다. 그것도 야삼경에! 연암은 감회를 누를 길이 없었다. 물이 없어서 낮에 먹다 남은 술로 먹을 갈아 장성 한 귀퉁이에 기록을 남긴다. 이 과정에 대한 문장이 「야출고북구기」夜出古北口記. 그런데 이 문장이 5000년 이래 최고의 문장이란다. 놀랍다. 그의 문장력이 아니라 그의 체력이. 깊은 밤, 기진맥진한 몸으로 장성의 고지를 통과하는 상황에서도 이런 명문장을 남길 수 있구나!

고북구 장성을 넘자 열하가 바로 목전이다. 한데 강물이 아홉 구비로 흐르고 있다. 사절단은 각자도생 중이고, 연암은 혼자다. 마부 창대는 말발굽에 밟혀 발을 다치는 바람에 뒤에서 근근이 따라오는 중이었다. 밤에 듣는 강물 소리는 더 무섭다. 앞이 보이지 않으니 오직 청각만이 증폭되면서 온갖 망상을 만들어 낸다. 이 망상에 휩쓸리면 허둥대다 강물에 떨어지기 십상이다. 한번 떨어지면, 바로 죽음이다! 연암은 온 마음을 기울여 상황을 주시한다. 강물 소리는 듣는 이의 마음 상태에 따라 다 다르다. 거문고 소리, 찻물이 끓는 소리, 개구리 울음소리 등. 그렇다. 문제는 마음이다! 생각이 거기에 도달하자 이내 죽음에 대한 공포에서 벗어난다.

> "내 이제야 도를 알았도다! 명심冥心(깊고 지극한 마음)이 있는 사람은 귀와 눈이 마음의 누累가 되지 않고, 귀와 눈만을 믿는 자는 보고 듣는 것이 더욱 잗달아져서 갈수록 병이 된다. 지금 내 마부가 말에 밟혀서 뒤 수레에 실려 온다. 그래서 결국 말의 재갈을 풀어주고 강물에 떠서 안장 위에 무릎을 꼰 채 발을 옹송그리고 앉았다. 한번 떨어지면 강물이다. 그땐 물을 땅이라 생각하고, 물을 옷이라 생각하고, 물을 내 몸이라 생각하고, 물을 내 마음이라 생각하리라. 그렇게 한번 떨어질 각오를 하자 마침내 내 귀에는 강물 소리가 들리지 않았다. 무릇 아홉 번이나 강을 건넜건만 아무 근심 없이 궤석에서 앉았다 누웠다 하며 생활하는 것 같았다."(『열하일기』「일야구도하기」一夜九渡河記)[1]

'명심'은 어두운 마음이다. '밝을 명'이 아니고 '어두울 명'이다. 어두운 것이 도라고? 연암이 즐겨 구사하는 역설법이다. 여기서 어둠이란 귀와 눈으로 쏠리는 감각의 빛을 다 꺼버린다는 뜻이다. 감각적 정보에 쏠리다 보면 온갖 두려움과 의심, 잡념에 사로잡힌다. 그것이 '외물의 누累'다. '누'란 허물 혹은 장애라는 뜻이다. 그 장애에서 벗어나면 비로소 모든 것이 고요해진다. 빛이 통과하지 않는 심해의 적막! 그때 퍼져 나가는 평정의 파동! 그 순간 연암은 '죽음의 도'를 터득한다.

도란 무엇인가? 분별심이 야기하는 모든 경계를 넘어서는 것이다. 물이 땅이 되고, 물이 옷이 되고, 물이 몸이 되고, 마음이 되는…. 마침내 귓가에서 강물 소리가 사라졌다. 그러자 마치 책상에 앉거나 누운 것처럼 편안해졌다. 그렇게 아홉 번의 강물을 태연하게 건널 수 있었으니, 이것이 바로 명심의 경지다.

「야출고북구기」도 그렇지만 「일야구도하기」 역시 주로 연암의 뛰어난 문장으로만 회자된다. 하지만 이것이 과연 문장력으로만 가능한 경지일까. 죽음에 대한 치열한 통찰과 지혜가 있었기에 이런 문장, 이런 수사학이 가능했던 게 아닐까. 죽음을 탐구하는 우리의 여정에 그를 초대한 이유다.

죽음에 대한
단상 1

죽음은 도처에 있다

연암은 태생적 백수다. 자발적이고 능동적으로 백수의 길을 선택
했다. 사대부 명문가 청년이 입신양명의 코스인 과거를 포기하면,
그다음엔 어떤 삶이 기다리고 있을까? 여러 가지 선택지가 있겠지
만 연암의 경우엔 그 시간을 우정과 지성, 그리고 여행으로 채웠다.
신분과 당파를 뛰어넘는 우정의 네트워크인 '백탑청연白塔淸緣'이
있었고, 그들과 함께하는 팔도 유람이 있었다. 가난을 받아들일 수
만 있다면, 누구나 꿈꿀 법한 삶이 아닌가. 그래서인지 연암의 글에
는 불평지기不平之氣가 보이지 않는다. 한없이 명랑하다. 하지만 만
사 그러하듯, 보이는 게 다가 아니다. 그의 유머와 명랑에는 짙은
실루엣이 느껴진다. 한없이 경쾌하지만 한없이 깊은!

그의 생애를 따라가다 보면 숱한 죽음이 등장한다. 가장 충격적인 것은 처숙 이양천의 죽음이었다. 16세에 혼례를 치르고 연암은 장인과 처숙을 멘토로 삼아 학문에 매진하였다. 연암이 입신양명을 포기하게 된 것도 이 두 사람의 영향이 컸다. 한데 그 처숙 이양천이 당쟁에 휘말려 흑산도로 유배되었다 돌아온 지 몇 해 안 되어 생을 마감한 것이다. 당시 연암 나이 열아홉 살. 연암은 망연자실했다. 잠깐 부연하면, 연암의 가문은 노론 정통 명문가다. 처가도 마찬가지다. 장희빈의 아들인 경종이 후사가 없이 사망하자 그의 아우인 연잉군을 옹립하여 영조로 등극하도록 한 당파가 노론이다. 그야말로 권력의 정통성을 틀어쥔 주류 중의 주류다. 그런 가문의 인물들도 이렇게 유배되고 수난을 겪는다. 권력의 줄타기란 그토록 위태로운 법이다. 연암이 끝끝내 '권력과의 거리 두기'를 시도한 건 이런 연유에서다.

아무튼 이때부터 연암 주변에선 죽음의 행렬이 이어졌다. 스물세 살 때 어머니가 돌아가시고, 그다음 해엔 집안의 기둥이었던 할아버지가, 그리고 서른한 살 땐 아버지가 돌아가셨다. 삼년상을 치르는 예법을 염두에 두면 20대와 30대 초반을 거의 상중에 있었던 셈이다. 그는 한 묘비명에서 이렇게 표현했다. "죽음은 도처에 있다." 그렇다. 우리네 삶도 그렇지 아니한가. 죽음은 늘 함께한다. 가족 아니면 지인들의 죽음, 또 뉴스를 통해 매일같이 누군가의 죽음을 접한다. 전쟁으로, 역병으로, 자연재해로, 사건 사고로.

보통 청년기엔 진로와 연애사로 방황을 겪는 게 일반적이다. 하지만 연암은 좀 달랐다. 20대 초반 이후 처숙과 부모, 조부 등의 죽음을 겪으면서 우울증에 불면증까지 온 탓에 심각한 방황에 시달렸다. 우여곡절 끝에 서른넷에 비로소 소과에 응시하여 장원급

제 한다. 영조의 상찬을 받고 중앙 관료들의 '러브콜'이 쇄도하자 더 깊은 고민에 빠졌다. 이 길을 가는 것이 과연 옳은가? 입신양명이 과연 좋은 삶인가? 죽음이 언제 덮쳐 올지 알 수 없는데. 보통 청년기엔 죽음을 목전에 두지는 않는다. 죽음이란 아득히 먼 미래의 사건이라 여기는 것이다. 하지만 연암은 그럴 수 없었다. 그의 방황이 단순한 청춘기의 통과의례일 수 없었던 이유다.

그리고 서른다섯. 한창 팔팔한 나이에 연암은 완전히 과거를 포기한다. 권력의 장이 아니라 길 위에서 살아가기로 한 것이다. 벗들과 함께 본격적으로 묘향산에서 가야산까지 전국 곳곳을 유람한다. 그때 만난 곳이 연암협燕巖峽이다. 이후 연암을 자신이 가장 애호하는 이름으로 삼는다. 과거를 완전히 포기한 해에 비로소 '연암'으로 거듭난 셈이다. 우연치고는 참 기묘하다.

물론 이후에도 죽음은 쉬지 않고 찾아왔다. 부모님이 돌아가시고 형님도 백수였던 터라 집안의 가장은 형수님이었다. 그 형수님이 고생살이로 온갖 병치레를 하다 생을 마감한다. 형님 이후엔 연암의 아내가 그 역할을 대신하였다. 그러다가 50대 초반 동갑내기 아내가 세상을 떠나고(6개월 뒤엔 형님마저 떠난다), 그다음 해엔 역병으로 맏며느리 이씨李氏마저 죽는다. 청년기엔 연암이 모시는 어른들이 줄줄이 세상을 떠나더니 중년 이후엔 집안의 살림을 맡은 여인들이 또 줄줄이 세상을 뜬 것이다.

그럼 이제 살림을 누가 맡지? 청년기엔 과거를 포기하지 말라고 압박을 가하던 친지들이 이번에는 새장가를 들거나 첩을 들이라고 조언을 아끼지 않는다. 당시 풍속으로는 당연한 일이다. 사대부가 상처하면 당연히 처녀장가를 들어야 한다. 사대부 여성들에겐 정절이 요구되었기 때문이다. 조선 시대 여성 잔혹사에 해당하는 지점이 바로 여기다. 오육십 대에 접어든 사대부 남성들이 10대 처녀를 본처로 들여야 하니 말이다(물론 중인 이하 다른 신분에는 적용되지 않는 관습이다. 배우자를 잃으면 여성들도 자유롭게 재혼할 수 있었다. 심지어 9번 결혼한 여인도 있었다!). 연암은 단호히 거부한다. 새로 아내를 맞이하지도, 첩을 들이지도 않았다. 그럼 살림은 누가 하나? 스스로 해결했다. 여기가 반전 포인트다. 노년기에 접어든 남성들이 아내를 필요로 하는 건 주로 두 가지 때문이다. 밥과 잠자리. 연암은 밥을 스스로 해결할 수 있는 사람이었다. 성에 대한 욕망 역시 제어할 줄 알았다. 덕분에 50대 초반부터 69세에 생을 마칠 때까지 독신으로 지냈다.

맏누이가 떠났을 때, 형수님이 돌아가셨을 때, 연암은 그녀들을 위한 묘비명을 지었고, 아내가 죽었을 때도 애도시 20여 편을 남겼다. 이렇듯 연암은 정말 드물게도 여성과의 공감력이 뛰어났다. 여성의 권리를 주장하는 차원이 아니라 여성의 속내를 읽어 낼 줄 알았다. 어떻게 그게 가능하지? 여러 가지 이유가 있겠지만 나는 특히 앞에서 말한 생활의 자립에 있다고 생각한다. 스스로 자기 삶을 꾸려 갈 줄 아는 남성은 여성을 도구화하지도, 여성에게 의존하지도 않는다. 그럴 때 비로소 여성과 깊은 우정과 교감을 나눌 수 있지 않을까.

그리고 그 밑바탕에는 죽음에 대한 깊은 성찰이 있을 것이다. 무슨 뜻인가? '죽음은 도처에 있다 그리고 누구나 죽는다'는 이 자명한 사실을 잊지 않는다면 각종 관습적, 사회적 장벽도 거뜬히 넘어설 수 있으리라. 그런 점에서 우리가 겪는 대부분의 소외와 분별은 죽음을 사유하지 못하는 데서 오는 무능력에 기인한다.

3

죽음에 대한
단상 2

삶은 요행이다

권력의 장에서 벗어나면 우정의 지평이 열린다. 삶의 방향이 위계
적 서열이 아닌 수평적 공감으로 바뀌기 때문이다. 우정은 지성을
부르고, 우정과 지성의 향연은 문장을 빛나게 한다.

　먼저 우정에 대하여. 연암은 '친구에 살고 친구에 죽는' 인물
이었다. 그것은 타고난 본성이었다. 거기에 더해 후천적으로도 그
의미를 강렬하게 체험한 바 있다. 바로 십 대 후반에 겪은 우울증
이다. 먹을 수도, 잠들 수도 없는 그때 연암을 살린 것은 사람들과
의 교류였다. 분뇨 장수 노인을 만나고, 이야기에 빠진 민옹을 만나
고, 거리의 어깨들을 만나고, 신선술 닦는 도인을 만나고…. 우울증
이란 무엇인가? 생에 대한 의욕이 가라앉으면서 죽음 충동에 휩싸

이는 치명적인 질병이다. 존재와 삶의 무의미성! 거기에 사로잡히면 혀에 단맛이 사라진다. 모든 음식이 쓰고 무미건조하다. 동시에 불면의 밤이 시작된다. 허무하고 막막하고 불안하고. 잠 못 이루는 밤은 삶의 의지를 더욱 떨어뜨린다. 악순환이다.

이 악순환의 터널에서 빠져나오려면? 일단 살맛을 복원해야 한다. 어떻게? 사람과 사람이 마주치면 된다. 마주침이 일어나면 기운이 오고 간다. 흔히 소통 혹은 교감이라고 부르는 것이 그것이다. 연암은 그때 사무치게 깨달았다. 거리에서 다양한 세대의 사람들과 만나 그들의 인생을 음미하고, 밥을 먹고 술을 마시고 그럴 때 살맛이 회복된다는 것을. 나아가 타자들과의 마주침, 즉 우정과 교감이야말로 생의 원동력임을 알게 된 것이다.

다음, 글쓰기에 대하여. 그는 평생 글쓰기를 멈추지 않았다. 글쓰기가 수양이자 수행이었다. 가장 좋아한 것도 글쓰기였고, 가장 열렬히 추구한 것도 글쓰기였다. 그렇다면 지성을 연마하고 글쓰기를 주고받을 수 있는 벗이 있다면? 그거야말로 최고의 삶이다. 연암은 평생 그런 삶을 추구했으며 또 그렇게 살았다.

그런 그에게 벗들의 죽음이 닥쳐온다. 가장 충격적인 것이 바로 이희천의 죽음이었다. 이희천은 연암이 모시던 스승의 아들이자 청년기를 함께 보낸 절친한 친구였다. 그런 그가 효수형에 처해진 것이다. 당쟁에 얽힌 것도, 역모에 얽힌 것도 아닌데 목을 잘라 거리에 매다는 효수형이라니! 금서를 소지했다는 이유에서였다. 청나라에서 수입한 책 가운데 『명기집략』明紀輯略이라는 저서가 있었다. 여기에 태조 이성계의 출생에 대한 '악성 루머'가 들어 있었다. 그런데 영조가 느닷없이 그 책과 관련된 또 다른 저서 『강감회찬』綱鑑會纂에 대한 불심검문, 압수 수색을 감행한 것이다. 이희천은 이 사실을 알지 못했다. 왜냐하면 그 책을 그저 소장만 하고 있었기 때문이다. 느닷없이 정치적 광풍에 휩쓸린 이희천은 영문도 모른 채 본보기로 희생양이 되었다. 서른넷의 나이였다. 게다가 이 책에 대한 상소를 올린 이가 연암에게는 할아버지뻘 되는 친척이었다. 더 어이없게도 그 책은 연암의 삼종형 박명원에게서 빌린 것이었다. 하지만 박명원은 이에 대해 아무런 조사도 받지 않았다.[2] 왜? 박명원은 명문거족이었으니까. 이런 말도 안 되는!

연암은 충격에 휩싸였다. 그간 숱한 죽음을 겪었지만 이런 기막힌 죽음이 어디 있단 말인가. 시작부터 끝까지 온통 부조리의 연속이었다. 연암은 이후 경조사를 다 끊어 버린다. 자신을 스스로 유폐시켜 버린 것이다. 3년이 지난 뒤에야 비로소 그는 이때의 심경을 글로 적는다.

> "나는 내 친구 이희천이 죽은 뒤부터는 사람들과 다시 교제하고 싶지 않아 경조사를 모두 폐해 버렸다. 그리하여 평생의 절친한 친구, 이를테면 유사경, 황윤지 같은 이들이 험한 횡액을 만나 섬에서 거의 죽게 되었어도, 한 글자 안부를 물은 적이 없었다. 〔…〕 그래서 사람들이 무척 원망하고 노여워하여, 꾸지람과 책망이 한꺼번에 들이닥쳤다. 나 역시 스스로 이와 같이 하겠다고 감히 말하지는 않았지만, 교제가 끊어지는 것도 달갑게 여겨, 비록 실성하거나 멍청한 사람으로 지목을 받아도 원망하지 않았다." (「이몽직에 대한 애사」)[3]

슬픔은 슬픔을 몰고 온다고, 이 이야기를 하게 된 것도 또 하나의 죽음 때문이었다. 이번에는 제자뻘 되는 청년 이몽직의 죽음이 그것이다. 이몽직은 충무공의 후손으로 무인이었다. 스물여섯의 나이에 남산 활터에서 활쏘기를 하다가 빗나간 화살에 얼굴을 다쳤고 그 후유증으로 생을 마치게 되었다. 이희천의 죽음과는 전혀 다른 차원에서 황망하기 짝이 없었다. 이희천은 정치적 희생양이라 쳐도 이몽직의 죽음은 대체 뭐지? 세상과 담을 쌓는다고 해소될 문제가 아니었다. 이젠 죽음을 맞대면하기로 한다. 죽음에 관한 본격적 탐구를 시작한 것이다.

"대저 사람의 삶은 요행이라 할 수 있는데도 그 죽음이 공교롭지 않게 여겨지는 것은 어째서인가? 하루 동안에도 죽을 뻔한 위험에 부딪치고 환난을 범하는 것이 얼마인지 모르는데, 다만 그것이 간발의 차이로 갑자기 스쳐 가고 짧은 순간에 지나가 버리는 데다가, 마침 민첩한 귀와 눈, 막아 주는 손과 발이 있어서 스스로 그렇게 되는 까닭을 깨닫지 못하는 것일 뿐이며, 사람들도 편안하게 생각하고 안심하고 행동하여 밤새 무슨 변고가 없을까 염려하지 않는다." (「이몽직에 대한 애사」)[4]

그렇다. 우리는 느닷없는 죽음에 어찌할 바를 모르지만, 이치를 따지고 보면 그 반대로 생각하는 게 더 타당하다. 다시 말해, 이렇게 멀쩡히 살아 있는 게 더 신기한 노릇이란 뜻이다. 하루에도 죽을 뻔한 위기가 수두룩하고 간발의 차이로 생사가 엇갈리는 일이 태반이다. 그걸 일일이 경계하고 고민한다면 한시도 편할 날이 없을 것이다. 그냥 귀와 눈, 손발이 무의식적으로 지켜 주려니 하고 믿을 뿐이다. 만약 이런 사고를 일일이 경계하고 조심한다면 날마다 근심 걱정으로 지샐 수밖에 없다. 설령 그런다고 해서 느닷없이 찾아오는 환란을 피할 수 있는 것도 아니다. 그럼 어쩌란 말인가? 생각을 바꿔

먹어야 한다. 죽음은 도처에 있고, 언제나 느닷없이 찾아온다. 그러 므로 살아 있는 건 요행이다. 그것이 연암이 터득한 생사의 이치다.

"몽직은 대대로 장수의 집안이라 비록 무관으로 종사했지만 문인 을 좋아하여, 항상 초정(박제가)을 따라서 나와 교유하였다. 사람됨 이 어려서는 곱고 귀엽더니, 장성한 뒤에는 시원스럽고 명랑하여 호감을 주었다. 하루는 남산에서 활쏘기를 익히다가 빗나간 화살 에 맞아 죽었다. 그렇게 죽었을 뿐 아니라 아들도 없었다.
아, 국가가 태평을 누린 적이 오래라 사방에 난리가 없어 싸울 만한 일이 없는데도, 선비가 유독 창끝이나 살촉에 찔려 죽는다는 것은 어찌 공교로운 일이 아니겠는가. 무릇 사람이 하루를 사는 것도 요 행이라 하겠다. 이에 애사를 지어 전장에서 죽은 장사를 애도하고, 이로써 몽직의 죽음에 대해 조문하노라."(「이몽직에 대한 애사」)5

이순신 장군의 후예가 후사도 없이 이렇게 허무하게 생을 마 치다니. 부조리하기 짝이 없다. 하지만 따지고 보면 대부분의 죽음 은 부조리하다. 논리적으로 합당한 죽음이 몇이나 될까? 만약 그렇 다면 이제 생각의 방향을 바꾸어야 한다. 다시 말해 죽음이 원초적 으로 부조리한 것이라면, 지금 이렇게 살아 있는 건 실로 요행이요 축복이 아닐까. 매일, 매 순간이 기적이라는 게 이런 뜻이었던가!
물론 그렇다고 죽음의 허무에서 벗어날 수 있는 건 아니다. 하 지만 적어도 죽음을 마주할 용기는 가능하다. 벗 이희천이 죽었을 때는 자신을 스스로 유폐시켜 버렸지만, 또 다른 벗 이몽직의 죽음 을 겪자 이젠 두 친구를 조문하고 애사를 지을 수 있게 되었다. 다 시 살아갈 힘이 생긴 것이다.

죽음에 대한
단상 3

모든 인연은 악연이다

죽음은 느닷없고 삶은 요행이다. 이것이 생사의 이치임은 알겠다. 하지만 그렇다고 슬픔이 사라지는 건 아니다. 서럽고 애통하고 허망한 건 어찌할 수 없다. 그래서 묻는다. 우리는 어쩌다 이생에서 이런 인연으로 마주쳤을까.

"대개 생각은 다 망상이요, 인연은 다 악연이다. 생각하는 데서 인연이 맺어지고, 인연이 맺어지면 사귀게 되고, 사귀면 친해지고, 친하면 정이 붙고, 정이 붙으면 마침내는 이것이 원업冤業이 되는 것이다. 그 죽음이 이희천처럼 참혹하고 몽직夢直처럼 공교로운 경우에는, 평생 서로 즐거워한 것은 얼마 되지 않은데 마침내 재앙과 사망으로 고통이 혹독하여 뼈를 찔러 대니, 이것이 어찌 망상과 악연이 합쳐져서 원업이 된 게 아니겠는가. 만약에 몽직과 애당초 모르는 사이였다면, 아무리 그가 죽었다는 소식을 들었더라도 마음이 아프고 참담한 것이 이처럼 심하지는 않았을 것이다."(「이몽직에 대한 애사」)[6]

생각이 인연으로, 인연이 다시 사귐으로, 사귐은 정으로 이어진다. 문제는 정이다. 정이 들면 원업이 된다. 서로 즐거워한 시간은 실로 짧은데 사별의 고통이 이토록 뼈에 사무치니 이보다 더한 원수가 어디 있으랴. 그렇구나, 문제는 그놈의 정이로구나! 아니다, 정이 든 건 인연을 맺은 탓이니 결국 인연이 웬수로구나! 하지만 산다는 건 인연을 맺는 것이 아니던가. 그럼 인연을 맺어 정이 들면 결국엔 다 이렇게 깊은 슬픔을 낳는다는 뜻인가? 그렇다. 고로 모든 인연은 다 악연이다! 반어법처럼 들리지만 직설법이다. 정을 주고받으며 사는 한 결국은 별리의 아픔에서 벗어날 수 없으니 말이다. 그럼 어쩌란 말인가? 어쩔 도리는 없다. 다만 알면 된다. 만나면 헤어져야 하고, 기쁨은 슬픔을 불러오고, 삶은 결국 죽음으로 이어진다는 이치를. 알면 뭐가 달라지는가? 적어도 원업이 되는 않는다. 기쁠 때는 기쁨이 되고, 슬플 때는 슬픔이 될 뿐! 그러면 죽음과 마주칠 때, 이렇게 말할 수 있으리라. 그동안 살아 있어서 참 좋았다고.

연암도 그랬던 거 같다. 애도의 끝에 몽직과의 추억 한 장면을 덧붙인다.

"달 밝은 저녁과 함박눈 내린 밤이면, 문득 술을 많이 가지고 와서 거문고를 퉁기고 그림을 평론하며 흠뻑 취하곤 했었다. 나는 고요히 지내면서 이런 생활에 익숙해 있었는데, 혹은 달빛 아래 거닐며 서글퍼하다 보면 몽직이 하마 이르렀고, 눈을 보면 문득 몽직을 생각하는데, 문밖에서 두드리는 소리가 났다 하면 과연 몽직이었다. 그런데 이제는 그만이다."(「이몽직에 대한 애사」)[7]

가슴이 뭉클하고 눈시울이 뜨거워지는 장면이다. "하마 이르렀고", "눈을 보면 문득", "소리가 났다 하면 과연" 같은 문구에서 연암이 그를 얼마나 반겼는지 생생하게 느껴진다. 그를 만나서 참 좋았구나! 하지만 인연은 여기까지! 이제 그만이다.

한편 살면서 겪는 최고의 슬픔이 자식을 먼저 보내는 것이라고 한다. 그 상실과 비통은 살을 에고 뼈를 녹일 지경이다. 그럴 때 이런 탄식이 터져 나온다. 자식이 아니라 웬수로구나! 연암은 간접적으로 이런 죽음을 겪은 바 있다.

유경집이라는 청년이 있었다. "외모가 훤칠하고 건장하며 성품은 순하고 언행은 겸손하며, 기억력이 아주 뛰어났고 문학에 빼어난 재주가 있었다."[8] 한데 스물두 살, 꽃다운 나이에 병에 걸려 죽었다. 연암은 경집의 아버지의 친구였다. 그러니까 친구의 아들이었다. 하여 그 청년에 대한 애사를 쓰게 되었다.

"경집의 조부모는 경집의 아버지만을 일찍 기르고서, 뚝 끊기듯이 다른 아들을 두지 못했다. 그래서 경집이 태어나자 손자로 여기지 아니하고 작은아들로 여겼으며, 경집의 부모 역시 감히 스스로 그 아들을 제 아들이라 하지 못하였는 바, 경집도 어렸을 적부터 조부모를 제 부모로 여겼다."(「유경집에 대한 애사」)[9]

이 대목에서 이미 독자들은 가슴이 먹먹해진다. 부모와 조부모 모두에게 귀하디귀한 아들이었는데 스물두 살 꽃다운 나이에 병사한 것이다. 슬픔이 너무 크면 울지 못한다.

"그 부모는 감히 그 아들의 죽음에 곡도 못 하고, 늙은 부모의 마음을 아프게 할까 두려워하여 속으로 울었다. 조부모는 차마 그 손자의 죽음에 곡도 못 하고, 아들의 슬픔을 더 크게 할까 두려워하여 속으로 울었다. 두 살배기 아들은 그 아비에 대해 곡하는 슬픔을 전혀 알지 못하고 다만 그 어미가 슬퍼하는 것 때문에 울어대니, 그 아내 이씨李氏는 감히 죽지도 못 하고 또한 감히 곡도 못 하고 속으로 울었다." (「유경집에 대한 애사」)[10]

부모도, 조부모도, 그의 아내도, 모두 속으로 울었는데, 두 살배기 갓난쟁이만이 어미의 슬픔을 느끼고는 울어 댔다는 것. 하여 친척과 친구들도 차마 조문조차 할 수가 없었다는 것. 아, 조문조차 할 수 없는 죽음이 있구나!
연암은 묻는다.

"죽은 사람이 죽음의 슬픔을 모르는 것이 슬퍼할 만한 것과, 산 사람이 죽은 자가 자신의 죽음이 슬퍼할 만함을 모른다는 것을 아는 것이 슬퍼할 만한 것 중에서 어느 것이 더 슬플까?" (「유경집에 대한 애사」)[11]

복잡해 보이지만 단순한 말이다. 죽은 자가 슬픈가? 아니면 살아서 그 죽음을 애통해하는 자가 슬픈가? 누구는 죽은 사람이 더 슬프다고 하고, 또 누군가는 산 사람이 더 슬프다고 한다. 또 누군가는 '죽은 사람과 산 사람의 슬픔은 함께 논할 수가 없다'고 한다. 연암은 말한다. 단연코 '산 사람이 더 슬프다'고.

> "무릇 사람의 감정으로 볼 때 가장 원망스럽고 한스러워 혹독한 고통이 뼈를 찌르기로는, 나는 믿었는데 상대방이 속이는 것만 한 것이 없으며, 속임을 당한 고통은 가장 친하고 다정한 이가 문득 나를 등지고 떠나는 것만 한 것이 없다. 그렇다면 세상에서 가장 친하고 다정하기로 손자와 할아버지, 아들과 아버지, 남편과 아내 같은 사이보다 더한 경우가 있겠는가. 그런데도 하루아침에 등을 돌리기를 조금도 지체하지 않았다. 또 믿어 의심함이 없기로는, 어느 것이 경집의 재주와 외모로 보아 장래가 크게 기대되는 경우와 같겠는가. 그런데도 마침내 상식과 이치에 어긋나기를 이와 같이 하였다. 그러니 어찌 원망스럽고 한스러워 혹독한 고통이 뼈를 찌르지 아니할 수 있겠는가.
> 아아, 비록 그렇지만 산 사람은 제 슬픔에 슬퍼하는 것이지, 죽은 사람이 슬퍼하는지 슬퍼하지 않는지를 모른다." (「유경집에 대한 애사」)[12]

연암이 생각하기에 이런 죽음은 일종의 '배신'이다. 이렇게 큰 사랑을 주고는 홀쩍 떠나가다니, 어떤 사기꾼이나 배신자도 이보다 더한 고통을 주지는 않는다. 이런 인연이야말로 악연이 아니고 뭐란 말인가.

하지만 살아 있는 한 누구도 이 운명을 피할 수 없다. 아니, 인연이 깊을수록 악연이 되는 건 인간에게 주어진 숙명 같은 것이다.

그 숙명을 감당하면서 사는 것이 인생이다. 우리가 할 수 있는 건 이런 이치를 통렬히 '아는' 것이다. 알면 뭐 어떻게 되느냐고? 조금은 달라진다. 이렇게 되물어 보자. 함께하는 시간이 이렇게 짧을 줄 알았다면, 차라리 만나지 않는 것이 더 나았을까? 그렇지 않을 것이다. 설령 처음부터 알았다고 한들 인연을 포기하진 않았으리라. 그렇다. 별리의 슬픔이 아무리 크기로서니 만남의 기쁨을 상쇄하진 못한다. 그걸 깨닫는 순간 이 청년의 부모와 조부모, 그리고 아내도 이렇게 말할 것이다. 그래, 비록 짧았지만 참 좋은 만남이었구나! 다만 우리의 인연은 여기까지! 이제 그만이다.

5

글쓰기,
애도와 치유의 '레퀴엠'

묘비명의 달인

연암은 조선 최고의 문장가다. 그의 문장은 전통적인 고문도 아니고 당시 유행하던 소품체도 아니다. 전통의 규범에 사로잡히지도 않았지만, 그렇다고 시대의 유행을 추종하지도 않았다. 고품격의 문명 담론에서 치밀한 변증, 생기발랄한 인정물태人情物態를 자유자재로 넘나든다. 그러므로 그의 문체를 규정할 수 있는 명칭은 따로 없다. 정조도 인정했듯이, 그냥 '연암체'다.

그는 아주 많은 묘비명을 썼다. 묘비명이란 장르는 특히 틀에 박힌 형식을 고수했다. 그도 그럴 것이 죽은 이에 대한 애도와 추념이 목적이기 때문이다. 지금도 그렇지 않은가. 애도와 추념은 늘 상식적 클리셰로 넘쳐난다. "삼가 고인의 명복을 빕니다.", "저세상에선 부디 행복하세요.", "다시는 이런 죽음이 없기를." 등. 죽은 이의 고유명사만 빼면 다 동일한 문구들. 연암 당시의 묘비명도 그랬다. '이름만 갈아 끼면 천 명이 다 똑같은' 천편일률의 극치였다. 죽는 순간 '익명성의 바다'로 침몰시키는 방식이었다. 하지만 연암의 묘비명은 달랐다. 천편일률이 아니라 편편이 하나도 같지 않았다. 삶에 다양한 무늬가 있듯이 죽음 역시 다채로운 파동을 야기한다. 무엇보다 연암 자신과 맺은 인연이 다르지 않은가 말이다. 그것을 어찌 진부한 상투어 몇 마디로 대신할 수 있으리오. 주고받은 말과 글, 눈빛과 다정함이 아직도 눈앞에 삼삼한데.

이미 보았듯이 그의 생애에는 죽음이 시도 때도 없이 찾아왔다. 부모님 상을 치르고 난 이후 맏누이가 떠나고, 형수님이 떠나고, 아내가 떠났다. 홍대용, 이덕무, 정석치, 유언호 등 혈육보다 더 짙은 정을 나눈 벗들도 하나씩 둘씩 그의 곁을 떠났다. 그럴 때마다 그는 묘비명을 쓴다. 느닷없이 생을 마쳐야 했던 이들을 애도하기 위해, 또 그들이 없는 세상을 살아가야 하는 자신을 치유하기 위해.

"떠나는 자 정녕 기약 남기고 가도
보내는 자 눈물로 옷깃을 적시거늘
저 외배 한번 가면 언제 돌아올까?
보내는 자 강가에서 홀로 돌아오네." (「맏누님 박씨 묘지명」)[13]

연암 나이 서른다섯, 맏누이가 세상을 떠났다. 절친 이희천이 효수형을 당한 그해 가을이었다. 이 작품은 맏누이의 묘비명, 그 마지막을 장식하는 애도시다. 묘비명은 누이가 시집가던 날에서 시작한다. 미운 여덟 살이었던 그 시절, 연암은 시집가는 누이에게 온갖 심술과 투정을 다 부렸다. 그리고 세월이 흘러 28년, 누이는 고생살이 끝에 생을 마쳤다. 매형은 살기가 막막하여 식솔들을 데리고 강을 건넌다. 연암이 할 수 있는 건 상여를 신고 떠나는 배를 배웅하는 것뿐. 연암의 눈에 눈물이 글썽거린다.

> "강가의 먼 산들은 검푸르러 쪽 찐 머리 같고, 강물빛은 거울 같고, 새벽달은 고운 눈썹 같았다." (「맏누님 박씨 묘지명」)[14]

산이고 강물빛이고 새벽달이고 온통 시집가던 날 누이의 모습이다. 아마도 눈물이 옷깃을 적실 정도로 흘러내렸으리라.
형님에 대한 애도사는 더 간절하다.

> "우리 형님 얼굴 누굴 닮았나?
> 아버지 생각나면 형님을 봤지.
> 이제 형님 생각나면 그 누굴 보나?
> 시냇물에 내 얼굴 비추어 보네." (「연암협에서 선형을 생각한다」)[15]

아버지가 떠난 건 스물셋. 그동안 형님을 보면서 아버지에 대한 그리움을 달랬다. 이젠 형님마저 떠났다. 51세, 중년이 되었건만 형님이 너무 보고 싶다. 그럴 때면 이제 시냇물에 비친 나를 본다. 아버지와 형님과 나. 서로 다르면서 하나인 인연. 서로서로 비추면서 흘러가고 있다. 절친 이덕무가 말했다. 연암의 글을 보고 두 번 울었다고. 하나는 위에 있는 맏누이의 애도시, 또 하나는 형님을 애도하는 이 시. 우리 시대 독자들도 이 두 편의 시 앞에서 눈물이 글썽거린다. 신기하게도 매번 읽을 때마다 그렇다.

「맏형수 공인 이씨 묘지명」도 절창이다. 열여섯에 형님에게 시집와서 아들 셋을 낳았으나 불행히도 다 잃고 말았다. 할아버지 박필균은 이름 높은 고관이었지만 '청빈'을 가문의 좌우명으로 삼은 덕에 "별세하던 날에 집 안에는 단 열 냥의 재산도 남겨 둔 것이 없었다."[16] 형님은 백수였으니, 집안의 대소사는 다 형수님의 몫이 되고 말았다. 타고난 약골의 몸으로 열 식구를 먹여 살리기 위해 고군분투했던 형수님. 그렇게 뼛골 빠지게 고생하다 젊은 나이에 떠난 것이다. 후손이 없어 고작 열 살밖에 안 된 연암의 맏아들을 상주로 세우고 양자 입양을 시켰다. 연암의 아내가 적극적으로 나선 덕분이다. 아직 둘째 아들이 태어나기 전이었으니 연암의 처로선 대단한 결단이었다. 그만큼 형수님에 대한 신뢰와 정이 도타웠다는 뜻이다.

시동생 연암은 살가웠다. 일찍이 형수님이 병석에 누웠을 때, "우리 형님이 이제 늙었으니 당연히 이 아우와 함께 은거해야 합니다. 담장에는 빙 둘러 뽕나무 천 그루를 심고 […] 세 이랑 되는 연못에는 한 말의 치어를 뿌리고, 바위 비탈에는 벌통 백 개를 놓고, 울타리 사이에는 세 마리의 소를 매어 놓고서, 아내는 길쌈하고 형수님은 다만 여종을 시켜 들기름을 짜게 재촉해서, 밤에 이 시동생이 옛사람의 글을 읽도록 도와주십시오."[17] 과수원을 일구고 농사를 짓고 길쌈을 하고 밤에는 글을 읽는 일상이 한 폭의 파노라마처럼 펼쳐진다. 형수는 병중임에도 벌떡 일어나 웃으며 외친다. "서방님, 그건 나의 오랜 뜻이었소!"[18] 형님은 진정 그렇게 살고 싶었던 것이다. 연암은 그것이 형수님의 가장 간절한 바람이었음을 잊지 않았다. 누군가의 깊은 속내를 알아준다는 것, 이보다 더 진정한 애도가 있을까.

16세에 만난 동갑내기 부인도 51세의 나이로 먼저 떠났다. 친정과 시집 모두 노론 명문가였지만 청빈을 신조로 여겨 가난이 뼛속까지 스며들었어도, 그녀는 행복했다. 남편과의 정이 한결같았기 때문이다. 연암은 일찍이 문장을 남녀 간 사랑에 견주는 글을 쓴 적이 있다. 거기에서 좋은 문장이란 "산골 마을에 사는 늙은 농부가 키운 딸과 보리 열 가마를 수확하는 농사꾼 집 아들의 사랑"에 빗댈 수 있다고 했다. 이런 사랑은 어떤 사랑인가? "사랑으로 잠 못 이루며 전전긍긍하는 일도 없고, 슬픔이나 즐거움이 극에 달하지 않는"[19] 그런 사랑이다. 문장도 모름지기 그래야 한다고 본 것이다. 연암과 그의 아내가 나눈 사랑이 바로 그랬다. 격정도 탐닉도 없지만 깊은 신뢰와 공감을 나눌 수 있는, 그런 풋풋하고 따뜻한 사랑이었다.

　　결혼하자마자 친정아버지와 작은아버지가 남편의 멘토 역할을 했고, 동생 이재성은 남편의 둘도 없는 벗이자 연암의 글에 대한 최고의 평론가였다. 함께한 시간이 아내인 자신보다 많았을 정도다. 이쯤 되면 연암이 처가 복이 많다고 해야 할까. 아니면 연암의 처가 남편 복이 많다고 해야 할까. 어쨌든 그의 아내는 이런 다정하고 격조 높은 남정네들과 함께했으니 회한은 없었으리라. 연암이 늦깎이로 공직에 나가 녹봉을 받아 오기 시작할 즈음 생을 하직했으니 그 점이 못내 안타깝긴 하다. 연암은 스무 편의 애도시로 그녀와 작별을 고했다. 하지만 이 작품들은 유실되었다. 아! 몹시 아쉬우면서도 한편 다행이란 생각도 든다. 그 애도시들을 보게 되면 가슴이 너무 시릴 것 같아서다.

　　연암은 평생 기생이나 다른 여인네한테는 마음 한 조각 준 바 없지만, 이렇듯 자기 주변의 여성들과는 참으로 허심탄회했다. 아내와 누이, 그리고 형수님에 이르기까지. 여성들의 삶을 '침묵, 봉쇄'시켰던 중세적 담론의 장에서 이 묘비명들의 위치는 단연 독보적이다. 이 여성들은 연암의 문장 속에서 충분히 빛나고 아주 당당했다. 그녀들의 삶 또한 충만했으리라.

연암 그룹의 좌장인 홍대용. 연암보다 7년이나 위였지만 그는 연암의 벗이었다. 그런 그가 52세의 나이에 중풍을 맞아 황망히 떠나 버렸다. 그에 대한 연암의 묘비명은 누군가에게 보내는 편지로 시작한다. 수신자는 중국 절강성에 있는 홍대용의 벗들. 홍대용은 연암보다 15년 전에 이미 연경을 다녀왔는데, 연경의 유리창에서 절강성 출신의 세 선비와 깊은 교유를 하게 되었다. 아주 짧은 만남이었지만 그들의 만남은 말 그대로 운명적이었다. 『을병연행록』乙丙燕行錄에 그 과정이 상세하게 기록되어 있다. 귀국한 이후에도 이들은 편지를 주고받으며 깊은 정을 나누었다. 연암은 가장 먼저 그들에게 홍대용의 죽음을 알려야겠다고 생각한 것이다. 국경을 넘어 서로를 알아주는 지기들의 만남! 이것이 홍대용의 삶에서 얼마나 소중한지, 그리고 그것을 통해 홍대용이 어떤 인물인지를 생생하게 드러낸다. 이 묘비명은 국경을 넘는 우정의 스토리에서 당대 최고의 지성인이었던 홍대용의 사상적 편력까지를 매끄럽게 오감으로써 '연암체'의 진수를 보여 준다. 홍대용은 조선 최고의 과학자이자 거문고의 명인이었다. 홍대용이 떠난 뒤 연암은 집에 있던 거문고를 치워 버린다. 더는 음악을 들을 수도, 즐길 수도 없어서다.

한편 또 다른 절친 정석치에 대한 제문은 아주 파격적이다. 그는 홍대용보다 두 해 먼저 세상을 떠났다. 홍대용이 연암의 지적 파트너였다면, 정석치는 술친구였다. 하여 그의 묘비명은 이런 식으로 진행된다.

"살아 있는 석치石癡라면 함께 모여서 곡을 할 수도 있고, 함께 모여서 조문할 수도 있고, 함께 모여서 욕을 할 수도 있고, 함께 모여서 웃을 수도 있고, 여러 섬의 술을 마실 수도 있어 서로 벌거벗은 몸으로 치고받고 하면서 꼭지가 돌도록 크게 취하여 너니 내니도 잊어버리다가, 마구 토하고 머리가 짜개지며 위가 뒤집어지고 어찔어찔하여 거의 죽게 되어서야 그만둘 터인데, 지금 석치는 참말로 죽었구나!"(「정석치 제문」)[20]

세상에 이런 식의 애도가 또 있을까. 하지만 우리는 느낀다. 연암과 석치가 얼마나 깊은 관계였는지, 둘이 나눈 정이 얼마나 자유분방하고 멋들어졌는지를.

이렇듯 그의 묘비명은 편마다 생생하기 그지없다. 애도사가 생생하다고? 그렇다. 죽은 자의 삶, 그 빛나는 순간들이 멋지게 응축되어 있다. 상투적인 예찬, 격식에 사로잡힌 추념 따위는 없다! 하여 사람들은 죽은 자를 떠올리며 마음껏 슬퍼할 수 있고, 동시에 살아 남은 자신을 치유할 수 있게 된다. 애도와 치유의 레퀴엠으로서의 글쓰기!

연암의 처남이자 최고의 평론가 역할을 한 이재성도 감탄을 금치 못한다. "인정을 따른 것이 지극한 예가 되었고, 눈앞의 광경을 묘사한 것이 참 문장이 되었다." 그런데 이어지는 말은 좀 당혹스럽다. 그러니 "상자 속에 감추어 두기 바란다."(맏누이 묘지명에 대한 이재성의 비평)[21] 이런 글쓰기도 금서가 되는가? 그렇다. 천편일률의 규범을 어겼기 때문이다. 그리고 이것이 바로 연암의 사상적 저력이다. 다만 진솔하고 생생하게 그려 냈을 뿐인데, 그것만으로도 기존의 통념에 균열을 야기할 수 있다는 것.

노년의 지혜,
노년의 자유

고추장 작은 단지를 보내니

그럼 연암은 어떻게 죽음을 맞이했을까? 그가 열하로 가는 여정에서 '명심의 도'를 깨우친 건 마흔넷. 생을 마친 건 예순아홉이니, 이후 25년 정도를 더 살았다.

　일찌감치 입신양명의 길을 포기했던 그가 쉰 살이 되어 관직에 나선다. 과거를 봤다면 영의정이 되었을 나이에 미관말직, 요즘으로 치면 9급 공무원이 된 것이다. 이유는 단 하나. 생계를 위해서다. 이제 정말 연암이 봉록을 받지 않으면 생계가 어려운 지경이 되었다. 한데 그 와중에도 중앙 정계가 들썩인다. 드디어 연암이 정계에 진출하는구나 하면서. 해서 자기 당파로 끌어들이기 위한 다방면의 접선을 시도했지만, 이번에도 역시 잘못 짚었다. 연암은 정말 최소한의 봉록이면 충분했다. 한직을 맡아 성실하게 소임을 다하고, 남는 시간엔 책을 읽고 글을 쓰는 일을 원했을 뿐이다. 연암은 그렇게 노년에 접어들었다.

하지만 그런 직급조차 문제를 제기하는 이가 있는 바람에 50대 후반, 당시로선 정말 노년에 해당하는 시기에 팔자에 없는 지방의 원님 노릇을 하게 되었다. 안의, 면천 등 변방 고을을 맡아 전전하면서도 그는 한없이 여유로웠다. 놀랍게도 실무 감각도 뛰어났다. 그는 고을 원님이 무엇을 해야 하고 무엇을 해선 안 되는지를 명확히 알았다. 하층민들이 어떤 욕망 때문에 야료를 부리는지, 아전들의 관습적인 횡령과 비리가 어떻게 일어나는지 간파하였고, 백성들 사이에 벌어지는 송사를 명쾌하게 판별해 주었다. 특히 당시 지방관아의 최고 난제이자 임무는 기근 때의 구휼이었다. 모든 원님에겐 주름살을 만드는 원흉이었지만 연암은 기민飢民 구휼을 축제 한마당으로 만들어 버린다. 기민들을 빌어먹는 사람이 아니라 잔치에 초대받은 손님들처럼 예를 갖추어 환대해 준 것이다. 그뿐인가. 열하 여행 시 중국에서 배운 벽돌 굽는 법을 활용하여 관아의 낡은 창고를 헐어 버리고 백척오동각百尺梧桐閣, 공작관孔雀館, 하풍죽로당荷風竹露堂 등을 지어 벗들을 불러들였다. 그 옛날 백탑청연에서처럼 다시 지성의 향연을 누리고자 한 것이다. 이 소문은 정조의 귀에까지 들어갔을 정도로 큰 화제가 되었다. 비록 관직을 맡긴 했으나 그는 여전히 읽고 쓰기를, 지성을 연마하기를 멈추지 않았다.

평생 자유인으로 살다가 갖가지 공무 처리에 분주하게 되면 스트레스가 쌓일 법도 하건만 그는 이 시절 자신을 "소소笑笑 선생"으로 불러 달라고 한다. 이웃 마을에서 원님 노릇을 하는 친구들에게 보낸 편지의 한 대목이다.

> "이 편지를 열어 보는 날, 그대도 반드시 웃느라 입안에 머금은 밥
> 알을 내뿜을 겁니다. 나를 소소 선생이라 불러 준다면 또한 사양
> 하지 않으리다."[22]

그야말로 유머의 달인답다!

이 시절 그가 서울에 있는 가족들에게 쓴 편지글 모음집이 있
다. 『고추장 작은 단지를 보내니』라는 제목으로 번역되어 있다.

> "붓을 들고 종이를 펼쳐 바야흐로 그럴듯한 생각이 떠오를지라도
> 미처 한 글자도 쓰기 전에 창밖에서 형방刑房이 무릎을 꿇고 '하사
> 오며' '뿐이옵고' '갓갓' 등의 소리를 내며 문서를 읽어 대고, 완악
> 한 아이 종은 짙은 먹에 붓을 적신 채 종이 귀퉁이를 비스듬히 잡
> 고 서 있어, 얼른 수십 장 문서에다 서명을 한단다. 그러고 나서
> 물러 나와 방금 전 흉중에 있던 아직 문자화하지 않은 한 편의 좋
> 은 글을 생각해 보면 애석하게도 그 사이에 그만 저 만 길 높이의
> 지리산 밖에 걸려 있지 않겠니? 하지만 어쩌겠느냐, 어쩌겠어."[23]

하루에 수십 장의 서류 더미를 처리하다 보니 마음에 담은 좋
은 글감이 지리산 저 너머로 사라져 버린다는 것. 보통은 이렇게
말한다. "바빠 죽겠는데 책을 언제 보나?" 아니면 "공무에 시달리느
라 글 쓸 엄두도 못 냈다"라고. 진부할뿐더러 거짓말이다. 사실은
읽고 쓰는 일을 하고 싶지 않다는 게 진실에 가깝다. 연암은 반대
다. 글쓰기가 도무지 불가능한 이 상황마저 글쓰기의 주제로 활용

한다. 이 생기발랄함이 곧 그의 지혜이자 유머의 원천이다. 아들한테 보내는 편지는 더 웃긴다.

> "과거 볼 날이 점점 다가오는데 [⋯] 비록 반도 못 썼다 하더라도 답안지는 내고 나올 일이다."[24]

> "넌 모름지기 수양을 잘해 마음이 넓고 뜻이 원대한 사람이 되고, 과거 공부나 하는 쩨쩨한 선비가 되지 말았으면 한다."[25]

> "시험에 붙고 안 붙고는 관계없는 일이며, 다만 과장에 출입할 때 조심해 다치지 않도록 해야 할 게다."[26]

답안지는 내고 나오라고? 무슨 소리지? 그 옛날 자신이 억지로 과거장에 끌려가서 소나무 그림을 그리고 나오거나 이름을 쓰지 않고 나온 '흑역사'를 소환하여 농담한 것이다. 아니나 다를까 다음 편지를 보면 과거나 보는 쩨쩨한 선비가 되지 말라 하고, 시험에 붙고 안 붙고는 개의치 않지만, 과장에서 다치지 않도록 하라는 말도 뼈 있는 농담이다. 당시 과거장이 완전히 '아싸리 난장판'이라 자칫 밟히거나 넘어지기 십상이었다. 그러니 부디 몸이나 잘 지키라고 당부한 것.

보다시피 평생을 비주류로 살았지만, 연암은 어떤 회한도 없다. 불평도 미련도 없다. 왜냐고? 자신이 원하는 대로 살았으니 당연한 거 아닌가? 그렇기에 자식에게도 그렇게 말할 수 있는 것이다. 마음이 넓고 뜻이 원대한 사람이 되라고. 덕분에 연암의 아들들도 다 백수의 삶을 살았다. 연암의 아버지부터 치자면 무려 삼대가

백수인 셈이다. 그의 노년이 얼마나 지혜롭고 자유로운지를 보여
주는 일화가 하나 있다. 일명 '고추장 담그기 프로젝트'.

> "고추장 작은 단지 하나를 보내니 사랑방에 두고 밥 먹을 때마다 먹
> 으면 좋을 게다. 내가 손수 담근 건데 아직 완전히 익지는 않았다.
>   보내는 물건 — 포肺 세 첩/감떡 두 첩/장볶이 한 상자/ 고추
> 장 한 단지"[27]

> "전후에 보낸 쇠고기 장볶이는 잘 받아서 조석 간에 반찬으로 하
> 니? 왜 한 번도 좋은지 어떤지 말이 없니? 무람없다, 무람없어.
> 난 그게 포첩肺貼이나 장조림 따위의 반찬보다 나은 것 같더라. 고
> 추장은 내 손으로 담근 것이다. 맛이 좋은지 어떤지 자세히 말해
> 주면 앞으로도 계속 두 물건을 인편에 보낼지 말지 결정하겠다."[28]

조선 시대 사대부가 고추장을 손수 담근다고? 실로 경이로운
일이다. 요즘처럼 여성의 권리가 확장된 시대에도 손수 밥을 차려
먹지 못하는 남성들이 태반인데, 조선 시대 명문가 출신의 사대부
가, 그것도 고을 원님이 직접 볶은고추장을 만들어 보내고, 왜 맛에
대한 반응이 없냐며 짜증을 내다니. 이렇게 슬기롭고 귀여운 노인
을 본 적 있는가? 앞에서도 밝혔다시피, 그는 스스로 일상을 꾸릴
줄 알았다. 아내를 떠나보내고 긴 세월 독신으로 보낼 수 있었던
건 바로 이런 생활의 지혜에 있었다.
　물론 성욕에도 흔들리지 않았다. 관아에서 잔치를 벌일 때도
한창 분위기가 무르익을 때면 춤추고 술 따르던 기생들을 다 물리
쳤다는 일화가 있다. 스스로 자신의 욕망을 다스리기 위함이었을

것이다. 누구에게도 의존하지 않는 생활의 힘, 욕망을 제어할 수 있는 자기 수련. 이런 바탕이 있었기에 연암의 노년은 충만했다. 지혜롭고 또 자유로웠다.

벗들이 이야기하는
소리를 들으며

"살았노라!"

1799년, 청나라 건륭황제가 죽었다. 그리고 1800년, 정조가 죽었다. 바야흐로 19세기가 시작된 것이다. 그와 더불어 청나라와 조선 모두 암흑의 시대로 접어든다. 세계사적으로 보면 서세동점西勢東漸, 곧 서구 문명이 동아시아를 약탈하기 위해 서서히 다가오는 시기였다. 연암의 생애도 이제 막바지를 향해 달려가고 있었다. 연암은 면천 군수를 거쳐 양양 부사를 끝으로 사직하고 다시 한양으로 돌아왔다. 50대에 시작된 생계형 관직 생활이 비로소 끝난 것이다. 그날의 풍경이다.

"아버지께서 양양부사를 그만두고 집으로 돌아오신 날 저녁이었다. 그때 마침 저본褚本 『난정첩』蘭亭帖을 보내온 사람이 있었다. 아버지는 즉시 사랑채에 술상을 마련하고 촛불을 밝히게 하셨다. 그리고는 『난정첩』을 책상에 올려놓고 몇 차례나 본떠 쓰신 다음 감상하고 품평하며 몹시 즐거워하셨다. 그래서 곁에 모시고 있던 사람들도 먼 길을 오느라 고생한 일을 싹 잊을 수 있었다."[29]

양양에서 한양이라면 꽤 먼 거리인데, 돌아오자마자 술상을 마련하고 붓글씨를 쓰면서 즐거워한다. 마치 늘 그 자리에 있었던 사람처럼. 이렇듯 연암은 늘 현재를 살아갔다.

서울 종로구 계동에 '계산초당桂山草堂'을 짓고 조용한 만년을 보내던 차, 유한준의 산송山訟을 겪고 울화통이 치미는 증세에 시달린다. 유한준은 뛰어난 문장가로서 한때 연암을 추앙했던 인물이다. 하지만 자신의 글에 대해 "그대의 글은 마치 땔나무를 지고 다니면서 소금을 사라고 외치는 격"[30]이라는 연암의 직설적 비평을 들은 이후 분기탱천하여 평생을 연암을 괴롭히는 데 몰두한 일종의 스토커였다. 연암은 일절 대응하지 않았다. 그러자 마침내 연암 부친의 묘소를 파헤치는 끔찍한 일을 저지른 것이다. 그래도 연암은 맞대응하지 않았다. 그렇게 할수록 상대를 더 자극하게 될 테고, 그것이 부모에 대한 도리에도 어긋난다고 여긴 것이다. 하지만 내상은 어쩔 수 없었다. 울화가 도져 결국 병을 얻었다.

"아버지는 중년 이래 험난한 일들을 겪으시며 울적한 마음을 펴지 못해 늘 울화가 치밀어 오르는 병이 있으셨다. 임술년(1802)의 산변山變 이후 더욱 애통해하고 상심하셔서 마음이 휑하니 빈 듯하셨다."[31]

그로부터 2년 뒤 갑자년(1804) 여름 이후 병세가 악화되었다. 연암은 약을 물리쳤다. 죽음이 다가오고 있음을 직감한 것이다. 이후 점차 말하는 것도 어눌해졌는데, 그럼에도 처남 이재성과 벗 이희경을 자주 불러서 조촐한 술상을 차려 서로 담소하게 하고는 그들이 주고받는 말에 귀를 기울이곤 했다. 친구와 술과 이야기. 예전같으면 호탕한 웃음과 고담준론高談峻論이 오갔겠지만 이젠 그럴 수 없다. 하지만 친구들이 주고받는 이야기를 들을 수는 있다. 경청이야말로 최고의 소통 아닌가. 그것으로 충분하다.

그리고 1805년 10월 20일 아침 8시경, 재동 자택에서 삶을 마쳤다. 유언은 '깨끗이 목욕시켜 달라'는 것뿐.

"염습할 적에 아버지의 몸은 희고 깨끗했으며 얼굴은 편안히 주무시는 듯했다."[32]

회한도 미련도 없고, 두려움도 괴로움도 없다. 더할 것도 뺄 것도 없는 담백하기 그지없는 죽음이다.

반전 이야기 하나. 연암은 묘비명의 달인이었지만 연암에 대한 묘비명은 없다. 자신은 평생에 걸쳐 묘비명으로 죽은 자를 애도하고 산 자를 위로했는데 정작 그 자신에 대한 묘비명이 없다니. 하지만 그는 별로 애석해하지 않았을 것이다. 그의 죽음은 애도가 필요 없기 때문이다. 일찍부터 수많은 죽음을 겪었고 묘비명을 쓰면서 죽음과 별리에 대한 탐구를 멈추지 않았다. 달리 말하면, 늘 죽음을 준비하고 있었다는 뜻이기도 하다. 또 달리 말하면, 늘 '오늘 이 하루'의 삶에 최선을 다했다는 뜻이기도 하다. 이미 오래전 열하로 가는 길에 '명심'을 통해 죽음의 도를 깨우쳤던 그가 아니던가.

'자찬묘지명'을 쓸 이유도 전혀 없지만 혹시라도 유희 삼아 그
럴 기회가 있었다면 그는 이 한마디로 충분했으리라. — "살았노라!"

6장 | 다산 정약용

먼 훗날 역사가 증언하리라!

이토록 '복된'
죽음이라니!

'다홍치마 다섯 폭'의 추억

1836년 2월 22일, 그날은 다산의 회혼식(결혼 60주년) 날이었다.
당시 다산의 나이 일흔다섯. 열다섯에 혼례를 치렀으니 그로부터
무려 60년이 지난 것이다. 이런 걸 두고 천생연분이라 하는 건가?
백년가약을 꿈꾸는 이들에겐 부럽기 짝이 없는 일이겠지만, 이런
가연佳緣이 가능해지려면 산전수전의 환난이 불가피할 터, 다산 부
부 역시 그랬다. 가장 원기 왕성한 마흔의 나이에 다산은 신유사
옥辛酉邪獄에 연루되어 남쪽 땅끝에서 유배 생활을 해야 했다. 다시
돌아온 때의 나이가 쉰일곱, 무려 18년의 세월이 흘렀다. 다산이
겪은 고난도 고난이지만 폐족이 된 가문의 며느리로 살아야 했던
아내의 고초는 또 어떠했을까? 또 두 아들은 번갈아 아버지의 유배

지를 찾아가 함께 살기도 했지만 아내는 그저 편지를 주고받는 것이 전부였다. 무려 18년이라는 긴 시간을 생이별해야 했으니, 이렇게 고단한 천생연분이 또 있을까.

그래도 쉰일곱에 귀향하여 생이별한 기간만큼, 즉 18여 년을 함께 보냈으니 마무리는 해피엔딩이라 할 수 있다. 회혼식은 이 해피엔딩의 하이라이트에 해당한다. 한데 하필 그날 다산은 생을 마감한다. 파란만장한 일생을 보낸 다산답게 마지막도 드라마틱했다. 남쪽 땅끝으로 유배를 떠날 때의 드라마가 피비린내 나는 사극이라면, 이날의 드라마는 애틋하지만 훈훈한 가족 로맨스처럼 느껴진다. 특히 다산이 남긴 마지막 시가 바로 3일 전에 쓴 회혼시였고, 덕분에 이 시가 그의 유작이 되었으니 말이다.

"결혼 60주년을 기념해[1]

60년 풍상風霜의 바퀴 눈 깜짝할 새 굴러 왔지만
복사꽃 화사한 봄빛은 신혼 때와 같네.
생이별과 사별死別이 죽음을 재촉하나
잠깐 슬프고 길이 즐거운 건 임금님 은혜겠지.
오늘 밤 뜻 맞는 대화가 새삼 즐겁고
옛적 치마에는 먹 흔적이 남아 있네.
나뉘었다 다시 합해진 내 모습 같은
술잔 두 개 남겨 두었다 자손에게 물려 주려네."

회혼식을 앞두고 병이 깊어졌다 잠깐 기력을 회복한 날에 쓴 시다. 죽음을 감지했을 시간인데 참 여유만만하다. 슬픔은 짧고 즐거움은 길었다니 노년의 재회가 생이별의 아픔을 치유하고도 남았나 보다. 모든 것을 임금님 은혜로 돌리는 충심도 여전하다. '옛적 치마'란 유배 생활 중에 아내가 보낸 것이다. 혼롓날 입었던 '다홍치마 다섯 폭'을 보내 처음 만난 날의 추억을 소환하고자 한 것이다. 그에 대한 다산의 응답은? 가위로 치마를 두 폭으로 나눈 다음, 한 폭에는 두 아들에게 주는 경계의 메시지를, 또 한 폭에는 어린 딸에게 주는 시와 그림을 그렸다. 그렇게 다홍치마는 몇 권의 책이 되어 다시 돌아왔다. 아내한테는? 노코멘트! 유배 초기에는 풀벌레 소리만 들어도 아내에 대한 그리움에 사무쳐 불면의 밤을 보냈다. 하지만 이젠 그립다는 말이 민망할 정도로 시간이 흘렀다. 하여 자식들에 대한 사랑으로 아내에 대한 심정을 대신한 게 아닐까. 어쩌면 이렇게 생각했을지도 모른다. 우리 부부의 인연은 이미 말로 표현할 수 있는 경계를 넘어섰노라고.

회혼식을 맞아 다시 '그 옛날 붉은 치마'를 회상한 것을 보면, 유배지에서 그게 얼마나 다산의 마음을 따뜻하게 감싸 주었는지 짐작할 만하다. 그래서인가. 별리의 아픔보다는 재회의 기쁨을 만끽하는 달관의 여유가 느껴진다. 그리고 의도한 건 아니지만 조선 최고의 학자가 남기는 생애 마지막 작품이 '아내에게 바치는 노래'라는 것이야말로 아내한테는 최고의 선물일 것이다. 이제 이 시는 다산의 이름과 함께 영원히 회자될 터이다. 다산 부부의 '천생연분' 이야기와 함께.

조선 시대 기준으론 칠순이 넘으면 장수다. 게다가 자손들과 일가친척이 지켜보는 가운데 맞이하는 죽음을 호상이라고 한다. 호상은 일종의 축제다. 친지들을 한자리에 다 모이게 하고, 동네 사람들을 마음껏 먹고 마시게 하고, 아울러 인생무상과 희로애락, 흥망성쇠 등에 대해 성찰할 기회를 제공하기 때문이다. 그런 점에서 다산의 죽음도 호상이었다. 회혼식과 장례식이 겹쳤으니 축제 중의 축제였으리라. 한데 상승과 추락의 롤러코스터를 탔던 다산의 생애를 떠올리면 좀 뜻밖이다. 순교 아니면 옥사 혹은 유배지에서의 병사 등이 연상되는데, 이렇게 평온하고 '복된' 죽음을 맞이했다니 말이다. 하여 그가 이 자리에 도착하기까지의 경로가 몹시 궁금해진다.

저 높은 곳을
향하여!

'중심'을 향한 무한 질주

다산을 모르는 한국인은 거의 없다. 20세기 초반 이래 그는 한국
인의 큰 스승이었고, 공직자의 전범이었으며, 지식인의 본보기였
다. 게다가 지금은 '다산 콜센터'로 시민들의 친절한 가이드 역할까
지 하고 있지 않은가! 하지만 솔직히 말해 다산의 저서를 직접 읽
은 이는 별로 없다. '여유당전서與猶堂全書' 500권, 그중에서도 가장
널리 알려진 저서라면 단연 『목민심서』牧民心書일 터, 이 책조차 술
술 읽히는 책은 아니다. 지방 수령, 즉 목민관들이 해야 할 일을 사
시사철, 일 년 열두 달, 하루 단위로 꼼꼼하게 기록한 일종의 '청렴
관리 매뉴얼'에 가깝기 때문이다. 하긴 그런 점에서 목민심서는 고
전의 정의에 부합한다. 고전이란 무엇인가? '제목은 누구나 알지만

아무도 읽지 않는 책'이라는 점에서!

그럼에도 다산이 범국민적 우상이 된 것은 『유배지에서 보낸 편지』[2] 덕분이다. 독재 정권 시절 발간되어 시대의 등불 역할을 하게 된 편지 모음집이다. 발신인은 유배지의 다산 정약용. 수신인은 형님, 친지 등 다양했지만 주로 두 아들이다. 유배지에 도착하자마자 다산은 아들들에게 편지를 쓴다.

"이른 새벽부터 밤늦게까지 부지런히 책을 읽어 이 아비의 간절한 소망을 저버리지 말아다오." (1801년 3월 초이틀)[3]

놀랍다. 이때가 어느 때인가. 신유사옥(1801)으로 가문은 풍비박산 나고 형제와 친지들은 순교를 당하고, 자신도 의금부에서 19일이나 문초를 받아 완전히 너덜너덜해진 상태로 땅끝 유배지에 도착한 때가 아닌가. 이렇게 시작된 편지는 해를 거듭할수록 더더욱 간절해진다.

"이제 너희들은 망한 집안의 자손이다. 그러므로 더욱 잘 처신하여 본래보다 훌륭하게 된다면 이것이야말로 기특하고 좋은 일이 되지 않겠느냐? 폐족으로서 잘 처신하는 방법은 오직 독서하는 것 한 가지밖에 없다." (1802년 12월 22일)[4]

폐족이 되었으니 차라리 잘 되었다고? 그렇다. 이제 너희들은 더는 과거에 응시할 수 없다. 그러니 이제 과거 공부 때문에 걱정할 필요가 없다. 그럼 뭘 해야 하지? '진정한' 독서를 하면 된다. 그러기 위해선 먼저 기본기부터 닦아야 한다.

"항상 만백성에게 혜택을 주어야겠다는 생각과 만물을 자라게 해야겠다는 뜻을 가진 뒤에야만 바야흐로 참다운 독서를 한 군자라 할 수 있다."[5]

대단한 투지, 넘치는 기세다. 이거야말로 '꺾이지 않는 마음'이라 할 만하다. 대체 독서가 무엇이길래?

"독서 한 가지 일만은, 위로는 성현을 뒤따라가 짝할 수 있고, 아래로는 수많은 백성을 길이 깨우칠 수 있으며, 어두운 면에서는 귀신의 정상情狀을 통달하고 밝은 면에서는 왕도王道와 패도覇道의 정책을 도울 수 있어, 짐승과 벌레의 부류에서 초월하여 큰 우주도 지탱할 수 있으니, 이것이야말로 우리 인간이 해야 할 본분인 것이다."[6]

자신 또한 이런 참된 공부에 매진하고 싶었으나 과거 때문에 접어야 했는데, 이제 죄인이 되어 유배지에 왔으니 앞으로 원 없이 그 공부에 매진하게 되었다. 그런 점에서 보면 이 수난은 참 다행이라는 것. 여기서 우리는 두 가지 면모를 간파할 수 있다. 하나는 진리에 대한 열정이다. 다산은 위에서 아래까지, 어둠에서 밝음까지, 벌레에서 우주까지, 삼라만상의 이치를 다 망라하고자 하는 지적 욕망으로 넘쳤다. 다른 하나는 그의 속도다! 삶의 조건이 바뀌자마자 즉각 태세를 바꾸는데, 그 전환의 속도가 빛처럼 빠르다는 것.
　　표현의 강도는 점점 더 세진다. '너희들이 독서하지 않으면 이 아비는 죽은 목숨이나 다름없다.' 왜? 만약 그렇게 되면 "내가 해 놓은 저술과 간추려 놓은 것들을 앞으로 누가 모아서 책을 엮고 교정하며 정리하겠느냐? 이 일을 못 한다면 내 책들은 더는 전해질 수 없을 것이며, 내 책이 후세에 전해지지 않는다면 후세 사람들은 단지 사헌부司憲府의 계문啓文과 옥안獄案만 믿고서 나를 평가할 것이 아니냐?"⁷ 핵심은 바로 여기다. 나의 독서, 나의 문장이 세상에 전해지려면 너희들이 독서를 해야 한다. 독서를 해야 문장을 쓸 수 있고, 문장을 남겨야 이름을 남기게 된다. 그래야 아비인 나의 명예도 복권될 수 있다. 그렇지 않으면 후세에도 사헌부의 재판 기록만 보고 나를 평가할 것이고, 그러면 나는 영원히 역사의 죄인으로 남을 수밖에 없다는 것.

그렇다. 그는 변방으로 추방된 죄인이지만 역사의 '한가운데' 서고자 했다. 아니, 역사의 도도한 흐름이 곧 그의 현장이었다. 연암이 권력의 중심에서 벗어나기 위해 원심력을 발휘했다면, 다산의 궤적은 정반대다.⁸ 다산은 당파로 보면 남인 소속이다. 장희빈의 몰락 이후 근 100년간 남인은 변방의 비주류였다. 하지만 다산은 중심을 향한 열망을 포기하지 않았다. 진정한 독서와는 거리가 멀지만 과거 공부에 전념했고 대과에 무려 6번이나 떨어졌지만 마침내 합격하여 정조의 측근이 된다. 정조는 관료들에게도 성인의 공부를 강조하여 수시로 사서삼경에 대해 테스트를 했고 동시에 측근들의 모든 행적을 철저히 점검했다. 노론과 남인, 소론 사이의 탕평을 유지하기 위해 막후에서 고도의 정치술을 발휘하기도 했다. 다산은 이 엄정하고 치밀한 군주 아래서 맡겨진 소임을 훌륭하게 해냈다. 규장각 관련 저술 활동, 암행어사, 수원 화성의 도시계획 등. 다산의 일대기를 지켜보노라면 한숨이 절로 나온다. 이 사람은 대체 언제 쉬지? 잠을 자기는 하나? 등. 하지만 다산은 정조 같은 군주를 모시는 것만으로도 가슴이 벅찼다. 이런 군주를 위해서라면 목숨도 아깝지 않았다. 그것은 다산의 우국충정이기도 했지만, 그의 내면 깊숙한 곳에 있는 저 높은 곳을 향한 질주, 중심을 향한 열렬한 갈망의 표현이기도 했다.

계속 그렇게 살 수 있었다면 다산은 당시 남인이 배출한 최고의 재상인 채제공의 뒤를 잇고 정조의 국정 파트너가 되어 명재상의 반열에 올랐을지도 모른다. 그 사건, 오직 그 사건만 일어나지 않았다면 말이다. 짐작하듯이, 그것은 바로 천주교와의 마주침이다.

1784년, 하필 다산이 막 중앙 정계에 진출한 그즈음에 저 머나먼 서양의 종교가 청나라를 거쳐 조선에 유입되었다. 그리고 그 천주교와 열렬히 감응한 이들이 하필 남인이었다. 하필 남인일뿐더러, 하필 다산의 친지들이었다.

"갑진년(1784, 23세) 4월 보름날 큰형수의 제사를 지내고 우리 형제가 이덕조와 함께 같은 배를 타고 물결을 따라 내려오다가 배 안에서 천지조화의 시초와 육체와 정신, 삶과 죽음의 이치에 대해 듣고 황홀하고 놀랐는데 마치 은하수의 끝없음과 같았다. 서울에 온 후 또 덕조로부터 『실의實義』(『천주실의』)와 『칠극七克』(『칠극대전』) 등 여러 권의 책을 보고 흔연히 그쪽으로 기울었다."(「선중씨 정약전 묘지명」)[9]

천주교와의 만남은 놀랍고 황홀하고 의아했다. 마치 하늘의 강(은하수)이 끝없이 펼쳐지는 듯한 느낌이었다. 다산에게 천주교를 전도한 이벽은 맏형수의 동생, 즉 사돈지간이고, 최초의 세례자인 이승훈은 처남이며, 정약종, 정약전 등은 친형들이다. 이들을 중심으로 남인의 스승과 동료 등이 모두 조선 천주교사의 첫 장을 장식하는 핵심 인물들이었다.

　18세기를 전후하여 서학(천주교를 포함한 서구 문명 전반)은 이미 조선 지성사에 다방면으로 스며들고 있었다. 애초에는 서구의 기술 문명에 대한 호기심에서 비롯했다. 연암 그룹이 특히 그랬다. 그들은 서구의 과학기술에는 관심이 깊었지만 종교적 원리에는 시큰둥했다. 인격신이 존재하지 않는 동양 사상에서 창조주를 설정하는 것도 어색하고, 게다가 천당/지옥설 등은 불교 윤회설의 말단과 흡사한 구조로 보였다. 하지만 남인들은 달랐다. 바로 그 종교적 세계관에 확 꽂힌 것이다. 성리학의 도에 지쳤기 때문일까. 아니면 메시아에 대한 열망 때문이었을까. 뭐가 됐든 문명의 대전환기에 들어선 것만은 틀림없었다.

　천주교에 대한 반응은 뜨거웠다. 순식간에 신도가 수천 명으로 늘었고, 최초의 세례자가 나오고, 제사를 폐하고, 중국인 신부를 초빙하고…. 가톨릭 역사 전체에 비추어도 유례없는 전교였다. 교황청에서 선교사를 파견하기도 전에 자생적으로 신자들과 교단이 생기고 순교자가 나온 곳은 조선이 유일했다고 한다. 조선과 가톨릭의 이 열렬한 감응은 대체 어떻게 가능했을까? 사회적 모순, 정치적 갈등 때문에? 신분제와 유학의 타락으로? 시대 전환의 조류 때문에? 그 무엇으로도 이해되지 않는다. 고로 이 사안은 문화적 심층을 넘어 인류학적 탐사가 필요한 지점이다. 아무튼 그 모든 사건의 중심에 다산의 친지들이 있었다. 다산이 겪은 모든 불행과 고초는 바로 여기에서 비롯한다. 다산이 진짜 신자였는가? 아니면 배교자였는가? 이 문제는 여전히 논란 중이고, 앞으로도 쉽게 결론이 나지 않을 듯하다. 무엇보다 다산이 천주교사와 조선 경학사 양쪽에서 절대 포기할 수 없는 지적 자산이 되었기 때문이다.

기구하다면 기구하고, 오묘하다면 참 오묘한 운명이었다. 정조라는 중심에 다가갔는데, 하필 그때 천주와 마주치다니. 다양한 이유가 있겠지만 그 지점에서 나는 다산의 내부에 작동하는 중심을 향한 열렬한 갈망을 읽는다. 그는 늘 저 높은 곳을 향해 나아갔다. 그 열정이 그로 하여금 처음에는 중앙 정계, 그리고 정조라는 성군을 향해 나아가게 했고, 그리고 마침내 천주라는 초월자를 향해 달려가게 한 것이 아닐까. 하지만 그때부터 그는 번뇌의 소용돌이에 빠져든다. 성리학의 '군주'와 창조주이자 유일신인 '천주'는 공존할 수 없었다. 결국 그는 천주를 버린다. 배교背敎를 선택한 것이다. 이 배교가 진심인가 아닌가는 둘째치고 그 와중에 그가 겪었을 고뇌와 번민을 생각하면 등골이 서늘하다. 아무튼 그 결과 그는 모든 것을 다 잃었다. 그리고 땅끝 마을 한 귀퉁이에 내팽개쳐진 신세가 되고 말았다. 하지만 그런 '날개 없는 추락'을 겪었음에도 즉시 아들들에게 편지를 쓴다. 진정한 독서를 하라고. 우주의 삼라만상, 상하의 모든 경세를 아우르는 길은 오직 그것뿐이라고. 그래야 이 아비도 목숨을 부지할 수 있다고.

그는 여전히 중심을 향한 열망을 포기하지 않았다. 이 정도의 나락이면 뜻이 꺾일 만도 하건만, 다산의 기상은 여전히 웅장했다.

"사나이의 가슴속에는 항상 가을 매가 하늘로 치솟아 오를 기상을 품고서 천지를 조그마하게 보고 우주도 가볍게 손으로 요리할 수 있다는 생각을 지녀야 옳다."[10]

다시 중앙 정계에 진출할 수도, 정조 같은 성군을 만날 수도 없다. 하지만 역사는 흘러간다. 그 역사에 나의 이름을 새기리라.

이제 그의 삶에서 가장 중요한 것은 도도하게 흘러갈 역사다. 그리고 역사에 이름을 남기려면 치열하게 읽고 쓰는 것 말곤 길이 없다. 불멸하는 것은 오직 독서, 오직 문장뿐이므로.

그리고 그는 그 신념을 투철하게 구현했다. 18년의 유배 생활 동안 쓴 글이 장장 500권!(지금의 책으로 추산하면 약 70여 권) 조선 지성사, 특히 학술사에 전무후무한 성취다. 그 결과 다시 역사의 중심에 우뚝 서게 되었다.

죽음의
무도

끝없는 순교의 행렬

1783(정조 7년) 겨울, 이승훈은 연행 사절단에 합류한다. 이벽의 권유로 베이징에 있는 천주당을 방문하기 위해서다. 당시 연암과 그의 친구들이 청나라로부터 배우자, 즉 북학을 외치면서 연행을 갔던 것과는 전혀 다른 동선이다. 이승훈은 연경에 있는 북천주당에서 필담筆談으로 교리를 배운 다음 세례를 받았다. 세례명은 베드로(반석). 조선을 기독교의 반석에 올려놓으라는 의미였으리라. 이승훈이 세례를 받고 돌아온 다음 해인 1784년은 한국 천주교회의 원년이다. 앞서도 말했지만 천주교 역사상 교황청에서 선교하기도 전에 신도가 생기고 그 먼 거리를 찾아와서 세례를 받겠다고 한 건 초유의 일이었다. 이 열정의 파도를 누가 잠재울 수 있으랴. 이승훈

의 세례로 조선에서 천주교는 더욱 세를 확장해 간다. 물론 철저히 비밀리에.

두 해 뒤인 1785년, 드디어 그 실체가 드러나는 사건이 벌어진다. 이름하여 '을사추조적발사건乙巳秋曹摘發事件'. 추조(포도청)에서 불법 도박을 추적하다가 엉뚱하게 천주교 신자들의 비밀 집회를 덮치게 된 것이다. 도성이 발칵 뒤집히면서 그때부터 천주교는 불법화된다. 그리고 이어지는 순교의 행렬. 하지만 기독교는 순교의 피를 먹고 자란다고, 그럴수록 세를 더 확장해 간다. 그 결정적 사건이 바로 '진산사건珍山事件'. 윤지충, 권상연 등 사대부 가문에서 제사를 거부하는 사건이 벌어진 것이다. 이건 '선을 넘은' 도발이다. 사대부들에겐 '봉제사奉祭祀 접빈객接賓客'이 가장 중요한 도리인데, 사대부가 제사를 폐한다면 이건 조선의 이념적 토대인 성리학을 전면적으로 부정하는 것이나 다름없다. 두 사람은 기꺼이 순교를 선택하지만 그때부터 남인 내에서 공서파와 신서파로 분열이 일어난다. 다 같이 천주교에 물들긴 했지만 이건 좀 심하다고 생각하여 배교의 길을 간 공서파, 성리학을 버리고 아예 천주교에 올인한 신서파로. 다산이 처한 입지도 몹시 복잡해졌다. 노론과의 당파 싸움도 날로 심화되는 와중에 남인 내부, 특히 다산의 절친들 사이에 벌어진 오해와 갈등이 불거진다. 한마디로 사방 도처가 적으로 둘러싸인 형국이었다.

하지만 천주교 신자들은 멈추지 않았다. 또 한 번 선을 넘는다. 신도들의 열렬한 간청으로 1795년, 주문모라는 신부가 입국한 것이다. 이제 천주교는 사대부를 넘어 중인, 여성들로, 또 한양 도성을 넘어 지방의 작은 고을에 이르기까지 퍼져 나갔다. 중화주의, 성리학, 군자지도, 다시 말하면 중세를 지켜 온 문명의 토대가 밑에서부터 흔들리고 있었던 것이다. 하지만 그게 대세가 되려면 아직 많은 시간을 기다려야 했다. 그 시간을 통과하는 것은 오직 순교의 행렬뿐!

다행히 정조는 천주교의 방패막이가 되어 주었다. 군주가 천주를 믿는 이들을 막아 주었다고? 이 또한 아이러니이긴 하다. 하지만 정조의 국정 동력은 노론과 남인 사이의 탕평책이었고, 남인들이 연루된 천주교 문제를 공론화하면 국정이 무너질 수 있다. 게다가 정조의 관점에서 천주교는 사상적으로 그다지 대단해 보이지 않았다. 그저 세상에서 버림받은 '고신얼자孤臣孼子' 즉 비주류들의 일시적인 의지처에 불과하다. 결정적인 순간에 발본색원하면 그뿐이었다.

그렇게 조선의 정국이 아슬아슬하게 줄타기를 하던 중, 정조가 갑자기 사망했다(1800년). 마흔아홉의 한창나이에 등창으로 생을 마감한 것이다. 하긴 아버지 사도세자로 인한 화병에다 일중독에 불면증에… 돌연사의 원인은 충분했다. 다산은 절망했다. 자신의 인생을 떠받치고 있던 하늘이 무너졌을뿐더러 가장 큰 방패막이가 사라졌으니 이제 사방에서 십자포화가 쏟아질 것은 불 보듯 뻔한 노릇. 과연 그랬다. 그다음 해가 바로 신유년, 천주교에 대한 대대적 박해가 시작되었다. 다산 집안은 초토화되었다. 열성 신자였던 큰형 정약종은 극형을 당했고, 둘째 형 약전과 자신은 유배지로. 그 외에 남인 내 신서파로 분류된 수많은 이들이 순교의 길을 갔다. 그야말로 '죽음의 무도'였다.

다산은 의금부에서 19일 동안 문초를 당한 뒤 둘째 형 정약전과 함께 유배형에 처해졌다. 다산은 장기로, 둘째 형 약전은 흑산도로. 하지만 수난은 아직 끝나지 않았다. 그해 겨울 '황사영백서

사건黃嗣永帛書事件'이 터졌다. 황사영은 다산의 조카사위다. 신유사옥 때 도주하여 제천의 한 토굴에 숨어 있으면서 교황청으로 보내는 문서를 작성한다. 장장 1만 3384자에 달하는 장편이다. 내용은 더 엄청나다. 천주교 신앙의 자유를 위해 조선을 청나라에 복속시키고 서양 제국에 군함과 군대를 요청해 달라는 것이 골자였다. 당연히 반역이다. 황사영은 능지처참에 처해졌다. 다산과 그의 형 약전은 이 백서의 배후로 지목되어 땅끝에서 서울로 압송되어 문초를 받았으나 증거가 없었다. 다행히 목숨을 부지한 채 다시 유배지로 가야 했다. 이번에는 강진으로! 그리고 세월이 흘러 1808년, 강진에 다산초당茶山草堂이 세워졌다.

먼 훗날의 일이긴 하지만 강진의 다산초당이 '전 국민의 답사 일번지'가 되는 그 서막이 열린 것이다.

천주와 군주
'사이'

이카로스Icaros의 비상과 추락

자, 여기서 의아한 점 하나. 이렇게 순교의 피바람이 몰아쳤는데, 다산과 그의 둘째 형 약전은 어떻게 극형을 피할 수 있었을까? 이유는 간단하다. 둘 다 자신들이 천주교 신자가 아님을 열심히 피력했고 의금부에서 그게 받아들여졌기 때문이다. '황사영백서사건' 때도 마찬가지였다. 특히 다산은 배교를 열렬히 주장했다. 그럼 더 이상하다. 분명 그 역시 이벽을 통해 천주교를 접했을 때 황홀경에 빠지지 않았던가? 을사추조적발사건 때 발각된 비밀 집회에 다산도 참석했고, 요한이라는 세례명도 있었다고 한다.[11] 그렇다면 일단 이렇게 정리할 수 있겠다. 한때 열렬한 신자였으나 결국은 신앙을 포기했다. 그래서 순교의 대열에서 벗어날 수 있었다고.

　그 결정적 문건이 바로 「천주교 관계의 전말을 상소합니다」.
1797년 6월 동부승지를 제수받고 쓴 글이다. 1784년에 입교한
이후 13년여가 지났다. 그 사이에 진산사건, 주문모 신부 입국을
비롯하여 천주교와 관련한 사건들이 이어졌다. 그때마다 정국이
요동쳤고, 주변 친지들과의 관계가 꼬이고 얽히면서 갈등과 번민
이 엄청났을 것이다. 다산은 마침내 결단을 내린다.

　　"신은 이른바 서양西洋 천주교天主教에 대하여 일찍이 그 책을 보
　　았습니다. 그러나 책을 본 것이 어찌 바로 죄가 되겠습니까, 〔…〕
　　대개 일찍이 마음속으로 좋아하여 사모했고, 또 일찍이 이를 거론
　　하여 남에게 자랑하였습니다. 그 본원 심술心術에 있어서, 일찍이
　　기름이 스며들고 물에 젖어 들며 뿌리가 점거하고 가지가 얽히듯
　　하여도 스스로 깨닫지 못했습니다."[12]

　일단 진솔한 자기 고백으로 시작한다. 마음속으로 사모했고
남에게 자랑했다는 것. 그러다 보니 자기도 모르게 스며들었다는
것이다. 하지만 임금의 지극한 은혜를 받고 관직 생활로 분주하다
보니 자연스레 멀어졌는데, 진산사건이 벌어지자 그때부터 "미워
하기를 원수같이, 성토하기를 홍역같이"[13] 했고, 그때를 기점으로
마음이 돌아섰다는 것이다.

　　"거기에 이른바 사생의 말은 석가모니가 만든 공포령恐怖令이고,
　　이른바 극벌의 경계는 도가道家의 욕화慾火를 없애라는 것이고,
　　그 비뚤어지고 변박하다는 글은 패사소품稗史小品의 지류支流의

나머지에 불과한 것입니다."[14]

그 결과 "얼굴과 심장을 헤치고 보아도 진실로 나머지 가린 것이 없고, 구곡간장을 더듬어 보아도 진실로 남은 찌꺼기가 없"[15]다고 단언한다. 과격하고 단호하기 이를 데 없다.

상소문을 받아 든 정조는 몹시 흡족했다. "착한 마음의 싹이 마치 봄바람에 만물이 자라는 것 같다."[16] 문장이 곧 성리학의 도道였던 시대에 사대부가 이렇게 곡진曲盡하게 자신의 마음을 글로 드러냈다면 그것은 일단 믿어야 한다. 사대부한테 문장은 목숨보다 귀하다. 이런 문장을 쓰고도 그 반대로 행동을 한다는 건 상상할 수조차 없는 일이다. 정조도 다산도.

3년 뒤 신유사옥이 일어났다. 다산은 일관되게 배교를 주장했다. 자신에게 기회를 준다면 천주교 신자들을 색출해 낼 수도 있다는 말까지 하면서. 정조에게 바친 이 글도 그 증거의 하나가 되었을 것이다. 배교자 다산. 덕분에 목숨을 부지했다. 하지만 한국 천주교사에선 다산의 배교를 받아들이지 않는다. 정조의 신임을 거절하기 어려웠고, 시대의 흐름상 불가피했으며, 끝내 마음 깊은 곳에선 신앙을 저버리지 않았다는 주장이다. 예수회 소속인 서강대학교에 다산관이 있는 걸 보면 천주교 쪽에선 그렇게 믿고 있는 것 같다.

하지만 저 투명하고 단호한 '배교 선언서'는 어떻게 설명할 것인가? 이것이 거짓이라고? 유학사에선 결코 받아들이기 어려울 것이다. 더 결정적으로 18년 동안의 유배 생활 동안 보여 준 그 치열한 학구열, 『주역』과 『예기』禮記를 비롯하여 선진先秦 시대의 고경古經을 체계적으로 정리하는 그 마음은 또 무엇인가? 그런 방대한 집대성은 천주교 신앙과 어떻게 연결되는가? 특히 『주역』에 대한 그의 집념과 열정은 가히 압도적이다. — "천하의 책 모두 다 먹어 치우고/ 마침내 『주역』으로 토하려 했지."[17]

강진 유배 생활 초기부터 다산은 『주역』 연구에 매진한다. 다산 자신이 회고하기를, "계해년(1803) 늦은 봄부터 눈으로 보는 것, 손으로 잡는 것, 입으로 읊조리는 것, 마음으로 생각하는 것, 붓으로 기록하는 것으로부터 밥을 먹고 변소에 가며, 손가락 놀리고 배 문지르는 것에 이르기까지 어느 하나 주역周易 아닌 것이라고는 없었다."[18] 그 결과물이 다산의 『주역사전』周易四箋이다. 번역본으로 무려 8권(소명출판)에 달하는 대작이다. 단순한 해설서가 아닌 『주역』에 대한 새로운 이론을 창안한 작업으로 평가받는다. 이것은 대체 어떻게 이해해야 할지.

한데 그의 사상을 스케치하다 보면 아주 기묘한 실루엣이 하나 있다. 다산의 인식론 안에 새겨진 기독교적 사유가 그것이다. 정조와 주고받은 『중용』中庸에 대한 문답의 바탕에는 "인격적 존재로서의 천天과 상제上帝 개념 및 천도天道와 천명天命에 관한 서학적西學的 이해가 깊이 깔려 있었다."[19] 또 『역주 논어고금주』譯註 論語古今註에는 이런 대목이 있다.

"아! 우러러 하늘을 바라보면 일월一月과 성신이 빽빽하게 늘어서 있고, 구부려 땅을 살펴보면 초목과 금수가 정연하게 자리를 차지하고 있는데, 이들 가운데는 사람을 비추고 사람을 따뜻하게 하고 사람을 기르고 사람을 섬기지 않는 것이 하나도 없다. 이 세상을 주관하는 자가 사람이 아니고 누구이겠는가? 하늘[상제]이 세상을 하나의 집으로 만들어서 사람으로 하여금 선을 행하게 하고, 일월

성신과 초목금수는 이 집을 위해 공급하고 받드는 자가 되게 하였
는데…"[20]

창조주의 관점에서 인간과 동식물의 위계 관계가 리얼하게
그려져 있다. 누가 봐도 기독교적 인식론이다. 『목민심서』가 자아
내는 신약성서의 아우라. 「뱀을 쳐 죽여야 하는 까닭을 밝힌다」,
「개고기 요리를 추천합니다」라는 글에 담긴 철저한 인간중심주의.
나아가 백과전서식 분류와 종합, 계몽주의적 열정 등은 18세기 서
양에서 부상하기 시작한 모더니티modernity의 배치와 묘하게 연동
된다. 당연히 직접적 영향 관계는 없다. 오히려 사유의 심연에서 작
동하는 무의식적 감응에 가깝다.

더 헷갈린다고? 맞다. 다산과 천주교의 문제는 앞으로도 영원
히 풀리지 않을 주제다. 그러므로 지금으로선 그가 진정한 신자였
는가 아니면 철저한 배교자였는가를 따지는 건 무의미해 보인다.
그는 신자면서 배교자이고, 천주교도면서 경학자였다. 천주교를 제
외하고 그의 생애를 말하기란 불가능하고, 경학에 대한 성취를 빼
놓고서 그의 사상을 논하기란 더더욱 불가능하다. 말하자면 다산
이 서 있는 지점은 천주와 군주, 그 '사이'다. 둘은 현실적으론 양립
불가능하지만, 추상(혹은 심층)의 영역에선 상통하는 지점이 있다.
둘 다 세상의 중심이자 드높은 이상이라는 점에서.

그의 생애와 사상을 살펴보면 태양을 향해 거침없이 날아오
른 이카로스가 연상된다. 이카로스가 그랬듯이 다산 역시 날개를
잃고 추락했다. 하지만 다산은 추락의 '자유'를 누릴 줄 알았다. ―
"높은 데선 떨어질까 늘 걱정해도/ 떨어지면 마음이 후련하다네./
벼슬 높은 이들을 우러러보니/ 아슬아슬 거꾸로 달린 것 같네."[21]

그리고 그 자유를 발판으로 더 높이 날아올랐다. 오직 학술과 지성의 힘으로!

화려한 귀향,
쓸쓸한 노년

마침내『목민심서』!

30대 초에 중앙 정계에 입문한 이후 열정과 파국의 소용돌이를 치달리던 그의 걸음이 문득 남쪽 땅끝에서 멈춰 섰다. 하지만 조금의 망설임도, 지체도 없이 그는 그 자리에서 다시 시작한다. 그리고 18년의 세월. 강산이 두 번쯤 바뀔 시간이다. 이 기나긴 시간 동안 다산은 읽고 쓰기를 멈추지 않았고, 땅끝 변방의 청년들을 키워 학술팀을 꾸릴 정도로 교육에도 열성적이었다. 다산의 생애에서 가장 경이로운 연대기다. 우리가 아는 다산도 이때 탄생한다. 말하자면 가장 참담한 수난의 시기였지만 가장 찬란하게 도약하는 시기이기도 했다.

그 특별한 연대기의 마지막인 1818년, 그해 봄에『목민심서』

48권이 완성되었다. 그즈음 다산은 드디어 유배지에서 풀려난다. 다산은 대역 죄인이 아니다. 천주교와 연루되었지만 배교를 통해 결백을 인정받았다. 이 정도의 죄인이 18년이나 유배지에 있어야 하나? 당연히 아니다. 4, 5년이면 충분했고 실제로 그사이에 풀려날 기회도 더러 있었다. 하지만 그때마다 정적들의 극렬한 반대로 결정이 미뤄지곤 했다. 그 정적들 가운데는 예전에는 절친이었다가 적으로 돌아선 동지들도 있었다. 천주교의 열풍이 남긴 깊은 상흔을 여기서도 확인할 수 있다. 다산으로서는 해배解解가 지연되는 것보다 이런 상황이 더 쓰라렸을 듯하다. 하지만 어느 순간 다산은 마음을 내려놓는다.

> "살아서 고향 땅을 밟는 것도 운명이고, 고향 땅을 밟지 못하는 것도 운명일 것이다."[22]

그 사이에 막내아들이 죽고 손자들이 태어났으며, 함께 유배된 둘째 형 약전이 우이도에서 두 해 전(1816년)에 세상을 떠났다. 다산초당으로 옮긴 뒤에는 제자들이 늘어났고 채마밭도 일구고 주변 사찰의 승려들과도 깊은 교유를 나누었다. 이렇듯 유배지에서의 시간도 희로애락의 연속이었다. 그 굴곡진 파노라마 속에서 성취한 업적이 여유당전서 500여 권. "한자로 된 가장 방대한 양"이라는 신기원을 이룩했다. 그리고 그 절정이자 대단원이 바로『목민심서』다. 훗날의 일이긴 하지만 이 책으로 인해 비로소 다산은 '다산 선생'이 되었다.『예기』,『주역』을 시작으로 선진시대 고경에 주석을 달면서 천지인의 원리에 관한 탐구를 해 왔고, 드디어 그 이치를 수령의 관점에서 현실 정치에 적용해 본 것이『목민심서』다.

이상과 현실이 한데 어우러진 최고작인 셈이다. 그런데 이 저서가 유배 생활 마지막 18년째 완성되었고, 바로 그해에 풀려났다는 건 우연치고는 참 기묘하지 않은가. 마치 목민심서를 쓰라고 하늘이 다산을 그때까지 땅끝에 묶어 놓았나 싶은 생각이 들 정도다.

물론 이때 쓰인 것은 초고본이다. 고향에 돌아와서 다시 수정을 거듭하여 1821년에 비로소 완성본이 탄생한다. 그러니까 다산은 '여유당전서' 500권, 그중에서도 『목민심서』 초고본을 들고 귀향한 셈이다. 이보다 더 화려한 귀향은 없다!

만약 이 유배 기간이 없었다면, 앞에서 언급했듯 정조가 더 오래 살고 다산이 천주교를 만나지 않았다면, 다산은 정조 시대를 장식하는 명재상 가운데 하나가 되긴 했을 것이다. 하지만 거기서 끝이다. 역사는 정치인 혹은 세도가를 기억하지 않는다. 부귀와 권세란 시대와 더불어 먼지처럼 사라지는 법. 그래서 참 공교롭다. 정조가 죽고, 신유사옥이 일어나고, 땅끝으로 유배를 가고, 18년이라는 기나긴 '안식년'이 주어지고. 마치 다산의 지적, 학문적 역량을 유감없이 발휘하라고 하늘이 이런 시절인연을 마련해 준 것처럼 보인다. 다시 돌아올 때는 더는 규장각의 초계문신抄啓文臣, 촉망받는 남인 관료, 왕의 남자가 아니었다. 앞으로 그는 그가 추앙한 정조보다 더 높은 명성을 누리게 될 터였다.

물론 그가 떠날 때와는 완전히 다른 세상이 되었다. 정계의 판도와 인맥, 사상적 조류 등 모든 면에서 판과 틀이 바뀌고 말았다. 정조 사후 왕권은 현저히 약화되었고 세도정치가 본격적으로 시작되면서 상층과 하층의 균열이 심화되는 중이었다. 지금의 시점에서 보자면, 19세기는 청나라나 조선 모두 문명의 동력을 잃고 기울어 가는 시대였다. 다산이 참여할 수 있는 공간은 더는 존재하지 않았다. 세월의 무상함 앞에 시대도, 왕조도, 문명도 속절없이 흘러가는 중이었다.

다산이 바라는 바는 오직 하나. 자신이 유배지에서 갈고 닦은 문장과 사상을 검증해 보는 것. 하지만 사방이 적막하기만 했다. 그토록 질시와 비난을 쏟아 내던 이들은 다 어디로 갔을까. 한참 뒤 반대파였던 노론 측 대가인 김매순으로부터 『매씨상서평』梅氏尙書平이 유림의 대업을 이루었다는 응답을 받았다. 다산은 감격했다. '이 편지를 받고 더 살고 싶어졌다'고 했을 정도로. 쓸쓸한 노년이었다. 하지만 이 또한 하늘의 뜻. 다산은 노년의 적막을 온전히 받아들였다. 시를 쓰고, 남양주 주변을 유람하고. 가족 친지들을 돌보고, 다산초당의 제자들과 서신을 주고받으며, 그렇게 늙어 갔다.

"「노인일쾌사」老人一快事(늙은이의 즐거움)[23]

1. 대머리

늙은이의 한 가지 통쾌한 일은
대머리가 참으로 유독 즐거워.
머리털은 본디 군더더기건만
처리하는 제도가 각기 다르다.
꾸밈이 없는 자들은 땋아 늘이고
귀찮게 여긴 자들은 깎아 버림 많구나.

〔…〕

이제는 머리털이 온통 없으니

모든 병폐가 어디에 기댈 것인가.

머리 감고 빗질하는 수고로움도 없어지고

또한 백발의 부끄러움 모면했노라.

빛나는 머리통 박통같이 희고

둥근 두개골 모난 발바닥에 맞장구치네.

널따란 북쪽 창 구멍으로

솔바람 불어대니 머릿골 시원하구려.

말총으로 짠 때 묻은 망건일랑

꼭꼭 접어 상자 속에 버려두노라.

평생을 풍습에 얽매이던 사람이

이제야 통쾌한 선비 되었네그려." (1832, 71세)

다산은 경학자였지만 무엇보다 시인이었다. 평생 2000편이 넘는 시를 썼다. 그의 시에는 파토스가 흘러넘친다. '시대를 아파하고 세속을 분개하는 내용이 아니면 시가 될 수 없기' 때문이다. 그랬던 그가 이제 칠십 대에 접어들자 이렇게 유머러스한 시를 쓴 것이다. 반전매력이다! 「노인일쾌사」, 노인이 되면 누리게 되는 통쾌한 일이라니 제목만으로 웃음을 머금게 된다. 첫 번째로 대머리가되니 머리털이 없어 좋고, 그 결과 머리로 인한 온갖 병폐가 다 없어진다는 것. 백발의 부끄러움도 없고 바람이 불면 시원하기 그지없다. 평생 망건 쓰느라 고생했는데, 이제 이런 풍습에서 벗어나니통쾌하기 그지없다. 오호!

이런 식의 반전 유머 시리즈가 이어진다. 2수에선 치아가 빠져 합죽이가 되니 치통이 없어져서 좋고, 3수에서는 눈이 어두워

지니 책을 좀 덜 읽어도 되어 좋다. 4수에선 청력이 떨어지니 세상의 시비 소리를 듣지 않아 좋고, 5수에선 붓 가는 대로 막 써도 누가 뭐랄 사람이 없어 좋으며, 6수에선 바둑을 둘 때 만만한 상대를 골라 둘 수 있어 좋다. 노년에 겪는 신체적 변화를 소멸의 괴로움이 아니라 온갖 스트레스에서 해방되는 기회라고 해석한 것이다.

이런 반전의 미학을 구사할 만큼 다산의 내면은 평온했다. 물론 그 평온과 웃음 뒤에는 쓸쓸함과 적막감의 실루엣이 느껴지긴 하지만 말이다.

6

「자찬묘지명」自撰墓誌銘에 담긴 뜻은?

"나는 증언한다!"

"처음 신유년(1801) 봄에 옥중에 있을 때 하루는 근심하고 걱정하다 잠이 든 꿈결에 어떤 노인이 꾸짖기를 '소무蘇武는 19년도 참고 견디었는데 지금 그대는 19일의 괴로움도 참지 못한다는 말인가'라고 했었다. 옥에서 나오던 때에 당하여 헤아려 보니, 옥에 있던 것이 꼭 19일이었다. 유배지에서 고향으로 돌아옴에 당하여 헤아려 보니, 경신년(1800) 벼슬길에서 물러나던 때로부터 또 19년이 되었다. 인생의 화와 복이란 정말로 운명에 정해져 있지 않다고 누가 말하겠는가." (「자찬묘지명」)[24]

「자찬묘지명」이란 자신의 묘지명을 미리 쓰는 것이다. 죽음을 대비하면서 자신의 생애를 정리하고자 함이다. 인생의 가장 큰 변곡점이었던 신유사옥을 떠올리니, 거의 20년 전의 사건이건만 마치 어제 일인 듯 생생하다. 그때 19일의 고초를 겪었는데, 벼슬에서 물러나던 때로부터 귀향하기까지 또 19년이었다. 이렇게 정리하고 보니 참으로 공교롭다.

귀향한 이후 다산은 더 이상의 학술적 작업은 진행하지 않았다. 여유당 500권으로 충분하다고 여긴 듯하다. 대신 묘지명을 쓰기 시작했다. 가장 먼저 자신의 묘지명부터. 다산은 각종 질병에 시달렸다. 해남의 다산초당은 '만권당萬卷堂'이라 할 만큼 넉넉한 곳이었다. 그렇다곤 해도 유배객의 삶이 편안했을 리는 없다. 거기다 그의 작업량을 헤아리면 안 아픈 게 이상할 정도다. 학질에 두풍, 부스럼증 등. 1810년 둘째 아들이 유배지를 찾아와 2년을 같이 지내다 떠날 즈음 풍증으로 마비가 왔다. 죽음이 다가온 건가 싶어서 큰아들에게 장례에 대한 예법을 편지로 알려 준다.

"내가 지금 풍증으로 마비가 와서 이치로 보아 오래 살지는 못할 것 같다. [······] 하지만 천하의 일은 미리 정해 두는 것보다 좋은 것이 없다. 내 이제 말해 두겠다. [······] 내가 만약 이곳에서 목숨을 마친다면 마땅히 이곳에다 매장해야 한다. 나라에서 죄명을 씻어 주기를 기다렸다가 그제서야 반장返葬(객지에서 죽은 사람을 고향으로 모셔와 장사 지내는 것)하면 된다. 너희가 예법의 뜻을 잘 알지 못해 내 명을 어기려 한다면 어찌 효라 하겠느냐? 만약 다행히 은혜를 입어 뼈라도 옛 동산에 돌아가게 된다면, 죽음은 슬펐어도 돌아감은 영예로울 것이다."[25]

치밀하기 이를 데 없는 다산의 성정이 오롯이 드러난다. 이렇듯 그는 늘 죽음을 준비하고 있었다. 또 자신이 죄인의 처지라는 사실도 잊지 않았다. 그럼에도 언젠가 죄를 벗게 되리라는 희망 또한 버리지 않았다.

이런 성격이다 보니 귀향 이후 60대에 접어들자 이제야말로 죽음을 대비해야 할 때라고 생각했다. 하여 묘지명의 형식을 빌려 자신의 생애를 스스로 정리하기로 한다. 그의 인생에 가장 소중한 것은 정조와의 만남, 그리고 자신이 이룩한 정치적, 학술적 업적. 이 두 가지다. 그래서인가. 정조와의 만남은 숨소리까지 들릴 정도로 디테일하다. 그렇게 세월이 지났는데도 그날, 그 순간의 벅찬 감동을 고스란히 재현해 낸다. 왕에 대한 충심과 열정이 전편에 흘러넘치는 것은 말할 나위도 없다. 그리고 이어지는 정적들의 질시와 비방. 그에 대해서도 시비분별이 곡진하다. 실록의 한 대목을 읽는 느낌이다. 당연히 천주교 문제가 빠질 수 없다. 천주교에 물들었으나 마침내 등을 돌렸고, 그럼에도 불구하고 이후 계속 천주교 문제에 연루되어 수난을 겪다 마침내 유배를 당하는 경로까지 세세하게 정리한다. 이러다 보니 다산의 「자찬묘지명」은 참으로 길다. 이 또한 다산의 성정이다. 명명백백히 밝혀 두어야 할 일이 너무 많고, 자신이 아니고는 아무도 기억하지 못하는 장면도 적지 않다. 그러다 보니 거의 자서전에 가까워지고 말았다.

그 역시 9세에 어머니를, 31세에 아버지를 여의는 등 비극을 겪었지만 그에게 큰 상흔을 남긴 것은 정치적 수난으로 인한 죽음이다. 신유사옥 때는 남인의 인재였던 이들이 대거 희생당했다. 이가환, 권철신, 정약전 등. 다산은 이제 그들의 묘지명을 쓰기 시작한다. 다산이 생각하기에 그들은 모두 억울한 누명을 쓰고 죽었다.

이것은 반드시 밝히고 해명해야 한다. 자신이 아니면 누가 이런 일을 할 수 있겠는가. 하여 그들의 묘지명 역시 「자찬묘지명」 못지않게 길다.

먼저 이가환 묘지명의 경우, "건륭 을묘년(1795, 정헌 54세) 봄은 우리 정조께서 임금으로 오르신지 19년째 되는 해였다."[26]로 시작한다. 마치 대하 사극의 서막을 보듯 웅장하기 그지없다. 이어지는 장면에선 이가환과 자신이 수행했던 화성 신도시 사업이 소개된다. 정조라는 성군을 모시면서 조선을 위해 아낌없이 능력을 발휘하던 시대, 그 시절은 진정 "군자의 도가 흥성하여 만물이 왕성하던 '진실로 빛난 일치一治'였다." 그러나 봄날은 속절없이 갔다. 이가환은 옥사하고 자신은 장기로 귀양을 간다. 흥망성쇠가 불과 5년 사이에 벌어진 것이다. 이가환, 그는 누구인가? 당대 최고의 천재였다.

"공은 여러 종從형제들 사이에서 나이가 가장 어렸으나 그 배양하고 심은 학문이 가장 깊었으며 더구나 그분의 기억력은 고금에 뛰어나 한 차례 눈으로 보기만 한 것도 죽을 때까지 잊지 않고서 우연히 자극만 받으면 한 번에 수천백 마디를 외워 마치 술통에서 술 쏟아지듯 유탄이 퍼부어 널빤지를 뒤엎듯 하였다. 구경九經과 사서四書·23사史에서 제자백가·시詩·부賦·잡문총서雜文叢書·패관稗官·상역象譯·산율算律의 학, 우의마무牛醫馬巫의 설, 악성종양과 치질 치료법 등에 이르기까지 무릇 글자로 지어진 것들은 한번 건드리기만 해도 물 쏟아지듯 막힌 데가 없었으며, 또 모두 정밀히 연구하고 알맹이를 파내서 한결같이 전문적으로 공부한 사람 같았다. 질문한 사람마다 깜짝 놀라서 귀신이 아닌가 의심할 정도였다." (「정헌 이가환 묘지명」)[27]

요즘으로 치면 '알파고' 혹은 '검색 엔진'이라고나 할까. 이런 재능을 타고났으니 질시와 비방을 받는 것은 당연지사. 게다가 천주교와 연루되어 있었으니 더더욱 표적이 될 수밖에. 결국 옥사했지만 다산은 힘주어 말한다. 그는 결코 천주교 신자가 아니었다고.

둘째 형 정약전이나 남인의 대가인 권철신의 묘지명 역시 비슷한 구조를 취한다. 탁월한 능력과 인품을 지니고 임금의 지극한 신임을 입었으나 그들을 질시한 적당敵黨들의 모함을 받고 박해와 수난을 겪게 되었다. 하지만 그들은 결백하다! 이처럼 다산의 묘지명은 증언과 복권이 핵심이다. 하지만 결과적으로 다산의 목적은 성공하지 못한 것 같다. 그들이 천주교와 연루된 증거들은 차고 넘친다. 심지어 다산 자신의 배교에 대해서도 의심받는 실정인데, 재판을 받고 순교의 길을 간 이들의 결백을 대체 어떻게 밝힌단 말인가?

그래서 정말 궁금하다. 그는 진정 그런 정황들을 몰랐던 것일까 아니면 알면서도 그렇게 했을까? 몰랐다면 이상한 노릇이고 알면서도 그렇게 했다면 더더욱 이상한 일이다. 다산은 체질적으로 그런 식의 '이중 플레이'가 불가능한 사람이다. 해서 미스터리다. 과연 이 미스터리가 명명백백히 풀리는 날이 올 수 있을까?

7

백 세 뒤를
기다리겠노라!

'다산'이라는 이름의 탄생

「자찬묘지명」을 쓸 때만 해도 남은 시간이 얼마 안 될 거로 생각했지만 그 후로도 다산은 꽤 오랜 시간을 더 살았다. 물론 그 시간은 대체로 평온했고 대체로 적막했다. 19세기 초반의 조선은 노론 벽파에서 다시 노론 시파로, 다시 안동 김씨, 풍양 조씨 등의 가문을 중심으로 한 세도정치로 이행하면서, 오직 기득권을 중심으로 "혜쳐모여"를 반복했고, 그 결과 18세기에 비하면 사상적 성취가 거의 없었다. 사무치게 그리워할 군주도 없고, 치열하게 맞서야 할 적도 없었다. 이념도 비전도 없고, 은혜도 원수도 없는 세상을 무슨 낙으로 살아갈거나. 그렇게 평온한 듯 쓸쓸한 노년을 보내다 1836년 2월 22일 진시, 회혼식 날 아침에 75세의 나이로 생을 마감한다.

마지막 불꽃이 꺼지기 직전의 몇 장면. 다산초당에서 가장 깊은 인연을 맺었던 제자 황상이 찾아왔다. 강진에서 헤어진 뒤 무려 18년 만의 상봉이었다. 스승과 제자는 감격했다. 하지만 그다음 날부터 다산의 용태가 급격히 나빠졌다. 안타깝게도 회혼식 축하 글과 선물이 답지遝至하는 중이었다. 황상이 작별을 고하자 다산은 선물과 노잣돈을 건네고 제자는 스승의 자상한 배려에 감격한다. 물론 이때의 만남은 영이별永離別이 되었다.[28] 이후 다산의 상태는 다소 호전되었다. 이때 지은 것이 이 글의 맨 서두에 나온 회혼시다. 그리고 회혼식 당일 진시(아침 8시)에 삶을 마쳤다.

이런 정황을 알 리 없던 외가 쪽 먼 친척이었던 홍길주는 잔치 당일 축하 시를 보내와 장수를 축원했다.

"다산 정대부는 박식함이 우주를 꿰뚫고, 두루 깨달음이 미세한 것에까지 투철하였다. 〔…〕 대부는 지금 나이가 일흔다섯인데 건강하여 병이 없네. 부인은 나이가 일흔여섯인데 또한 건강하고 병이 없다네. 이를 부귀영화와 바꿀 수 있겠는가? 궁하게 살면서도 늙도록 저술하기를 그만두지 않아 〔…〕 부분별로 책을 쌓더라도 거의 키와 맞먹을 정도일 걸세. 이를 펼친다면 모두 때에 보탬이 되고 사람에게 혜택을 줄 수가 있으니, 이것을 부귀영화와 바꿀 수 있겠는가? 아들 둘과 손자 넷을 두었는데, 모두 글과 예법에 힘쓰고 문장으로 우뚝하니, 〔…〕 이것을 어찌 부귀영화와 바꿀 수 있겠는가."[29]

박식과 깨달음, 부부의 건강, 후손의 탁월함 등에서 부귀영화보다 더 복된 노년이라는 것이다. 맞다. 그런 복된 노년의 정점에서 죽음을 맞이했으니, 죽음 또한 복되다고 하지 않을 수 없다.

연암의 유언은 단지 "깨끗하게 목욕시켜 달라"뿐이었다. 다산은 어땠을까. 이미 오래전에 「자찬묘지명」에 덧붙여 「유명첩」을 별도로 작성해 두었다. 예컨대 "병이 나면 바깥채에 거처하게 하고 부녀자들을 물리치고 외인을 사절한다.", "숨이 끊어지면 속옷을 벗기고 새 옷을 입힌다.", "그날로 목욕을 시키고 염습하되 준비가 안 되었으면 이튿날 아침에 해도 좋다."[30] 등. 장례 절차에 대한 모든 사항을 꼼꼼하게 정리한 것이다. 한데 「자찬묘지명」을 쓴 이후에도 14년을 더 살았다. 그 사이에 내용이 좀 바뀌었을까? 천만에! 오히려 「유명첩」에 적어 둔 그대로 하라고 신신당부한다.

"앞의 첩帖에서 말한 바를 털끝만큼이라도 어긴다면 불효요, 시신을 업신여기는 것이다. 너희 학연·학유야! 정녕 내 말대로 하여라."[31]

다산은 이런 사람이다.

「자찬묘지명」 말미에서 그는 자신의 저술 목록을 다 열거한 다음 이렇게 덧붙인다.

"육경사서로써 자기 몸을 닦게 하고 일표이서一表二書로써 천하 국가를 다스릴 수 있게 하고자 함이었으니, 본本과 말末이 구비되었다고 하겠다. 그러나 알아주는 사람은 적고, 꾸짖는 사람만 많다면 천명이 허락해 주지를 않는 것으로 여겨 한 무더기 불 속에 처넣어 태워 버려도 괜찮다."(「자찬묘지명」)[32]

물론 반어법이다. '태워 버려도 좋다'는 과격한 언사는 자신의 경학적 성취에 대한 무한한 자긍심의 표현이기도 하다. 회혼식 축하 시를 보냈던 홍길주는 다산이 그날 죽었다는 소식을 듣자 이렇게 덧붙였다. "수만 권의 서고가 무너졌구나!" 그렇다. 그는 자타공인 '움직이는 장서각'이었다.

다산은 자신을 스스로 다산이라 칭한 적이 없다. 다산은 강진의 다산초당을 지칭할 때만 쓰던 용어다.

> "이 무덤은 열수洌水 정약용丁若鏞의 묘이다. 본 이름은 약용若鏞이요, 자字는 미용美庸, 또 다른 자는 용보頌甫라고도 했으며, 호는 사암俟菴이고 당호는 여유당與猶堂인데, 겨울 내를 건너고 이웃이 두렵다는 의미를 따서 지었다." (「자찬묘지명」)[33]

다산이라는 이름은 보이지 않는다. 다산은 후대에 추존된 이름이다. 그럼 '사암俟菴'은 무슨 뜻인가? '백세이사성인이불혹百世以俟聖人而不惑(백 세 뒤 성인을 기다려도 미혹함이 없다)'이라는 뜻이다. 여기서 키워드는 성인, 백 세, 그리고 기다림 등이다. 백 세 뒤 성인의 안목에 비추어도 한 치의 거리낌이 없다는 것은, 다시 말해 역사의 흐름 속에서 어떤 드높은 기준이 적용된다 해도 자신의 삶과 사상은 떳떳하다는 의미다.

다산은 늘 저 높은 곳을 향해 나아갔다. 중심을 향한 열망을 멈춘 적이 없다. 정조가 죽고 유배지에서 18년이라는 시간을 보내면서도 그 마음을 놓은 적이 없다. 그가 아들들에게 보낸 편지 한 토막.

"지금 내가 죄인이 되어 너희들에게 아직은 시골에 숨어서 살게 하고 있다만, 앞으로의 계획인즉 오직 서울로부터 10리 안에서만 살게 하겠다. 만약 집안의 힘이 쇠락하여 서울 한복판으로 깊이 들어갈 수 없다면, 잠시 서울 근교에 살면서 과일과 채소를 심어 생활을 유지하다가 재산이 조금 불어나면 바로 도시 복판으로 들어가도 늦지는 않다."[34]

그리고 이렇게 덧붙인다.

"천리天理는 돌고 도는 것이니 한 번 넘어졌다고 반드시 다시 일어나지 못하는 것은 아니다."(1810년 초가을)[35]

중심을 향한 열망, '가을매가 창공을 치솟아 오르는 기상'은 조금도 시들지 않았다. 그는 확신한다. 역사의 도도한 윤전輪轉 속에서 반드시 다시 일어나고야 말겠다는.

그리고 그의 예언은 적중했다. 그가 죽은 지 백 년 뒤인 1936년 다산학회가 구성되었고 다산은 이후 조선학의 주춧돌이자 대명사가 되었다. 그리고 이후 20세기 내내 다산의 이름은 한국인의 사상적 원형으로 추앙받았다. 다산이라는 이름은 이때 탄생한 것이다. 왜 사암이 아닌 다산이었을까? 그의 사상적 업적이 대부분 유배지 강진의 다산초당에서 이루어졌기 때문이다. '먼 훗날 역사가 나를 증언해 주리라'던 그의 비전과 확신이 마침내 구현된 것이다. 다만 천주교를 둘러싼 수많은 미스터리와 함께!

7장

사리뿟따

다시는 오고 감이 없으리니!

1

마지막 여행이
시작되었다!

'상수제자'의 운명

붓다가 열반에 드시는 바로 그해. 붓다는 바이샬리 근처에서 안거를 마치고 사왓티의 기원정사로 돌아오셨다. 상수제자 사리뿟따 역시 자신의 거처로 돌아갔다. 사리뿟따는 자신의 거처를 말끔히 청소하고 나서 발을 씻었다. 그리고 결가부좌로 앉아 선정에 들었다. 선정에서 깨어나면서 하나의 질문이 솟아났다. '정등각자正等覺者들이 먼저 무여열반無餘涅槃에 드는 것일까, 아니면 그분들의 상수제자들이 먼저 무여열반에 드는 것일까?'

불교에 입문하지 않은 이들에겐 좀 낯선 표현이다. 정등각자가 붓다를 지칭하는 건 알겠는데, 왜 정등각자'들'이라고 하지? 또 상수제자란 최고의 수제자, 곧 사리뿟따 자신을 말하는 건 알겠는데 왜 여기서도 상수제자'들'이라고 하지? 붓다는 고유명사가 아니다. 정등각에 이른 존재들을 지칭한다. 그런데 이 존재들은 수억 겁의 시간 동안 주기적으로 세상에 출현하셨다. 지금 우리가 아는 부처님, 즉 카필라바스투 성에 태어나 보리수 아래서 깨달음에 이른 싯다르타 왕자는 수많은 붓다들 중의 하나일 뿐이다.

　같은 이치로 모든 붓다'들'에겐 상수제자'들'이 있었다. 사리뿟따 역시 그런 존재들의 또 다른 버전일 뿐이다. 사실 이 표현 안에 불교의 우주관, 생사관이 다 들어 있다. 창조주를 설정하는 유일신 종교에선 단 한 번의 생이 있고, 사후엔 천당과 지옥으로 표현되는 단 한 번의 내세가 있을 뿐이다. 하지만 인도 사상과 종교에선 존재와 우주가 쉼 없이 윤전한다. 단순한 원운동이 아니라 계속 차이를 만들어 내는 나선형 순환이다. 해서 중중무진重重無盡이다. 겁이라는 시간 단위, 윤회라는 사이클이 등장하는 이유다. 빅뱅 이후 138억 년이라는 현대인의 물리학적 시간 역시 그런 사이클의 하나일지도 모른다. 이를테면 이 우주엔 헤아릴 수 없이 많은 빅뱅이 있었고, 앞으로도 그럴 것이다. 그러니 붓다의 출현 역시 마찬가지다. '여래'는 잘 오신 분, 혹은 잘 가신 분이라는 뜻이다. 오고 가고 또 오고 가고. 오고 감이 자재로운 분이 붓다다. 같은 이치로 여래의 상수제자'들' 역시 수없이 '오고 갔을' 것이다. 사리뿟따는 이 쉼 없는 인연에 대한 깊은 통찰에 들어간 것이다.

　그리고 알게 되었다. 언제나 상수제자'들'이 정등각자'들'보다 먼저 열반에 든다는 것을. 붓다는 80세가 되는 올해, 열반에 드실 것이다. 이미 그때 열반으로 가는 기나긴 여정(2년)에 나선 이후였다. 그렇다면 자신은 그보다 먼저 떠나야 한다. 나이로 보아도 자신이 더 많다. 남은 시간은 얼마일까? 단 일주일! 서둘러야 한다. 그

럼 어디에서? 어떻게? 죽음의 장소와 형식을 스스로 결정한다는
것, 이것이 수행의 진정한 공능功能이다.

"라홀라는 삼십삼천의 천신들 사이에서 무여열반에 들었고, 안냐
꼰단냐 장로는 히말라야의 찻단따 호수에서 무여열반에 들었다.
그러면 나는 어디에서 최후를 맞게 될 것인가?"[1]

라홀라는 붓다의 아들이자 10대 제자 중의 하나다. 안냐 꼰단
냐 장로는 초전법륜初轉法輪 때 가장 먼저 깨달음에 이르러 붓다를
환호하게 한 그 아라한이다. 사리뿟따는 그들이 택한 죽음의 장소
와 형식을 되새겨 보았다. 그러다 문득 어머니가 떠올랐다. 이때 사
리뿟따가 80세가 넘었는데, 그럼 어머니는? 최소한 90대 후반은
되지 않았을까. 사리뿟따는 카스트 제도의 최상층인 브라만 출신
이다. 당연히 브라만교를 신봉했다. 그리고 형제가 모두 일곱이다.
그런데, 이 일곱 형제가 모두 붓다의 문하에 출가하여 아라한의 경
지에 이르렀다. 하지만 어머니 입장에선 하나같이 배교자, 배신자
들이었다. 어머니는 붓다, 다르마, 승가僧伽에 대해서 커다란 반감
을 지니고 있었기 때문이다. 한번은 사리뿟따가 탁발하는 길에 고
향에 들러 어머니를 찾아온 적이 있었다. 어머니는 분개했다.

"남이 먹던 찌꺼기나 얻어먹는 것아!" "80크로어나 되는 재산을
버리고 중이 된 것이 겨우 이 꼴 보자고 한 짓이었니! 네가 내 신
세도 망쳤다. 자, 어서 먹어라!"[2]

어머니의 분노는 함께 온 다른 비구들에게도 쏟아진다.

"흥! 당신들이 바로 내 아들을 종으로 부리는 작자들이로구나! 그래 어서 드시오!"[3]

참 기세등등한 어머니다. 아니, 기구하다고 해야 하나. 자식 일곱이 다 출가하여 아라한이 되었다면 그보다 더한 축복이 없는 일이지만, 만약 그 깨달음의 길을 전혀 받아들이지 않는다면 세상에 그보다 더 불행한 삶도 없다. 그런 점에서 번뇌와 불행은 주체의 마음에 달려 있다. 즉 사건 그 자체가 행/불행을 결정하는 것이 아니라 그것을 어떻게 수용, 해석하느냐가 행/불행을 결정한다는 것. 세상 모두가 추앙하는 위치에 올라도 마음에 불만족이 가득하면 대책이 없다. 사리뿟따의 어머니가 바로 그런 경우였다. 생을 마치려는 순간 사리뿟따의 마음에 이 어머니가 평생 겪었을 고통과 번민이 문득 떠오른 것이다.

하지만 자식의 마음이 아무리 지극하다 해도 당사자가 받아들일 준비가 되어 있지 않으면 헛될 뿐이다. 과연 어머니는 그 아집과 괴로움에서 벗어날 준비가 되었을까? 사리뿟따는 다시 한번 깊은 명상에 들어간다. 다행히도 어머니가 다르마의 흐름에 들어갈 정도의 근기根機는 갖추고 있음을 알게 되었다. 더 결정적으로 어머니는 오직 아들인 자신의 법문을 통해서만 그 흐름에 들어갈 수 있다는 사실까지도. 그 순간, 아들의 마음에 깊은 슬픔과 회한이 밀려온다. 그동안 '수많은 신과 인간들을 구제했는데, 자기를 낳아주고 길러 준 어머니는 깨달음의 길로 인도하지 못하다니!' 그리고 결심한다.

"어머니를 사견(잘못된 견해)으로부터 해방시켜 드리고 내가 태어났던 바로 그 방에서 무여열반에 들어야겠다."[4]

그러기 위해선 지금 당장 고향 날라까를 향해 떠나야 한다. 제자들과 함께 자리를 정돈한 뒤 문 앞에서 자신의 처소를 돌아보며 생각한다. '이곳을 보는 것도 이제 마지막이로구나. 다시 돌아오는 일은 없으리니.' 그동안 참 좋은 인연이었다. 하지만 이제 우리의 인연은 여기까지!

그렇게 붓다의 상수제자 사리뿟따의 열반으로 가는 여정이 시작되었다. 먼저 스승에게 작별 인사를 드려야 한다.

스승과의
작별 인사

"다시는 만날 일도, 스칠 일도 없습니다"

오백의 제자들과 함께 사리뿟따는 붓다에게 경배를 드리며 말한다. 먼저, 자신의 열반을 허락해 달라고. 중생의 언어로 재해석하면 이제 '명이 다했으니 죽음을 허락해 달라'는 것.

> "세상의 주인이시여, 위대한 대각세존이시여!
> 저는 곧 이 삶에서 풀려납니다.
> 다시는 오고 감이 없으리니
> 세존을 우러르는 것도 이것이 마지막입니다.
> 제게 시간이 얼마 남지 않았습니다.
> 이레만 지나면 짐 다 벗고

이 몸을 누이게 될 것입니다.

스승이시여, 들어주소서! 세존이시여, 허락하소서!

마침내 제가 열반할 때가 되었나이다.

이제 저는 삶의 의지를 놓았습니다."⁵

    참 특이하지 않은가. 최후의 작별 인사인데, 죽는다는 표현이 없다. '삶에서 풀려나다', '몸을 누이게 되다', '삶의 의지를 놓다' 등으로 대신한다. 그러니까 붓다와 사리뿟따에게 죽음은 삶의 고단함에서 풀려나는 것이고, 몸을 쉬게 하는 것이며, 삶을 위해 붙들고 있었던 의지를 내려놓는 사건이다. 다시 말해 해방이고 휴식이며 자유다. 이 고별사에서 가장 눈에 띄는 대목은 "다시는 오고 감이 없으리니"라는 구절이다. 한마디로 이제 더는 윤회는 없다는 것. 현대인이 상투적으로 쓰는 "다음 생에 또다시 만나자!", "저세상에선 행복하기를!" 하는 따위의 낭만적인 고별사가 아니다. 스승과 나의 인연은 여기서 끝이라는 것. 이제 인간 세상으로 돌아올 일이 없으니 다시 이런 몸으로 만날 일은 없다는 뜻이다. 열반의 의미가 이런 것일 터, 이것은 죽음 혹은 소멸이 아니다. 생사가 반복되는 윤회의 궤도로부터 탈주하는 도약이다. 윤회의 수레바퀴를 돌고 있는 우리로서야 상상하기 어려운 경지이지만, 그럼에도 인간이 도달할 수 있는 죽음의 최고 형식인 것만은 분명한 듯하다. 생사의 이분법을 넘어서는, 죽음이라는 관념 자체를 무화시키는 죽음. 불사不死의 경지란 이런 것일까.

    세존이 상수제자에게 묻는다. 그럼 어디에서 열반에 들려 하는가? "마가다국 날라까 마을의 제가 태어났던 방에서 열반에 들겠습니다."⁶ 그렇게 하라. 그리고 세존이 하는 마지막 당부. "승단의 형제들은 그대 같은 비구를 만날 기회가 다시는 없을 것이다. 그러니 그들에게 마지막으로 법을 설하여 주어라."[7] 그렇다. 사리뿟따처럼 진리를 설파하는 이는 다시 없을 것이다. 그렇게 하여 사리뿟따 최후의 설법이 시작되었다.

"불법의 가장 높은 경지로 올라갔다가 세간적 진리의 경지로 내려오고, 다시 오르기도 하고 또 내려오며 온갖 직설과 비유를 구사하여 법을 설하였다."[8]

다시 풀이하면, 추상적 원리와 통속적 사례, 직설과 비유를 종횡무진 구사했다는 것. 비단 설법뿐이랴. 모든 로고스는 이런 경지에 도달해야 마땅하다. 물론 어렵다. 추상에 치우치다 보면 생동감이 실종되고, 거기다 직설과 비유를 고루 구사하기란 "하늘의 별 따기"다. 그런 점에서 이 표현은 사리뿟따의 설법에 대한 최고의 찬사인 셈이다. 설법을 마치자 사리뿟따는 세존의 다리를 부여안고는 마지막 경배를 드린다.

"저는 세존 앞에 엎드려 경배할 수 있기까지 무량겁에 걸쳐 십바라밀을 구족하게 닦아 왔습니다. 제 간절한 소망은 이루어졌습니다. 앞으로는 만날 일도 스칠 일도 없을 것입니다. 이제 그 두텁던 인연도 다하였습니다. 저는 곧 늙음도 죽음도 없이 평화롭고 복되고 번뇌 없이 안온한 곳, 수만의 부처께서 들어가셨던 그곳, 열반으로 들어갑니다. 저의 말이나 행동이 세존을 기쁘게 해 드리지 못한 점이 있다면, 세존이시여, 용서하소서! 이제 가야 할 시간입니다."[9]

그가 가는 길은 '다시는 오고 감이 없는' 열반이다. 열반은 윤회를 야기한 업의 소멸을 의미한다. 인연을 다했고 윤회를 마쳤으니 이제 늙음도 죽음도 없는 복된 그곳, 열반으로 들어간다. 그러니 스승님과 저는 '더는 만날 일도, 스칠 일도 없습니다.' 어떤 문학, 어떤 신화에서도 보지 못한 고별사다. 가슴이 아리면서도 장엄하고 한없이 서글프면서도 평온하기 그지없는! 형언할 길이 없다는 게 바로 이런 것인가?

세존 역시 사리뿟따를 기꺼이 보내 준다. '지금껏 그대가 나를 거스른 적은 단 한 번도 없다. 이제 그대가 하고자 하는 바를 행하라!' 스승에게 영원한 작별을 고하는 제자도, 자신의 분신과도 같은 상수제자를 보내는 스승도 더할 나위 없이 담담하다. 대신 대지와 바다가 진동한다.

"크나큰 우레가 하늘을 갈라놓았고 먹장 같은 구름이 나타나더니 큰비가 쏟아져 내렸다."[10]

이어지는 마지막 장면. 스승은 서고 제자는 스승의 주위를 오른쪽으로 세 바퀴 돌면서 동서남북에 절하며 마지막 예를 다한다. 그리고 두 손을 합장한 채 더는 스승의 모습이 보이지 않을 때까지 뒷걸음질로 물러났다.

"그러자 그것을 못내 참을 수 없어 대지는 또 한 번 바닷가까지 전율했다."[11]

이것이 곧 중생심衆生心이다. 붓다와 사리뿟따의 영원한 고별을 바라보는 중생들의 마음은 결코 평온할 수 없다. 아니 파토스가 흘러넘친다. 대지의 포효, 범람하는 파도가 그것을 대변해 주고 있는 셈이다.

사리뿟따가 길에 나서자 소식을 들은 사왓티의 대중들도 향과 꽃을 받쳐 들고 꼬리에 꼬리를 물고 도시를 빠져나갔다. 그들은 아라한이 아니다. 당연히 슬픔과 비탄을 감출 수가 없었다. 머리카락을 적실 정도로 탄식하면서 사리뿟따의 뒤를 따른다. 사리뿟따는 이들을 위로하고 당부한다.

"이 길은 그 누구도 피할 수 없는 길입니다."[12]

그러니 부디 윤회를 벗어나는 길을 향해 가라고, 남은 시간 붓다를 소중히 모시라고. 그 길만이 이별과 슬픔에서 벗어나는 길이라고.

이제 사리뿟따는 제자들만 데리고 고향 날라까로 향한다. 마지막 호흡을 모아 어머니를 깨달음의 길로 인도하기 위하여. 낳아 주고 길러 준 은혜에 보답하기 위하여.

3

사리뿟따,
그는 누구인가?

환락에서 구도로!

사리뿟따는 한자로는 사리불舍利弗 또는 사리자舍利子로 불린다. 사리불? 사리자? 불자들이야 익히 아는 이름이지만 불자가 아닌 이들도 종종 들어보긴 했다. 어디서? 바로 『반야심경』般若心經에 등장하신다. 『성경』이 인류 모두의 고전이듯, 『반야심경』 역시 신앙에 상관없이 보편적으로 읽히는 고전이다. 그런 명망 높은 고전에 등장한다는 것 자체만으로도 사리불의 위상을 짐작할 만하다. 알다시피 『반야심경』은 대승경전大乘經典의 핵심이다. 내용 구성을 보면 마가다Magadha국의 수도 라자가하의 독수리봉에서 붓다는 삼매三昧에 드셨고, 그 삼매의 파동에 힘입어 관자재보살觀自在菩薩(관세음보살)이 사리자에게 대승의 핵심 가르침인 공空 사상을 전하는 방식으로 전개된다. 붓다, 관세음보살, 사리자, 이 세 분의 앙상블로 불멸의 화음인 '색즉시공色卽是空 공즉시색空卽是色'이 울려 퍼지게 된 것.

그래서 이제 물어야 할 시간이다. 사리자, 그는 대체 누구인가? 마가다국의 수도 라자가하, 날란다에서 멀지 않은 우빠띳사와 꼴리따라는 마을이 있었다. 붓다가 싯다르타 왕자로 태어나기 몇 년 전, 우빠띳사 마을에 브라만에 속하는 루빠사리라는 여인이 임신을 했다. 바로 그날 꼴리따 마을에 사는 같은 브라만 가문의 목갈리라는 여인도 아이를 가졌다. 두 가문은 7대에 걸쳐 깊은 유대를 맺은 사이였다. 열 달이 지나자 같은 날 두 여인은 아들을 낳았다. 마을의 이름이 곧 이들의 이름이 되었다. 우빠띳사와 꼴리따가 그들이다.

카스트 제도하에서 브라만은 최상층 계급이지만 브라만이라고 다 부유한 건 아니다. 하지만 이 두 가문은 굉장히 부유했던 것 같다. 신분도 최상이고 경제적으로도 풍부한, 그야말로 금수저 중의 금수저였던 것. 크샤트리아 계급이었던 붓다보다 더 고귀한 가문에 속한 셈이다. 가문의 유대가 7대째 이어질 정도로 돈독했으니 두 청년은 어릴 때부터 좋은 친구가 되었고 함께 청년기를 보내게 되었다. 그들을 추종하는 브라만 젊은이들이 각각 5백 명이라 한번 행차를 할 때마다 5백 대의 가마, 5백 대의 마차가 동원되었다고 한다. 요즘으로 치면 최고의 '셀럽'이었던 셈. 5백이라는 숫자는 인도에서는 '좀 많다'를 표현하는 상투어였던 것 같다. 5백 비구, 5백의 군사, 5만의 시녀 등. 워낙 땅이 넓으니 이 정도의 단위로 표현해야 좀 많다는 느낌이 든 게 아닐지. 아무튼 이 두 청년은 대단한 기세로 몰려다니면서 청춘의 열정을 불태웠다. 질풍노도의 시절, 그 하이라이트는 예나 이제나 페스티벌이다. 군중의 환호와 열광 속에서 성호르몬이 한껏 분출되는 시간이라는 점에서. 당시 라자가하에선 매년 산마루 축제가 열렸다고 한다. 이들 역시 무리를 이끌고 축제에 참여했다. 여기서부터 변곡점이 시작된다. 이틀은 그럭저럭 즐겼지만 사흘째가 되자 두 청년은 더는 축제의 열광에 휩싸일 수가 없었다. 더는 쾌락을 자극하는 도파민 분비가 되지 않았던 것이다.

쾌락은 멈추는 법을 모른다. 오직 과속만 있을 뿐이다. 만약 이 질주의 궤도에서 잠시라도 빠져나오는 순간이 있으면, 혹은 미세하나마 '거리 두기'가 일어나면, 그때부터 참을 수 없는 환멸이 밀려온다. 갑자기 모든 것이 너무 시시해진다. 우빠떳사와 꼴리따, 두 청년한테 그런 순간이 닥친 것이다. 무대에선 정신없이 놀이와 춤이 이어지지만 그 모든 것이 갑자기 무의미하게 느껴졌다. 동시에 우울감에 빠지면서 살맛이 사라진다. 그야말로 죽음에 이르는 병이다. 쾌락을 곧 행복이라 여기는 현대인들이 수시로 겪는 바로 그 증세다. 아이러니하게도 그렇게 죽음 충동에 휩싸이면 죽음이 더더욱 두려워진다. 두 청년도 그랬다. 축제의 소용돌이 속에서 환멸에 사로잡히는 순간 일종의 공황장애 비슷한 것이 밀려왔다. 자신들을 포함하여 웃고 떠들며 즐기는 이들이 모두 언젠가 죽어야 한다는 데 생각이 미친 것이다.

그 순간, 그들은 결심한다. 집을 떠나 숲으로 가서 사문이 되어야겠다고. 붓다의 코스와 상당히 유사하다. 붓다 역시 싯다르타 태자 시절, 왕궁에서 지극한 환락을 누리다 성의 4문에서 노병사의 괴로움을 목격한 이후 마침내 출가를 감행한다. 성에서 숲으로! 이 청년들 역시 환락이 환멸로 바뀌는 순간 바로 존재의 방향을 구도로 틀어 버린다. 역시 청춘의 에로스는 다이나믹하다. 뭘 하든 빠르고 거침이 없다.

당시 인도는 베다에서 우파니샤드로, 제의에서 성찰로, 브라만 사제에서 숲의 사문들로 대전환이 일어나면서 영적, 사상적 변화를 모색하는 시기였다. 당시 마가다국의 수도 라자가하 주변의 숲에는 온갖 사상 및 철학이 범람하고 있었다. 유물론자, 상키야와 요가, 자이나교 등. 이들 두 청년이 입문한 곳은 산자야라는 유행승이 이끄는 회의주의 문파였다. 그는 "어떤 최종적인 답이 있을 가능성을 부인했다. 사람이 할 수 있는 일은 우애와 마음의 평화를 가꾸는 것뿐이었다. 진리는 상대적이고, 토론은 불가피하게 신랄해질 수밖에 없으므로 피해야 했기 때문이다."[13] 그들을 추종하던 5 백 명의 브라만 청년들도 함께했다. 이들은 스승 산자야의 가르침을 아주 짧은 시기에 통달했다. 하지만 그들은 여전히 목말랐다. 그들이 통달한 가르침이 '구경究竟의 진리'라는 생각이 들지 않았기 때문이다. 윤회를 벗어나고, 열반에 이르는 '불사의 경지'는 여전히 요원하게만 느껴졌다.

둘은 서로 다짐한다. 인도는 광활하다. 이 광활한 천지 어딘가엔 반드시 구경의 진리를 터득한 스승이 있을 터이다. 누구라도 먼저 그런 불사의 경지에 도달한 이를 만나게 되면 가장 먼저 서로에게 알려 주기로.

당시 붓다는 라자가하의 죽림정사竹林精舍에 계셨다. 막 출가하고 고따마 존자로 탁발을 하던 시절, 마가다국의 빔비사라 왕의 눈에 들어 깊은 대화를 나눈 적이 있었다. 그때 빔비사라 왕은 깨달음을 얻게 되면 꼭 자신에게 설법해 달라고 부탁한 바 있다. 그 약속을 지키기 위해 붓다가 다시 이곳을 찾은 것이다. 빔비사라 왕은 붓다에게 죽림정사를 바쳤고, 그렇게 해서 죽림정사는 최초의 불교 사원이 되었다. 바야흐로 불/법/승 삼보가 세상에 그 모습을 드러내기 시작한 시점이었다.

시간을 조금 거슬러 올라가면, 붓다가 보리수나무 아래서 깨달음을 얻은 이후 바라나시의 숲인 사슴동산에서 행한 첫 번째 설법을 초전법륜이라고 한다. 그때 붓다를 포함하여 6명의 아라한이 탄생했고, 이것이 승단의 출발이었다. 이 여섯 아라한 가운데 앗사지라는 장로가 있었다. 그가 탁발하러 거리에 나섰다가 우빠띳사와 마주쳤다. 우빠띳사는 그의 고결하고도 평온한 모습에 완전히 매료되었다. 그는 계속 앗사지 장로의 뒤를 쫓았다. 우빠띳사는 방석을 놓아 자리를 마련하고, 자신의 물통에서 물을 따라 주었다. 말하자면, 스승에 대한 제자의 예의를 갖춘 것이다. 우빠띳사는 진심으로 묻는다. 당신의 스승은 누구인가? 그는 어떤 가르침을 펼치는가? 앗사지는 답한다. 자신은 아직 스승의 가르침을 충분히 체득하지 못한 터라 제대로 전해 줄 수 없다고. 그러자 우빠띳사는 아주 작은 일부라도 알려 달라고 청한다. 그 절박한 눈빛에 마음이 움직인 앗사지가 마침내 입을 연다.

"모든 것은 원인이 있어 생긴다.
그 원인을 여래는 설하신다.
그리고, 그것을 없애고 끊는 것도 설하신다.
위대한 사문은 이같이 가르치신다."[14]

더 쉽게 풀이하면, '이것이 있으면 저것이 생겨나고, 이것이 사라지면 저것이 소멸한다.' 즉 생멸의 연기緣起법을 설한 것이다.

이게 연기법이라고? 너무 단순하지 않나? 그렇다. 하지만 이 단순한 논리 안에는 폭발적 잠재력이 들어 있다. 베다에서 우파니샤드로 이어지는 인도의 영성은 담론적 차원에서 볼 때 아주 모호하고 복합적이다. 그도 그럴 것이 인도의 사상은 청각을 중시한다. 베다 경전은 우주에 편재하는 신의 소리를 직접 '들어서' 적은 것이다. 따라서 지극히 신성하고 경이롭지만 의미는 명료하지 않다. 다양한 의미망이 중첩되어 있기 때문이리라. 그중에서 우파니샤드는 브라만과 아트만의 일치, 곧 '범아일여梵我一如'를 추구한다는 점에서 베다보다는 선명하지만 "아트만이 무엇인가?"라고 한다면 역시 모호하기 짝이 없다.

　그러니까 베다나 우파니샤드의 공통점은 신이나 브라만, 아트만 같은 초월적 주체를 전제한다는 사실이다. 이 전제 자체에 대한 질문은 없다. 아울러 거기에 도달하려면 제의와 고행, 명상 등을 통해 체득하는 길밖엔 없다. 연기법은 이 점에서 다르다. 저 단순 명쾌한 논리는 브라만이나 아트만이라는 전제가 없다. 생멸의 세계는 오직 인과법칙에 따른다는 것. 그것이 진리의 출발이다. 브라흐마건 인드라건 혹은 범아일여건 이 인과의 법칙을 벗어날 수 없다. 이런 식으로 초월적 주체를 가볍게 전복해 버린다.

　그렇다고는 해도, 이 논법은 우리도 익히 아는 인과론이 아닌가. 맞다. 하지만 우리가 아는 인과법은 서양의 근대과학적 인과론이다. 지극히 좁고 정태적이다. 심리학자 칼 융Carl Jung은『주역』해설서의 서문[15]을 썼는데, 서문 속 그의 설명을 들어 보자. 그가 보기에 서구의 과학은 기본적으로 '인과율의 법칙'에 근거하고 있다. 그러나 그들이 철석같이 믿고 있는 인과율의 자명함은 뿌리째 흔들리고 있다. 왜냐하면 그가 보기에 그들이 자연법칙이라 부르는 것은 단지 '통계상의 수치'일 뿐이라 늘 예외를 상정하지 않을 수 없기 때문이다. 다시 말해 그들의 법칙은 특별한 조건을 갖춘 실험실 안에서만 통용되는 것일 뿐이다.

그에 반해 붓다의 연기법은 그런 인과법칙을 중중무진으로 확장한다. 제석천의 수많은 구슬이 서로를 비추고 되비추는 것처럼. 가장 익숙한 '인과응보론'에서부터 온 우주의 상호 연결성, 무시무종無始無終의 운동성, 무상無常과 무아無我, 공空과 유식唯識, 그리고 열반 등 불교의 고매한 가르침이 바로 이 단순 명쾌한 '생멸론'에서 펼쳐진다. 우빠띳사는 앗사지의 전언이 끝나기도 전에 알아차렸다. 이 연기법에 담긴 전복적 에너지와 무한한 잠재력을.

즉각 그의 발 아래 경배를 하고 숲으로 달려간다. 친구 꼴리따에게 이 복음을 전하기 위해서다. 꼴리따는 그 모습을 보자 곧바로 알아차렸다. 벗이여! 드디어 불사의 가르침을 만났구나!

4

지혜제일,
법의 장군

"연기緣起를 알면 여래를 본다"

두 청년은 산자야 문하를 떠나 붓다의 숲으로 가기로 한다. 당연히 스승 산자야에게도 함께하자고 했다. 산자야의 반응.

"이 사람들아, 이 세상에 현명한 사람이 많은 것 같은가, 아니면 어리석은 사람이 많은 것 같은가?"
"어리석은 사람은 많지만 현명한 사람은 많지 않습니다."
"여보게들, 그것이 사실이라면, 현명한 자들은 현명한 수행자 고따마에게 갈 것이고 어리석은 자들은 어리석은 나에게 올 테지. 자, 이제 자네들이나 가 보게. 나는 가지 않겠네."[16]

그의 지식과 수행의 수준을 딱 보여 주는 발언이다.

결국 산자야의 문하에 분열이 일어났다. 많은 이들이 두 청년을 따라나서자 산자야의 사원은 텅 비어 버렸다. 그 장면을 보던 산자야는 뜨거운 피를 토했다. 하지만 그의 예감이 적중했다. 우빠띳사와 꼴리따를 따라나선 500명 가운데 반은 발길을 돌렸다. 새로운 가르침을 향해 나아가려면 큰 용기와 결단이 필요하다. 구경의 가르침에 대한 강렬한 열망이 뒷받침하지 않고선 쉽지 않은 일이다. 그리고 대개는 이미 터득한 지식 안에 안주하고 싶은 마음이 크다. 그런 이들은 다시 돌아갈 수밖에 없다. 우빠띳사와 꼴리따는 나머지 도반道伴들과 함께 죽림정사로 향했다.

붓다는 죽림정사의 입구에서 그들을 기다리고 있었다. 그들이 오리라는 것을 이미 감지하고 있었던 것이다. 그들이 숲에 들어서자 붓다는 말한다.

"저기 오고 있는 두 사람 우빠띳사와 꼴리따는 장차 나의 뛰어난 한 쌍의 제자가 될 것이다."[17]

아직 누군지도 모르는데 한 쌍의 상수제자가 될 거라고? 그걸 어떻게 알지? 두 청년과 붓다, 이 세 사람의 인연은 오랜 시간을 달려왔다. 아승기겁, 즉 헤아릴 수 없는 시간 동안 이어져 온 인연이었다. 그러다 이번 생에 다시 태어났고 지금 여기서 재회한 것이다. 이후 우빠띳사는 사리뿟따로, 꼴리따는 목갈라나로 불리게 된다. 목갈라나는 1주일 만에, 사리뿟따는 2주일 만에 아라한의 경지에 들어섰다. 당시 승단에는 이들보다 앞서 출가하여 아라한의 경지에 이른 이들이 꽤 많았다. 그럼에도 붓다는 이들을 상수제자로 임명한다. 그러자 제자들 사이에서 동요가 일어난다. 뭔가 불공정한 거 아닌가, 혹은 어떻게 후배가 선배보다 더 상석을 차지할 수 있지? 등. 붓다의 해명은 실로 간단하다. 이들은 아승기겁 전부터 상수제자가 되기를 간절히 서원했노라고. 누구든 자신의 서원대로 이루어지는 것이라고.

둘 중에서도 사리뿟따와 붓다의 인연은 실로 깊다. 『본생경(자카타)』本生經은 붓다가 깨달음에 이르기 전 550전생에 대한 이야기다. 그 속에는 사리뿟따도 자주 등장한다. 예컨대 십바라밀 가운데 인욕바라밀을 정진하던 전생담이 있다. 성자 보디삿따(붓다의 전생)는 가리왕에게서 온갖 모욕과 고문을 당한다. 왕은 그의 인욕바라밀을 시험하기 위해 사지를 찢어 버리는 형벌을 한 장군에게 행하도록 했는데 그때의 장군이 사리뿟따의 전생이었다. 장군은 그의 갈가리 찢긴 몸을 정성껏 치유해 주면서 간곡히 당부한다. 부디 복수심을 갖지 마시라고. 부디 자비심을 잃지 마시라고.

이런 식으로 수많은 윤회의 풍랑 속에서 두 존재는 끊임없이 인연을 맺어 왔다. 그들의 윤회는 중생들의 윤회와는 달랐다. 중생의 윤회가 목적도, 방향도 없이 무명의 바다를 헤매는 것이라면 붓다와 사리뿟따의 윤회는 고해를 벗어나 열반에 이르겠노라는 서원에 의해 인도되었다. 그리고 마침내 지금으로부터 2500년 전, 두 사람은 북인도에서 인간의 몸을 받아 다시 태어났다. 그것은 이들이 거쳐야 하는 마지막 생이었다. 그리하여 지금 이렇게 죽림정사에서 마주친 것이다. 이 이야기에서 문득 떠오른 생각. 우리는 과연 이런 서원을 세워 본 적이 있는가? 우리가 갈망하는 바는 더 깊은 사랑, 더 많은 부, 더 높은 인기 등, 요컨대 탐진치貪瞋癡로 가득 차 있지 않은가. 이번 생에선 물론이고 다음 생이 있다면 더

더욱이나. 그걸 넘어서 궁극적 자유와 해방을 향한 서원을 세워 본 적이 있던가? 그런 점에서 우리가 윤회의 풍랑 속을 이렇게 방황하는 건 지극히 당연하다는 생각이 든다. 왜? 다 원하는 대로 사는 법이니까.

붓다는 10명의 탁월한 제자들을 거느렸는데, 그들에겐 각기 다 자기 나름의 미덕과 장점이 있다. 상수제자가 된 사리뿟따는 지혜제일, 목갈라나는 신통제일이었다. 지혜가 다르마에 대한 통찰을 의미한다면, 신통은 선정수행이 도달하는 최고의 경지에 속한다.

"불법 특유의 자비 정신을 지침으로 삼는 이 신통력은, 승단 체제가 이 사바세계娑婆世界에 뿌리내리는 데 장애가 되는 것들을 제거하고 또 점잖은 설법만으로는 감화하기 힘든 사람들을 교화시키는 방편으로 쓰인다."[18]

말하자면 두 제자는 지혜와 자비, 깨달음과 방편이라는 불교의 두 축을 상징적으로 표현하고 있는 셈이다. 붓다는 이들의 역할의 차이를 이런 비유로 표현한 바 있다.

"사리뿟따는 아이를 낳는 어머니와 같고 목갈라나는 갓난아이를 돌보는 유모와 같다."[19]

지혜제일이라는 명칭에서 알 수 있듯이, 사리뿟따는 붓다의 다르마를 가장 잘 이해한 제자다. 그가 맡은 역할 자체가 다르마를 체계화하는 것. 불법의 내용을 미세한 영역까지 분석하면서 동시에 그 진리를 궁극의 경지까지 꿰뚫는 것. 한마디로 분석과 통찰!

천변만화千變萬化하는 현상을 가로지르면서도 거기에 담긴 미묘하고도 함축적 의미를 간파한다. 하여 그는 법을 종횡무진 설파하는 존재, 곧 법의 장군으로 불린다. 그는 "무엇이 이로운 것인지를 알고, 무엇이 불법인지를 알고, 무엇이 올바른 방도인지를 알고, 올바른 때를 알고, 그가 설법할 대중을 안다."[20]

> "비구들이여, 사리뿟따는 법의 진수를 아주 잘 통달하고 있으므로 내가 종일 이렇게 묻고 저렇게 물어도 적절한 말로 막힘없이 대답할 것이다. 내가 하룻밤 동안, 또는 하룻낮 하룻밤 동안, 또는 이틀 낮 이틀 밤 동안, 심지어 이레 낮 이레 밤 동안 이렇게 묻고 저렇게 물어도 사리뿟따는 그만큼의 시간 동안 적절한 말로 막힘없이 설명할 것이다."[21]

최고의 찬사다. 붓다는 자신을 대신해서 설법할 수 있는 자는 사리뿟따 하나뿐이라고 했다. 대중들은 때로 사리뿟따를 붓다로 오인하기도 했다고 한다. 소크라테스에게 플라톤이 있고, 예수에게 베드로, 공자에게 안회가 있다면, 붓다에겐 사리뿟따가 있었던 것이다. 그럼 이제 알 것 같다. 대승의 핵심 경전인 『반야심경』에 왜 사리불이 등장하는지를.

사리뿟따가 붓다와 다시 만나게 된 것은 앗사지의 연기법으로 인해서다. 승단에 들어온 이후 사리뿟따는 자신을 붓다에게 안내해 준 앗사지 존자가 있는 곳을 향해 늘 경배를 드렸다고 한다. 그리고 그가 전해 준 연기법에 대한 찬탄도 평생 잊지 않았다. 그래서 탄생한 게송偈頌.

"연기를 알면 여래를 본다."

사리뿟따와 붓다, 그리고 연기법의 삼중주가 흐르는 최고의
게송이다.

5

어머니를
깨달음의 길로!

불사의 지혜

최고의 제자이자 승단의 최고 지도자 역할을 했다면 권위가 막강
했으리라. 하지만 사리뿟따는 늘 낮은 곳에 거했다. 붓다와 함께 유
행遊行에 나설 때도 그는 마지막까지 남아 거처를 정리하는 일을
했고, 뒤늦게 도착하여 숙소가 부족할 때면 나무 아래에 거했다. 자
기 문하에 들어오는 제자들은 물질적으로 세심하게 돌볼 뿐 아니
라 법에 대해서도 백 번이고 천 번이고 가르쳐서 충분히 알아들은
다음에야 그다음 과정을 밟게 했다고 한다. 이런 자상한 성품 때문
일까. 붓다는 아들 라훌라가 승단에서 말썽을 부리자 사리뿟따에
게 맡긴다. 라훌라는 이후 밀행제일로 붓다의 10대 제자 중 하나가
된다. '지혜제일, 법의 장군'이라는 칭호를 들으면 엄청난 카리스마

가 느껴지지만, 막상 그의 일상을 살펴보면 더할 나위 없이 다정하고 자애롭다. 지혜와 자비가 둘이 아님을 그의 삶 자체가 증명하고 있는 셈이다. 죽음을 앞에 두고 어머니를 떠올린 것도 이런 품성과 무관하지 않으리라.

이제 남은 시간은 일주일. 사리뿟따는 제자들과 함께 고향 날라까를 향해 걷고 또 걷는다. 해가 저물어 어디선가 묵어야 하면 그때마다 사람들이 자신을 볼 수 있도록 하였다. 열반을 향해 가는 과정을 생생히 목격하도록 배려한 것이다. 그리고 마지막 날 저녁, 마침내 날라까 마을 고향 집에 도착했다. 어머니께 자신이 하룻밤 묵을 방과 5백 비구의 처소를 마련해 주십사 하고 부탁한다. 아들 일행을 맞이한 어머니는 당혹스럽다. 비렁뱅이 비구가 되어 온 세상을 떠돌더니 다 늙어서 이제야 고향 집을 찾아오다니. 그 나이에 다시 속인으로 살겠다는 건가? 일단 아들이 원하는 대로 처소를 마련해 주었다. 사리뿟따는 자신이 태어난 그 방으로 들어갔다. 그때부터 심한 설사병이 엄습했다. 어머니는 그제야 아들의 신상에 큰 문제가 생겼음을 감지한다. 붓다의 상수제자지만 어머니한테는 그저 아들일 뿐이다. 어머니는 문기둥에 기대어 근심 어린 눈으로 아들의 방을 바라보고 있었다. 그 순간 놀라운 광경이 펼쳐진다.

천상에 있는 사천왕들이 사리뿟따의 행적을 '써칭'하다가 자신이 태어난 방에서 최후의 숨을 거두려 하고 있음을 알게 되었다. 시간이 많지 않았다. 순식간에 다들 사리뿟따의 방에 현현했다. 사리뿟따가 물었다.

"당신들은 누구십니까?" "우리는 사천왕입니다. 병석에 계신 존자님을 돌보아 드리고 싶습니다." "여기도 돌보는 사람이 있으니 여러분은 돌아가도록 하시지요."[22]

그 뒤를 이어 천신의 왕인 삭까(제석천), 범천의 왕인 마하브라흐마(대범천)도 등장했다. 사리뿟따는 모두 물리쳤다.

어머니는 보고도 믿을 수가 없었다. 누가 누군지는 잘 모르겠지만 분명 천상의 존재들이 들고 나는 것이 분명했다. 어머니는 사리뿟따에게 물었다.

어머니 "제일 먼저 왔던 이들은 누구였소?"

존자 "사천왕들이었습니다."

어머니 "그렇다면 그대가 그들보다 더 훌륭하단 말이오?"

존자 "그들은 말하자면 절을 지키는 시자 같은 존재입니다. 우리 스승님이 금생에 태어나신 후, 그들은 칼을 들고 스승님을 호위하고 있답니다. 〔…〕 천신들의 왕인 삭까는 비구의 의발을 들고 따르는 사미와 같은 존재지요. 우리 스승님이 삼십삼천에서 돌아오셨을 때 삭까왕이 스승님의 의발을 들고 스승님과 함께 지상으로 내려왔답니다. 〔…〕 우리 스승님께서 태어나신 날에 네 명의 마하브라흐마가 그 위대하신 분을 황금의 그물로 받았다는 이야기가 있습니다."[23]

사천왕, 제석천(인드라), 대범천 등은 모두 브라만교가 추앙하는 최고의 신들이다. 이들이 붓다의 제자가 되고 호위무사가 되고 출생 도우미 역할을 자처했다고? 그렇다. 붓다의 생애에는 탄생부터 출가, 성도에 이르기까지 천신과 천인들이 무시로 출현한다. 그들은 붓다가 태어나기를, 출가하기를, 깨달음에 이르기를 누구보다 열망하고 열망한다. 이상하지 않은가. 신들이 뭐가 아쉬워서? 초월적이고 불멸하는 존재들이.

하지만 인도 사상에선 이미 베다에서 우파니샤드로 넘어올 때 이런 전제가 전복되었다. 특히 윤회론이 결정적인 역할을 했다. 이 윤회를 이끄는 동력은 카르마. 생전에 하는 업業(말, 생각, 행위)의 결과가 그다음 생으로 이어진다는 것. '이것이 있으니 저것이 생겨난다'는 인과론의 법칙! 천신이나 천인 역시 그 결과물일 뿐이다. 그 선업의 질량이 소멸하면 다시 윤회의 회오리 속으로 들어가야 한다. 지옥 역시 마찬가지다. 악업이 다 해소되면 거기에서 벗어날 수 있다.

윤회의 매트릭스에는 여섯 가지 단계가 있다. 인간계를 중심으로 위로는 아수라/천신, 아래로는 아귀/축생/지옥, 이른바 육도 윤회가 이것이다. 이렇게 되면 이제 구원의 비전은 신이 되거나 천상에 태어나는 것일 수 없다. 훨씬 더 중요한 것은 '육도윤회'라는 사이클 자체로부터의 탈출이다. 그것이 해탈 혹은 열반이다. 그럼 어떻게 해야 거기에 도달할 수 있지? 이것이 붓다가 출가하면서 품은 화두다. 그리고 붓다의 깨달음을 '구경의 경지'라고 하는 것도 이런 맥락이다. 그러니 천신들이 붓다의 성실한 제자 아니면 호위무사가 될 수밖에 없지 않은가. 자신들도 이 깨달음에 이르러야 해탈할 수 있으니까. 이렇게 하여 인간이 신의 스승이 되는 대역전이 벌어진 것이다.

다시 사리뿟따의 어머니로 돌아가면, 평생 브라만교를 섬긴 어머니한테는 이런 상황을 상상조차 해 본 적이 없다. 하지만 눈앞에서 신들의 들고 남을 보았으니 아들의 말을 믿지 않을 수가 없었다.

그때 어머니한테 든 생각. '내 아들의 권세가 이 정도라면 내 아들의 스승이자 주인이신 분의 위력은 얼마나 크단 말인가?' 이런 질문이 솟구치면서 갑자기 마음에 크나큰 환희심이 일어났다. 붓다가 내가 섬기는 저 신들의 스승이라니, 게다가 내 아들이 그런 위대한 분의 수제자라니! 그야말로 가슴이 웅장해지는 순간이었다.

사리뿟따는 생각했다. 바로 이때다! 지금이야말로 어머니에게 붓다의 가르침을 전해 줄 타이밍이다. 그는 마지막 호흡을 모아 어머니에게 붓다의 덕성을 바탕으로 그 가르침의 정수를 전해 드린다. 지혜제일, 법의 장군의 마지막 설법이었다. 아들의 법문이 끝나자 어머니는 드디어 다르마의 흐름[예류과]에 들었다. 마침내 깨달음의 길에 들어선 어머니.

"아, 사랑하는 우빠띳사여. 왜 이제야 말해 주는가요? 불사의 감로 지혜를 왜 그토록 오랜 세월 동안 내게 말해 주지 않았던가요?"[24]

그럴 리가 있겠는가. 그동안도 수많은 기회가 있었을 것이다. 하지만 어머니는 듣지도 않았고, 들을 생각도 없었을 것이다. 하지만 아들이 늙은 몸으로 찾아와 죽음을 맞이하고 있는 이때, 어찌 보면 모성애가 가장 충만해지는 순간이었기에 어머니의 눈과 귀가 열릴 수 있었을 것이다. 이렇게 해서 사리뿟따가 이번 생에서 해야 할 가장 큰 임무가 완료되었다. '이제야 비로소 낳아 주고 길러 준 어머니의 은혜에 보답하게 되었다. 이제 다 되었다.'

흔히 불교는 가족에 대해서 비정하거나 무관심하다고 생각하곤 한다. 출가 자체가 혈연의 관계를 끊는 데서 시작하기 때문일 터이다. 하지만 그것이 가족에 대한 무관심이나 비정함을 전제하는 건 결코 아니다. 붓다 역시 아버지의 만류, 양어머니의 탄식, 부인 야소다라의 비탄을 뒤로하고 숲으로 가지만 깨달음을 이룬 이후 다시 고향으로 돌아가 아버지를 비롯하여, 아들과 이모, 사촌 등 모든 친인척을 깨달음으로 인도한다. 사리뿟따의 마지막 여정도 마찬가지다. 그래서 문득 궁금해진다. 과연 가족을 사랑한다는 것이 무엇일까?

혈연은 천륜이다. 끊으려야 끊을 수 없는 인연이다. 그래서 애착과 미움에서 벗어나기가 대단히 어렵다. 사랑하지만 늘 원망을 품고 사는 관계. 사랑을 명분으로 가장 함부로 대하는 관계이기도 하다. 입신양명하여 가문의 영광을 드높이고, 혹은 출세해서 물질적 부를 나누어 주면 그것이 가족, 특히 부모에 대한 진정한 효도일까? 우리 시대가 잘 보여 주듯, 그런 수준에 도달하기도 어렵지만 도달한다 해도 가족 간의 갈등과 불안은 절대 끝나지 않는다. 어떤 점에선 더한층 증폭되기도 한다. 소유의 규모가 커지면 그걸 둘러싼 쟁투도 심화되는 법이니까. 끝도 없이 반복되는 가족 끝장 드라마를 보라. 거기 등장하는 가족 관계엔 도무지 윤리라곤 없다. 다른 길이 있는가? 있다. 그것은 지혜를 나누는 것이다. 존재와 세계의 비전을 공유하는 것이다. 그런 점에서 붓다는 가족을 사랑하는, 부모의 은혜에 보답하는 아주 다른 길을 알려 준다. 『숫타니파타』의 사무량심四無量心에도 "어머니가 하나밖에 없는 외아들을 구하듯이"라는 표현이 있다. 티베트 불교의 보리심은 한 걸음 더 나아간다. 즉 '살아 있는 모든 존재는 기나긴 윤회의 과정에서 한때 나의 어머니였다'는 것.

이제 모든 할 일을 마쳤다. 비구 형제들에게 작별을 고한 다음, 넓은 가사로 몸을 감싸고 얼굴도 덮고 나서 오른쪽을 아래로

하고 누웠다. 이른바 사자와[臥]. 선정에 들어가는 각 단계를 다 거칠 무렵, "지평선 너머로 떠오르는 태양의 윗머리가 나타났고 그 순간 사리뿟따 존자는 무여열반에 완전히 들었다."[25] 무여열반? 일체의 찌꺼기, 즉 잉여가 없는 열반이라는 뜻이다. 열반은 살아서도 이룰 수 있다. 하지만 몸을 가지고 있는 한 아직 번뇌의 여지가 남아 있다. 그것이 '유여열반'이라면 이제 몸이 사라지게 되면 모든 번뇌는 부서진다. 하여 '무여열반'이다. 완전한 소멸, 완벽한 해방!

어머니는 아들의 죽음 앞에서 오열했다. 자신이 그동안 아들의 덕성을 알아차리지 못한 것에 대한 탄식, 또 그 긴 세월 동안 복을 짓지 못한 자신에 대한 연민으로. 그래도 마음만은 충만했으리라. 아들이 얼마나 고귀한 존재인지를 알게 되었고, 아들을 고귀함으로 이끈 그 지혜의 흐름에 들어갈 수 있었으니 말이다. 사리뿟따의 제자들은 성스러운 화장으로 스승의 마지막 길을 배웅했다.

붓다의
찬탄

'대지처럼 굳건하고 아이처럼 유순한'

제자 중에는 사리뿟따의 친동생 쭌다도 있었다. 『쭌다경』에 따르면, 쭌다가 제자들과 함께 사리뿟따의 유골과 의발을 들고 돌아와 붓다에게 그것을 전했다. 그 소식을 접한 붓다의 시봉侍奉인 아난 존자가 비탄에 빠졌다.

아난다　　"세존이시여, 사리뿟따 존자가 입적했다는 소식을 듣고 저는 정신이 아득해지고 눈앞이 캄캄해졌습니다."

세존　　"아난다여, 어찌 이러느냐? 사리뿟따가 세상을 떠나면서 너의 계행과 선정과 지혜와 해탈과 해탈지견을 가져가기 라도 했다는 말이냐?"

아난다   "그렇지 않습니다. 〔…〕 하지만 〔…〕 우리는 사리뿟따가
         법을 가르침에 있어서 얼마나 활력과 즐거움과 도움을 주
         었는지 잊을 수 없습니다."²⁶

아난다는 붓다의 후반생 20여 년 동안 한결같이 붓다 옆을 지
킨 시봉이다. 붓다의 사촌 형제이자 10대 제자 가운데 '다문제일'
로 추앙받는 존자다. 다문제일이란 붓다의 모든 설법을 듣고 기억
한다는 의미다. 불경에서 자주 접하는 "이와 같이 나는 들었다" 할
때의 그 '나'가 바로 이 아난존자다. 외모도 훌륭했을 뿐 아니라 두
뇌도 비범했다고 한다. 그럼에도 붓다 생전에는 아라한에 이르지
못했다. 경전을 모조리 다 암송하는 것과 깨달음에 이르는 것이 동
일한 것은 아님을 보여 주는 대표적 사례다(물론 붓다 사후 가섭존자
의 도움으로 비로소 아라한에 들고 이후 붓다의 가르침을 정리하는 1차 결집
에서 가장 중요한 역할을 수행한다). 그런 까닭에 아난다는 머릿속으로
는 사리뿟따가 '열반'에 들었다는 걸 알았지만 막상 유골을 보니
'열반'이 아닌 '죽음'으로 느껴진 것이다. 그러자 그와 함께했던 추
억이 소환되면서 지독한 슬픔과 그리움에 휩싸인 것이다. 정신이
아득해지고 눈앞이 캄캄해질 정도로.
    붓다는 아난다의 슬픔을 위로하기 위해 다시 가르침을 펼친
다. "사리뿟따가 세상을 떠나면서 너의 계행과 선정과 지혜와 해탈
과 해탈지견을 가져가기라도 했다는 말이냐?" 약간의 반전과 유머
가 느껴지는 발언이다. '너는 왜 아직도 평정을 이루지 못했느냐?'
혹은 '사리뿟따는 죽은 것이 아니라 열반에 든 것이다' 등으로 타
이를 법한데, 불교 수행의 핵심인 '계/정/혜' 삼학과 '해탈과 해탈
지견'을 설한다. 다시 말해, 사리뿟따가 떠나도 진리의 다르마는 사

라지지 않는다. 사리뿟따와 진리는 하나다. 그의 몸은 사라졌지만 그가 터득하고 설한 다르마는 그대로 남아 있다는 것. 하지만 아난다는 여전히 사리뿟따라는 개별적 인격체와 나눈 추억, 그가 준 활력과 기쁨을 잊을 수 없다.

그러자 이번에는 조금 수위를 낮추어서 타이르듯이 말한다.

"사람은 누구나 가깝고 사랑스러운 것과 언젠가는 헤어져야만 하고 갈라져야만 한다는 사실을 내가 이미 가르치지 않았더냐?"[27]

35세에 성도하고 45년 동안 한결같이 말하고 또 말한 가르침이다. 아난다가 모를 리가 있겠는가. 하지만 그럼에도 이 사무치는 그리움은 어찌할 도리가 없다. 붓다의 위로와 타이름은 계속된다.

"태어나서 존재를 이루고 합성되었기에 언젠가는 해체되어야만 하는 것, 그것이 어떻게 우리 곁을 떠나지 않을 수 있겠느냐? 그런 일은 정녕 있을 수 없다."[28]

우리의 몸은 오온五蘊의 합성물이다. 모든 합성된 것들은 반드시 해체될 수밖에 없다. 사리뿟따도 붓다 자신도 예외일 수 없다. 그러니 부디 잠시 임시로 조합된 이 몸에 대한 애착에서 벗어나야 한다. 몸과 몸이 마주쳐서 만들어 낸 이미지와 상념들, 거기에 매여 있는 한 슬픔과 허무에서 벗어날 길이 없기 때문이다.

그다음 붓다는 사리뿟따의 유골을 손바닥 위에 놓고는 제자들에게 말한다.

"비구들이여, 이것이 얼마 전에 열반에 드는 것을 허락해 달라고 청했던 비구의 조개 빛깔의 유골이다." "지혜를 펴는 데 있어서 우주 법계를 망라하여 나 말고는 그 누구보다도 수승했던 사람, 이것이 그 비구이다."[29]

제자를 이렇게 찬탄하는 스승이 또 있을까. 만남과 헤어짐, 슬픔과 미련 같은 건 없다. 대신 그가 이생에서 어떤 존재였는지를 밝힘으로써 그에 대한 그리움과 애도를 대신한다. 이어지는 찬탄의 게송. 붓다에 따르면, 사리뿟따는 '대지처럼 굳건하고 아이처럼 유순한' 존재였다.

> "5백 생 동안 출가하여
> 가슴 속에 지녔던 즐거움을 털어 버리고
> 모든 감관을 잘 다스려
> 격정에서 벗어났던 사람,
> 열반에 든 사리뿟따에게 경의를 표하노라.
>
> 대지처럼 인욕심이 강하여
> 자기 마음을 완전히 조복시켰고
> 자비롭고 다정하며 고요하고 냉철하여
> **거대한 대지처럼 굳건했던 그 사람,**
> 열반에 든 사리뿟따에게 경의를 표하노라.
>
> **의지가지 없는 아이처럼 겸허한 마음을 가지고**
> 한 손에 발우를 든 채 마을에 들어가

이 집 저 집 유유히 갈 길 가던 사람,
사리뿟따는 바로 그런 사람이었으니
열반에 든 사리뿟따에게 경의를 표하노라.

마을에서건 숲속에서건 그 무엇도 해치지 않고
뿔 잘라 낸 황소처럼 살아가던 사람,
자신을 완전히 조복시켰던 그 사람,
사리뿟따는 바로 그런 사람이었으니
열반에 든 사리뿟따에게 경의를 표하노라."[30]

7

윤회의 수레바퀴가
마침내 멈추었다

축복 혹은 광명

누차 밝혔듯이, 사리뿟따와 붓다의 인연은 참으로 오래되었다. 사리뿟따가 고향 날라까로 떠나기 전 붓다에게 작별을 고할 때, 그는 붓다의 다리를 부여안고 말한다.

> "제가 아노마닷시 부처님 발 아래 무릎 꿇어 스승님 만나기를 서원한 것이 헤아릴 수 없이 많은 세월, 수십만 겁 전이었습니다. 그 서원이 이루어져 저는 드디어 스승님을 뵙게 되었습니다. 그때 만나 처음 뵈었고, 이제 마지막으로 뵈옵는 것입니다. 이제 다시는 뵈올 기회가 없을 것입니다."[31]

그렇다. 그 머나먼 과거에 붓다의 상수제자 되기를 서원했고 기나긴 윤회의 풍랑을 거쳐 마침내 이번 생에 그 뜻을 이루게 되었다. 『밀린다왕문경』에 따르면 사리뿟따 존자는 수천수만 생의 전생 동안 붓다의 아버지, 할아버지, 삼촌, 형, 아들, 조카, 그리고 친구였다.

이미 보았듯이, 사리뿟따가 열반에 들었을 때, 붓다는 이미 열반으로 가는 머나먼 여정의 한가운데 있었다. 라자가하에 도착하자 또 한 명의 상수제자 목갈라나도 열반에 들었다. 목갈라나의 열반은 사리뿟따와 달리 상당히 격렬했다. 이교도들에게 공격을 당해 온몸이 만신창이가 되었지만 그는 신통력을 발휘하지 않았다. 그것이 자신의 몸에 새겨진 업의 발현임을 자각했기 때문이다. 하여 그는 고통 속에서도 마지막 순간까지 평정을 유지한 채 열반에 들었다. 사리뿟따가 떠난 지 보름 후였다. 당시 붓다는 갠지스강 근처에서 머물렀다. 그때 하신 설법 가운데 몇 구절.

> "비구들이여, 이제 사리뿟따와 목갈라나가 입적하고 나니 이 자리가 정말 텅 빈 것 같구나. 〔…〕 슬픔도 없고 비탄도 없는 것을 보면 참으로 경이롭고 놀랍도다. 〔…〕 그대들 자신이 섬이 되어라. 그대들 스스로가 자신의 귀의처가 되어라."[32]

그리고 다시 반년 뒤 붓다 역시 무여열반에 든다. 사리뿟따와 목갈라나, 그리고 붓다. 이 세 분의 마주침과 인연은 천상계와 인간계, 아니 육도윤회를 방황하는, 살아 있거나 살아 있지 않거나 하는 모든 중생에게 더할 나위 없는 축복이었다. 그리고 그 눈부신 여정은 이 해에 사리뿟따, 목갈라나, 붓다의 순서로 모두 마침

표를 찍었다.

"이리하여 지루한 윤회의 바퀴도 마침내 멈추었다. 이 세 분은 윤회 속에서 적시에 서로 인연을 맺었던 것이다. 덧없이 흘러갈 뿐인 시간, 그 시간의 차원에서 초시간적 차원으로 접어들게 되었고, 생사의 윤회를 넘어서 불사의 경지로 들어가게 되었다. 그리고 마지막 생에서 그분들은 이 세상을 밝게 비추는 광명의 등불을 밝히셨다. 이 등불이 영원히 빛나기를!"[33]

8장

붓다

용맹정진하라!

열반으로 가는
머나먼 여정

죽음에 대한 최고의 형식

드디어 붓다의 차례다. 붓다의 생애는 대략 이렇게 정리된다. 29세에 출가, 35세에 성도, 45년간 설법, 80세에 열반. 실로 단순하기 그지없다. 이 가운데 45년간은 한결같이 길 위에 있었다. 그리고 이제 여든 노구의 몸으로 다시 길 위에 나선다.

이번의 여정은 좀 다르다. 열반으로 가는 마지막 여행이기 때문이다. 붓다는 이미 열반을 이루었다. 하지만 몸을 지니고 있는 한, 몸에 남은 '업'의 작용은 피할 수 없다. 그래서 '유여열반'이라고 한다. 몸을 완전히 버리는 순간 비로소 열반은 성취된다. 그 어떤 잉여도, 여지도 없는 열반. 해서 '무여열반'이다. 붓다는 지금 생을 마감하려 한다. 우리는 그것을 죽음이라고 부른다. 하지만 붓다에겐 '죽음'이 없다. 아니, 죽음이라는 사건이 없다고 해야 하나. '생生도 사死도 없는' 길을 열었기 때문이다. 그래서 열반이다. 번뇌와 집착 속에서 몸부림치다 문득 죽음에 이르고 그 회한과 애증을 품고 다시 돌아오는 것이 윤회라면, 욕망과 번뇌의 모든 불꽃이 꺼져 지극한 고요와 평정에 이르는 것이 열반이다. 인간이 이런 형식으로 생을 마감할 수 있다고? 그렇다면 그것은 슬픔이 아니라 지복이 아닌가. 그렇다. 이것이야말로 인류사적 대사건이다. 이 사건에 대한 기록이 『대반열반경』大般涅槃經[1]이다. 대반열반이란 '위대한 반열반', 반열반은 '완전한 열반'이라는 뜻이다. 이 경전은 붓다가 생을 마치기 전 2년여의 여정을 담고 있다.

여행이 시작되었다. 마가다국의 수도 라자가하를 출발하여, 암발랏티까-날란다-꼬띠가마-나디까에서 바이샬리로. 북인도의 수많은 도시를 경유한다. 당연히 수많은 제자가 동행한다. 가는 곳마다 붓다의 마지막 모습을 보기 위해 군중들이 모여든다. 붓다는 자신의 최후의 모습, 소멸을 향해 가는 모든 과정을 남김없이 보여 준다. 무릇 존재는 이렇게 사라져 간다고. 모든 생성된 것은 소멸을 피할 수 없다고. 죽음을 숨기고 은폐하기 급급한 현대인의 마음이 얼마나 왜소하고 왜곡된 것인지를 그대로 비춰 주는 장면이다. 머무는 곳마다 붓다의 가르침은 계속된다. 설법의 내용은 한결같다. 사성제四聖諦·계정혜戒定慧·사념처四念處. 성도 이후 45년간 펼쳤던 그 가르침이다. 초전법륜의 핵심이 사성제, 즉 '고제苦諦, 집제集諦, 멸제滅諦, 도제道諦'이고, 도를 닦는 세 가지 기둥이 '계율과 선정과 지혜'라면, 사념처는 '신념처身念處(몸), 수념처受念處(느낌), 심념처心念處(마음), 법념처法念處(대상)'를 있는 그대로 알아차리는 구체적인 수행법이다.

붓다가 깨달은 법을 '무상정등정각無上正等正覺'이라 한다. 무상은 위가 없는, 다시 말해 더는 나아갈 경지가 없다는 뜻이고 정등은 온 사방에 고루 치우침 없이 적용된다는 뜻이다. 구경의 보편적 가르침이라는 것. 그러니 45년이 한결같을 수밖에. 그래서 팔리어로 된 붓다의 초기 경전에는 연대기적 편집이 없다. 내용별, 길이별, 주제별로 구분되어 있을 뿐이다. 연대기적 분류가 무의미했기 때문이다. 오직 중생의 근기와 조건에 따른 변주만 있었다는 뜻이다. 그렇게 45년이 흐르고, 이『대반열반경』에 와서야 비로소 연대기적 서술이 이루어진다. 열반에 들기 2년 전부터 시작해서 수명의 상카라(업)를 내려놓기로 한 시점부터 마침내 열반에 이르는 과정이 시간순으로 펼쳐지고 있다.

2년의 여정 가운데 본격적인 열반행은 3개월. 붓다는 노환을 앓고 식중독에 걸리고 고통의 극한까지 맛본다. 그 와중에도 누군가를 만나고 공양을 받고, 그리고 설법은 계속된다. 그리고 마침내 쿠시나라의 사라쌍수 아래서 열반을 성취한다.

열반! 아무리 생각해도 요원한 경지다. 하지만 이것이 인류가 창안해 낸, 죽음에 대한 최고의 형식인 것만은 분명해 보인다. 자, 이제 이 장엄한 여정에 동행해 보자.

2

'바이샬리여,
안녕히!'

코끼리가 뒤를 돌아보듯이

출발지는 마가다국의 수도 라자가하, 열반을 이룰 장소는 북인도
꾸시나라. 붓다는 그사이에 수많은 도시를 경유한다. 붓다는 그 가
운데 바이샬리(웨살리)를 특히 사랑했다. 『대반열반경』의 첫 장도
바이샬리를 수도로 하는 왓지족의 이야기에서 시작한다. 왓지국은
북인도 16국 가운데 하나로 공화국 체제를 유지한 나라였다. 강대
국 마가다국의 아잣뚜삿뚜 왕이 왓지국을 공격하는 문제로 붓다에
게 자문했다. 붓다는 왓지국이 민주적 소통 방식, 건전한 성도덕,
아라한에 대한 존중 등의 풍토를 지니고 있다면서 이런 나라는 앞
으로 계속 번영하지 쇠퇴하지 않을 거라고 말한다. 그리고 왓지족
청년들이 찾아오자 비구들에게 이렇게 상찬한다.

"삼십삼천의 신들을 아직 보지 못한 자들은 릿차위의 회중을 보거라."[2]

이 청년들의 모습이 천신들에 견줄 만하다는 것이다. 그만큼 활기차고 생기가 넘친다는 뜻이리라.

바이샬리 시내의 한 망고 숲에 머물 때였다. 망고 숲의 주인은 기녀 암바빨리. 너무 아름다워서 일곱 개의 나라 왕들이 그녀를 차지하겠다고 달려왔다는 여인이다. 그녀는 결국 누구와도 결혼하지 않고 기녀가 되기로 한다. 한 사내가 아닌 모두의 연인이 되는 게 낫다고 생각한 것이다. 그녀와 하룻밤을 보내려면 지금 시세로 이천만 원이 필요했다나. 그러니 엄청난 부를 축적할 수 있었고 그 덕분에 망고 숲도 소유할 수 있었다. 하지만 그녀도 늙었다. 젊고 아름다웠을 때는 수만금을 들고 찾아오던 남정네들의 발길이 끊겼다. 청춘과 미모의 무상함을 처절하게 겪은 탓일까. 이후 그녀는 붓다의 재가신자在家信者가 되었다. 이즈음 붓다가 자신의 망고 숲에 머무른다는 소식을 듣자 그녀는 한걸음에 달려갔다. 붓다의 마지막 설법을 듣는 영광을 누리자 마음에 큰 환희심이 일어 다음 날 공양을 허락해 달라고 요청했다. 붓다는 침묵으로 허락했다.

암바빨리는 환호하면서 망고 숲을 나왔다. 마침 그때 왓지국을 대표하는 릿차위 종족의 청년들도 붓다가 오셨다는 소식을 듣고는 마차를 몰고 숲을 향했다. 암바빨리의 마차와 그들의 마차가 서로 부딪쳤다. 차축은 차축끼리, 바퀴는 바퀴끼리, 멍에는 멍에끼리. 릿차위 청년들이 그녀에게 물었다. 왜 이렇게 과격하게 마차를 모느냐고! 그녀는 의기양양하게 외쳤다.

"세존께서 비구比丘 승가와 함께 내일 저의 공양에 초대되었기 때문입니다."[3]

그러자 청년들이 마차를 더 가열하게 몰면서 말한다.

"암바빨리 님. 그러면 십만의 〔돈〕으로 그 공양을 우리에게 파시오."
"만일 그대들이 제게 웨살리를 음식을 〔얻을 수 있는 지방까지〕 포함해서 다 준다 하더라도 이와 같은 중요한 공양은 그대들에게 드릴수가 없군요."
"여보게들, 우리가 이 망고지기 여인에게 져버렸네. 여보게들, 우리가 이 망고지기 여인에게 속아버렸네."[4]

한때 그녀와 하룻밤을 보내기 위해 십만 금을 아끼지 않았을 남성들이 이제 그녀와 흥정을 하고 있다. 붓다에게 공양할 기회를 놓고서. 하지만 한발 늦었다. 한낱 '망고지기 여인'이 선수를 친 것이다. 달리 말하면, 이 순간 암바빨리의 마음이 이 청년들보다 더 절실하고 절박했다는 뜻이다. 다음날 암바빨리는 붓다와 그의 제자 비구들에게 정성껏 공양을 바친 다음 말한다.

"세존이시여, 이 원림圓林을 부처님을 으뜸으로 하는 한 비구 승가께 드립니다."[5]

붓다는 허락했다. 그녀가 젊고 아름다웠을 때는 청춘의 환락으로 들끓었을 망고 숲이 이제 붓다의 다르마가 울려 퍼지는 숲으로 거듭난다.

붓다는 한동안 바이샬리 근처의 마을을 유행하면서 이 도시에 머물렀다. 벨루와가마에서 우기가 시작되자 안거安居에 들어간다(안거 이야기는 다음 장에서). 안거를 마치고 다시 걸식을 위해 바이샬리 시내로 들어간다. 걸식을 마친 다음 짜빨라 탑묘에 가서 바이샬리를 돌아보며 말한다.

> "바이샬리는 아름답구나. 우데나 탑묘도 아름답고, 고따마까 탑묘도 아름답고, 삿땀바까 탑묘도 아름답고, 바후뿟따 탑묘(다자탑)도 아름답고, 사란다 탑묘도 아름답고, 짜빨라 탑묘도 아름답구나."[6]

그리고 아난다에게 자신이 이 세상에 더 머물기를 바란다면 그렇게 하겠노라는 언질을 주지만 아난다는 눈치채지 못한다. 세 번이나 거듭 물었지만 아난다는 '악령 마라에게 사로잡힌' 탓에 붓다의 말을 알아듣지 못한다. 붓다는 결국 포기한다. 훗날 아난다는 이 문제로 승가에서 많은 질타를 받지만, 달리 보면 이 장면은 붓다의 내면적 갈등을 표현한 것이 아닐까 싶다. 윤회의 마지막 과정인 이번 생에 좀 더 머물 것인가 아니면 여기서 생을 마칠 것인가.

그러자 이때를 놓칠세라 악마 빠삐만이 등장한다. 그는 붓다의 생애 곳곳에 등장한다. 출가할 때, 고행에 들어갈 때, 결정적으로 보리수 아래서 깨달음에 이르기 직전에, 그리고 지금 이 순간에. 그는 정녕코 붓다의 적이 아니라 일종의 길벗이다! 빠삐만은 유혹한다. 애초에 뜻한 바를 다 이루었으니 지금 당장 열반에 들라고. 악마는 욕계欲界, 즉 욕망의 매트릭스를 지배하는 존재다. 인간들이 욕망의 늪에서 헤맬수록 그의 지배력은 더 견고해진다. 그러니 붓다가 이 세계를 얼른 떠날수록 유리하다. 붓다는 빠삐만에게 응답한다.

"조용히 있어라. 〔…〕 지금부터 3개월이 넘지 않아서 반열반에 들 것이다."[7]

마침내 존재의 상카라를 놓기로 한 것이다.
그리고 바이샬리에 머무르는 비구들을 다 모이게 한 다음 선포한다. 3개월 후 여래의 열반이 있을 것이라고.

"내 나이 무르익어
나의 수명은 이제 한계에 달했도다.
그대들을 버리고 나는 가리니
나는 내 자신을 의지처로 삼았다.

비구들이여, 방일하지 말고
마음 챙김을 가지고 계를 잘 지켜라.
사유思惟를 잘 안주시키고
자신의 마음을 잘 보호하라.

이 법과 율에서
방일하지 않고 머무는 자는
태어남의 윤회를 버리고
괴로움의 끝을 만들 것이다."[8]

그리고 다시 바이샬리로 탁발행에 나선다. '이런 엄숙한 날에 걸식을?' 하고 생각할 테지만 이것이 붓다의 일상이다. 약간의 변수만 개입해도 일상 전체가 흔들리는 것이 중생의 삶이라면 어떤 조건에서도 리듬을 놓치지 않는 것이 붓다의 일상이다. 언뜻 보면 별 차이가 없어 보인다. 맞다. 해서 부처와 중생은 한 끗 차이라 하지 않던가. 하지만 그 호리毫釐의 차이가 천리千里의 어긋남을 빚는다는 것 역시 우주적 이치다.

탁발을 마치고 나오면서 붓다는 바이샬리를 돌아본다.

"아난다여, 이것이 여래가 웨샬리(바이샬리)를 보는 마지막이 될 것이다."[9]

그 모습이 마치 커다란 코끼리가 숲을 떠나면서 마지막으로 뒤를 돌아보는 것과 같았다고 한다. 붓다와 바이샬리가 맺은 인연이 그토록 장엄하고 아름다웠던 것이다. '바이샬리여, 안녕히!'

아난다의
비탄

'스승의 주먹'은 없다!

바이샬리 근처 벨루와가마. 우기가 시작되었다. 붓다는 제자들에게 바이샬리 전역으로 흩어져서 안거에 들어가라고 명한다. 그리고 자신도 벨루와가마에서 하안거에 들어간다. 안거 도중 붓다는 노환으로 인해 극심한 고통을 겪었다. 자칫 생명줄을 놓을 정도로 위중한 상태였다. 붓다는 생각했다.

> "내가 신도들에게 아무런 말도 하지 않고, 비구 승가에게 알리지도 않고 반열반에 드는 것은 어울리지 않는다."[10]

지금 이 상태로 생을 마치는 것은 적절치 않다고 판단한 것이다.

붓다는 고통을 다스리며 병을 진정시켰다.

붓다가 몸을 추스르고 승원의 그늘에 앉자, 아난다 존자가 비탄에 빠진 어조로 말한다.

"세존이시여, 저는 세존께서 인내하시는 모습을 뵈었습니다. 세존이시여, 저는 세존께서 삶을 지탱하시는 모습을 뵈었습니다. 세존이시여, 그런 저의 몸도 〔세존께서 아프셨기 때문에〕 마치 술에 취한 것과 같이 되어 버렸습니다. 세존께서 아프셨기 때문에 저는 방향감각을 잃어버렸고, 어떠한 법들도 제게 분명하게 드러나지 않았습니다."[11]

7장 사리뿟따 편에서도 나오지만, 아난다는 아직 아라한의 경지에 들지 못했다. 그는 붓다를 가까이서 모시는 것만으로 충분했다. 그만큼 붓다에게 온 존재를 의지하고 있었다. 그러니 붓다가 중태에 빠지자 술에 취한 듯 방향감각을 잃어버리고, 그간에 배운 가르침은 모두 흐릿해져 버린 것이다. 붓다의 법문을 모조리 다 암송하고 있음에도 깨달음의 경지에 들지 못했다는 이 역설! 암송은 중요하다. 문자로 기록되기 전에는 소리에서 소리로 전승하는 것이 유일한 방법이었다. 문자로 기록된 이후에도 낭송과 암송은 다르마에 접속하는 매우 중요한 코스였다. 하지만 그것은 붓다의 법에 접속하는 방편일 뿐 그것 자체가 깨달음일 수는 없다. 깨달음은 어디까지나 번뇌에서 지혜로, 윤회에서 해탈로 탈바꿈하는 '존재론적 사건'이다. 그것은 누구도 대신해 줄 수 없다. 붓다조차도! 그런 점에서 아난다의 비탄은 역설적으로 깨달음이 무엇인가를 여실히 보여 주는 사례다. 그에게 남은 유일한 기대는 '세존께서는 비구 승

가를 두고 아무런 분부도 없으신 채로 반열반에 들지는 않으실 것'
이라는 것뿐이었다.

　붓다 역시 승단에 알리지도 않고 열반에 들 수는 없다고 생각
했다. 하지만 아난다의 생각처럼 승단에 어떤 분부를 내릴 생각은
아니었다. 승가에 더 가르치고 명령할 게 따로 있을 리 없다. 45년
을 한결같이 설파한 것으로 충분하다. 하여 이렇게 반문한다.

　　"아난다여, 그런데 비구 승가는 나에 대해서 무엇을 〔더〕 바라는
　　가? 아난다여, 나는 안과 밖이 없이 법을 설하였다. 아난다여, 여
　　래가 〔가르친〕 법들에는 스승의 주먹과 같은 것이 따로 없다."[12]

　안과 밖이 없고 스승의 주먹과 같은 것이 없다? 여기에는 두
가지 의미가 있다. 첫째, 붓다의 가르침은 소수의 특권층, 브라만이
나 크샤트리아를 위한 것이 아니라 모든 중생에게 열려 있다는 것.
신과 인간, 동물들에 이르기까지, 들을 수 있고 듣고자 하는 모든
존재에게 열려 있는 가르침이다. 둘째, 우파니샤드의 비밀스러운
전수 같은 건 없다는 것. 우파니샤드는 철학적 탐색과 내적 성찰을
위주로 하는데, 낱말 자체가 '무릎 아래에 가까이 앉아서 듣는다'는
뜻이다. 당연히 스승과 제자 사이에 은밀하게 전수되는 비의秘儀를
중시했다. 스승들은 젊어서는 설하지 않다가 생을 마치는 마지막
침상에서 가장 가까운 제자들에게 주먹을 펴서 가르침을 전하곤
했다. '스승의 주먹'이라는 아포리즘이 나오게 된 배경이다. 하지만
붓다의 법은 그렇지 않았다. 충분히, 모두에게, 공공연히 다 말해졌
고, 공표되었다. 또 붓다가 일상적으로 행한 모든 것이 곧 다르마였
다. 별도로 숨겨 둔 것이 있을 리 없다. 그럼에도 아난다는 뭔가 특

별한 분부를 기대하고 있었던 것이고, 붓다는 그 마음을 간파한 것이다.

그리고 이어지는 붓다의 당부.

"아난다여, 여래에게는 '나는 비구 승가를 거느린다'거나 '비구 승가는 나의 지도를 받는다'라는 생각이 없다. 그러므로 여래가 비구 승가에 대해서 무엇을 당부한단 말인가?"[13]

참으로 중요한 언설言說이다. 붓다는 승가를 거느리고 지도하지 않는다. 붓다는 교단의 지도자가 아니다. 그렇게 생각한다면 붓다는 불교라는 종교의 창시가가 될 뿐이다. 또 그럴 경우, 붓다의 깨달음이 '무상정등정각'일 수 없다. 붓다는 오직 진리를 향해 나아갈 뿐이다. 승단은 그 과정에서 생겨난 산물이지 그것 자체가 목적일 수 없다. 그런 점에서 붓다와 승가는 도반의 관계이지 위계적 관계가 아니다. 조직을 관리하고 통솔하는 것, 그리고 사후에도 그 조직이 번창하기를 바라는 것. 이것은 붓다의 가르침과는 한참 멀다.

그리고 이런 이치는 단순히 붓다의 자비와 겸손을 보여 주는 언술言述이 아니다. 인류학적 차원에서 혁신적 실험을 표현한다. 만약 붓다가 승단을 조직하고 키우는 것이 목적이었다면 그의 다르마는 조직의 경계를 넘어서기 어렵다. 또 그럴 때 승단은 위계와 서열로 조직화되어야 한다. 하지만 그것은 붓다 다르마의 핵심인 무상, 무아의 이치에 어긋난다. 승단이 비대해질수록 다르마가 아니라 승단 자체를 지키는 것이 목적이 될 터이기 때문이다. 붓다가 자신은 승단의 지도자가 아니라고 한 것은 바로 그 점을 환기하고 있다. 승단은 특정 교리와 종파, 그리고 위계와 서열을 다투는 경직된 조직이 아니다. 오직 스승과 제자의 네트워크로서만 작동하는, 또 구경의 진리라는 비전을 향해서만 나아가는 모든 흐름의 연결, 접속의 집합체다. 도가 '머무르지 않고 유동하는 마음'이라면 그 도를 추구하는 이들의 집단 역시 언제든, 어디로든 흘러갈 수 있어야 하지 않을까. 그런 점에서 붓다의 승가 공동체는 일찍이 없었던 그야말로 새로운 대안이자 실험이었다.

물론 제자들이 그 뜻을 얼마나 깨우쳤는가는 별개의 문제다. 붓다 말년에 수제자 데와닷따가 후계자를 자처하면서 붓다에게 승단의 주도권을 넘겨 달라고 한 사건이 그 점을 리얼하게 보여 준다. 데와닷따 같은 제자들에게 승단은 북인도를 주름잡는 종교 조직에 불과했다. 그러니 노쇠한 붓다를 물러나게 하고 자신같이 젊고 유능한 비구가 지도자가 되어야 한다고 생각한 것이다. 물론 데와닷따의 시도는 실패로 돌아갔지만, 지금 아난다 역시 붓다의 뜻을 충분히 알아차리고 있지는 못하다. 붓다를 '승단의 지도자' 혹은 '교주'로 여기고 있는 것이다.

하여 아난다의 태도는 아주 이중적이다. 앞에서 보듯 붓다가 이 생에 더 머무를지를 고심할 때 그는 아무것도 눈치채지 못했다. 스승의 수명을 연장해야 할 때는 멍하게 정신을 놓았다가 스승이 노환에 시달리자 이번에는 비탄에 빠져 또 정신을 놓는다. 자기가 선 자리에서 꼭 필요한 일을 할 줄 모르는 게 아난다를 포함한 중생들의 행태다. 붓다는 그런 아난다가 몹시 안타깝다.

그래서 또 가르침을 펼친다.

"아난다여, 이제 나는 늙어서 나이 들고 노후하고, 긴 세월을 보냈고 노쇠하여, 내 나이가 여든이 되었다. 아난다여, 마치 낡은 수레가 가죽끈에 묶여서 겨우 움직이는 것처럼 여래의 몸도 가죽끈에 묶여서 겨우 (살아)간다고 여겨진다."14

자신의 몸이 얼마나 노쇠했는지를 '있는 그대로' 알려 준다. 늙음이란 무엇인가? 정기신이 소진되면서 뼈와 살과 근육이 한없이 느슨해지는 것이다. 그것은 마치 낡은 수레가 가죽끈에 묶여서 간신히 움직이는 것과 같다. 여래도 이 운명을 피할 수 없다.

"아난다여, 그러므로 여기서 그대들은 자신을 섬으로 삼고(自燈明), 자신을 귀의처로 삼아(自歸依) 머물고, 남을 귀의처로 삼아 머물지 말라. 법을 섬으로 삼고(法燈明), 법을 귀의처로 삼아(法歸依) 머물고, 다른 것을 귀의처로 삼아 머물지 말라."15

그 유명한 '자등명 법등명'의 게송이다. 그 어떤 것에도 의지하지 말고, 오직 자신과 법만을 의지처로 삼으라는 것. 그러기 위해선 어떤 수행을 해야 하는가? 세밀하고 철저하게 관찰하라. 즉 사념처 수행을 당부한다. 사념처란 신[몸], 수[느낌], 심[마음], 법[대상]을 뜻한다.

"비구들이여, 여기 비구는 몸에서 몸을 관찰하며(身隨觀) 머문다. 세상에 대한 욕심과 싫어하는 마음을 버리면서 근면하게, 분명히 알아차리고 마음 챙기는 자 되어 머문다. 느낌에서 느낌을 관찰하며(受隨觀) 머문다. (…) 마음에서 마음을 관찰하며(心隨觀) 머문다. (…) 법에서 법을 관찰하며(法隨觀) 머문다."16

이 관찰 수행이 무르익으면 비로소 무아를 터득하게 된다. 보통 우리는 탐진치로 오염된 욕망을 자아로 간주한다. 붓다에 따르면 그런 자아는 없다. 동시에 그 반대편에 있는 '영원한 자아(아트만, 푸루샤)' 역시 실재하지 않는다. 에고든 아트만이든 '그것들은 그저 일시적이고 변하기 쉬운 상태들의 연속에 지나지 않기 때문이다.'

"아나타(무아)는 불교도에게 매일, 매시간, 자아가 존재하지 않는 것처럼 행동할 것을 요구했다. 〔…〕 수행의 전문가가 되면, 이제 지나가는 정신 상태에 자기를 던져 넣는 것이 아니라, 두려움과 욕망을 자신과는 관계가 없는 멀고 덧없는 현상으로 여기게 된다."[17]

핵심은 간단하다. 에고로부터 도주하고 아트만에 대한 환상을 버려라. 그러면 번뇌를 부수고 지혜를 갖추게 될지니. 윤회에서 벗어나는 길 또한 거기로부터 열릴 것이다.

4

쭌다의
마지막 공양

가장 치명적인, 그럼에도 가장 고귀한!

바이샬리에서는 참 많은 일이 있었다. 암바빨리가 망고 숲을 바쳤
고, 벨루와가마에서 안거에 들어갔으며 결정적으로 악마 빠삐만과
의 대화를 통해 수명의 상카라를 내려놓기로 한다. 이제 남은 시
간은 결정되었다. 바이샬리와 작별을 고하고, 다시 길 위에 나선
다. 그다음 핫티가마로… 암바가마로… 잠부가마로… 보가나가라
로….

    그리고 빠와라는 곳에서 마지막 공양을 받는다. 장소는 대장
장이 쭌다의 망고 숲. 쭌다는 정성을 다하여 최고의 음식을 붓다와
그의 제자들에게 바친다. 돼지고기와 버섯을 재료로 만든 음식이
었다. 붓다는 기꺼이 공양을 받았다. 탁발의 원칙 가운데 '주는 대

로 받는다'는 것이 있다. 붓다는 그 계율을 준수한 것이다. 그리고 말했다.

"쭌다여, 부드러운 돼지고기로 만든 음식이 남은 것은 깊은 구덩이를 파서 묻어라. 〔…〕 여래를 제외한 누구도 이 음식을 먹고 바르게 소화시킬 사람을 보지 못한다."[18]

이 음식에 치명적 독이 들어 있음을 감지한 것이다. 결국 붓다는 식중독에 걸렸다. 피가 섞인 대변이 나오면서 발열과 복통을 극심하게 겪었다. 하지만 붓다는 정념(알아차림)으로 고통을 평온하게 견뎌 냈다. 다시 몸을 일으켜 마지막 장소인 꾸시나라를 향했다.

꾸시나라로 가는 길 위에서 붓다는 몹시 피곤하고 목이 말랐다.

"아난다여, 가사를 네 겹으로 접어서 〔자리를〕 만들어라. 아난다여, 피곤하구나. 나는 좀 앉아야겠다." "그대는 나를 위해서 물을 좀 다오. 아난다여, 목이 마르구나, 나는 물을 마셔야겠다."[19]

아난다는 난감했다. 바로 앞에 강물이 흐르긴 했지만, 직전에 500대의 수레가 강을 건너간 탓에 강물이 혼탁해졌기 때문이다. 아난다는 조금 떨어진 곳에 있는 까꿋타강이 있으니 그곳에서 물을 떠 오겠다고 했다. 하지만 붓다는 '괜찮다, 앞 강에서 물을 떠 오라'고 한다. 할 수 없이 강으로 가자 수레바퀴로 혼탁해진 물이 다시 맑고 투명하게 흐르고 있었다. 오! 아난다는 감탄한다.

"여래의 큰 신통과 큰 위력은 참으로 경이롭고, 참으로 놀랍구나."[20]

육신은 피로와 갈증에 시달렸지만 붓다의 마음에 한 점의 동요와 불안이 없었음을, 붓다의 마음과 강물의 흐름이 깊이 감응하고 있었음을 보여 주는 사건이다.

붓다는 갈증을 해소하고 다시 길을 떠난다. 길 위에서 한 사람을 만난다. 그는 붓다와 대화를 나누다가 그 자리에서 재가신자가 된다. 그 보답으로 붓다에게 황금색 옷을 선사한다. 아난다가 그 옷을 입혀드리자 붓다의 몸이 눈부시게 빛이 난다. 경탄하는 아난다.

"경이롭습니다, 세존이시여. 놀랍습니다, 세존이시여. 여래의 피부색이 이렇게 청정하고 이렇게 깨끗하다니요."[21]

붓다가 응답한다.

"참으로 그러하다, 아난다여. 아난다여, 두 가지 경우에 여래의 몸은 지극히 청정하고 피부색은 깨끗하게 된다. 그러면 그 두 가지 경우란 어떤 것인가? 아난다여, 여래가 위없는 정등각을 깨달은 그 밤과 여래가 무여열반의 요소(界)로 반열반하는 밤이다. 아난다여, 이런 두 가지 경우에 여래의 몸은 지극히 청정하고, 피부색은 깨끗하게 된다."[22]

그렇다. 깨달음은 빛이다. 빛의 파동이다. 빛은 존재하는 모든 것의 원천이다. 그러니 깨달음의 그 새벽과 열반에 이르는 이 밤에 붓다의 몸이 눈이 부신 빛을 발하는 것이다. 붓다는 선언한다.

"아난다여, 오늘 밤 삼경에 꾸시나라 근처에 있는 말라들의 살라 숲에서 한 쌍의 살라 나무〔娑羅雙樹〕 사이에서 여래의 반열반이 있을 것이다."[23]

열반의 시간과 장소가 결정되었다. 오늘 밤 삼경, 꾸시나라에 있는 사라쌍수 사이!

거기에 도착하기 전, 해야 할 일이 두 가지가 있다. 하나, 붓다는 제자들과 함께 까꿋타강에 가서 목욕을 하고 물을 마셨다. 생을 마치기 전 몸을 청정하게 씻은 것이다. 또 하나, 다시 쭌다의 망고숲으로 들어가서 사자 자세로 누운 채 쭌다의 공양에 관한 이야기를 시작한다. 쭌다와 제자들은 이렇게 생각할 것이다. 쭌다의 공양 때문에 붓다가 열반에 드셨다고. 아니, 통속적으로 표현하면 쭌다가 바친 상한 돼지고기 때문에 이질을 앓다가 돌아가셨다고. 제자들은 쭌다를 원망할 것이고 쭌다는 자책에 몸부림칠 것이다. 원망과 자책은 악업이고, 윤회의 원천이다. 이 업의 사슬을 풀어 주어야 한다.

붓다는 아난다에게 당부한다. 쭌다에게 이렇게 말해 주라고.

"도반 쭌다여, 여래께서는 그대가 드린 탁발 음식을 마지막으로 드시고 반열반에 드셨으니 이건 그대의 공덕이고 그대의 행운입니다."[24]

헉, 이런 반전이 있나? 다 용서할 테니 너무 자책하지 말라 하는 정도를 기대했건만, 이건 상상 그 이상이다. 붓다는 출가 이후 탁발로 일상을 영위했다. 수많은 사람에게 수많은 종류의 공양을 받았다. 탁발은 수행자에겐 무소유를 실천하는 행이자 다른 한편 중생들로 하여금 복을 짓게 해 주는 방편이다. 받는 자가 주는 자가 되는 역설! 그런데 그 많은 탁발과 공양 가운데 두 가지가 가장 큰 결실과 이익을 가져다주었다. 무엇이 그 둘인가? '그 탁발 음식을 드시고 여래께서 깨달음에 이른 것'과 '그 탁발 음식을 드시고 반열반을 하신 것'. 다시 말해, 6년의 고행을 마치고 깨달음에 이르기 직전에 받았던 수자타의 우유죽과 반열반에 들기 직전 쭌다가 바친 이 돼지고기가 쌍벽을 이루는 최고의 공양이라는 것. 그래서 공덕이고 행운이라는 것이다. 이렇게 하여 쭌다의 돼지고기는 붓다의 반열반을 완성해 주는 소중한 음식이 되었다. 가장 치명적인, 그럼에도 가장 고귀한 공양!

거기서 끝이 아니다. 그러니 이제 쭌다는 '긴 수명', '좋은 용모', '명성', '위세' 등을 가질 선업을 쌓았다고 알려 준다. 이렇게 자상한 스승이 또 있을까. 자책감을 풀어 주는 정도가 아니라 최고의 공양이라는 자긍심까지 부여해 주었다. 거기에 더해 이 공양으로 인해 앞으로 누리게 될 복락까지 세심하게 짚어 준다. 그와 동시에 제자들이 품었을 비난과 원망도 다 해소되었다. 대체 누가 이 이야기에 불평을 토로하거나 반론을 펼 것인가. 이렇듯 지혜와 자비가 마주치면 상상을 뛰어넘는 반전과 도약이 일어난다. 번뇌를 행운으로! 붓다의 신통력이란 이런 것이 아닐까. 붓다 역시 환희심으로 '우다나'(영탄하는 말)를 외친다.

> "베풂에 의해서 공덕은 증가하고
> 제어에 의해서 증오는 쌓이지 않는다.
> 지혜로운 자 사악함을 없애고
> 탐욕과 성냄과 어리석음을 버려서 열반을 얻는다."[25]

이제 해야 할 일을 마쳤다.

"오라, 아난다여, 히란냐와띠강의 저쪽 언덕, 꾸시나라 근처에 있는 말라들의 살라 숲으로 가자."[26]

5

사라쌍수에
꽃들이 피어나고

"최고의 예배는 수행이다"

열반에 들기 직전 아난다는 붓다께 불평을 터뜨렸다. 왜 이렇게 작
고 보잘것없는 도시에서 열반에 드시냐고. 라자가하, 사왓티, 꼬삼
비, 바라나시 등 명망 높은 대도시들도 있는데. 붓다는 아난다를 나
무란다. "아난다여, 그렇게 말하지 말라." 여기는 그 옛날 마하수닷
사나라는 전륜성왕이 다스린 도시로 일곱 가지 보배를 두루 갖춘
곳이었다. 이 도시에는 "열 가지 소리가 끊인 적이 없었나니, 즉 코
끼리 소리, 말 소리, 마차 소리, 북소리, 무딩가 북소리, 류트 소리,
노랫소리, 심벌즈 소리, 벨 소리, 그리고 열 번째로 '잡수세요, 마시
세요. 드세요.'라는 소리였다."(「마하수닷사나경」)[27] 짐작건대, 그 옛
날 이 도시는 사람, 동물, 악기 등이 서로 어울리면서 활기에 넘쳤

던 것 같다. 사람들이 끊임없이 오고 가고, 함께 마시고 먹고 떠들고…. 붓다는 이런 나라, 이런 공동체를 귀하게 여겼다. 그 공덕으로 이렇게 붓다의 열반을 이루는 성지가 되었을 것이다.

붓다는 마침내 꾸시나라 말라의 숲에 있는 한 쌍의 사라쌍수 아래에 도착했다.

> "아난다여, [⋯] 북쪽으로 머리를 둔 침상을 만들어라. 아난다여, 피곤하구나. 누워야겠다."[28]

붓다는 몸을 누이셨다. 머리는 북쪽으로 두고 오른쪽 옆구리로 하는 사자와[臥]로. 붓다가 사자 자세로 몸을 누이자 사라쌍수 나무에는 때아닌 꽃들이 만발하면서 여래의 몸 위로 꽃잎이 흩날려 떨어지고 있었다.

> "하늘나라의 만다라와 꽃들이 허공에서 떨어져서 여래께 예배를 올리기 위해서 여래의 몸 위로 떨어지고 흩날리고 덮었다. 하늘나라의 전단향 가루가 허공에서 떨어져서 여래께 예배를 올리기 위해서 여래의 몸 위로 떨어지고 흩날리고 덮었다. 하늘나라의 음악이 여래께 예배를 올리기 위해서 허공에서 연주되었으며 하늘나라의 노래가 여래께 예배를 올리기 위해서 울려 퍼졌다."[29]

꽃과 향과 소리의 향연. 천신들의 찬양이 울려 퍼진다. 앞에서도 강조했지만, 불교는 그 이전까지 내려오던 신과 인간의 표상을 전복했다. 천신은 인간이 도달해야 할 궁극의 경지가 아니다. 육도윤회(천신/아수라/인간/아귀/축생/지옥)의 한 과정일 뿐이다. 따라서 그들 역시 윤회를 벗어나는 길, 즉 해탈을 구해야 했다. 붓다가 도솔천兜率天에 머무르다 카필라바스투 왕국의 싯다르타 태자로 탄생했을 때 신들이 환호작약했던 이유, 싯다르타가 태어나자마자 '천상천하 유아독존'을 외쳤던 이유가 바로 거기에 있다. 이렇게 하여 "신과 인간의 평소의 역할이 완전히 역전되어, 신은 하늘을 떠나 땅으로 내려와 깨달음을 얻은 인간 앞에 무릎을 꿇었다."[30] 그러니 지금 붓다가 열반에 들려고 하자 신들이 꽃과 향과 소리로 찬양을 바치는 건 지극히 당연하다.

하지만 그 순간 붓다는 다시 한번 우리의 통념을 부숴 버린다.

> "아난다여, 그러나 이러한 것으로는 여래를 존경하고 존중하고 숭상하고 예배하는 것이 아니다. 〔…〕〔출세간〕법에 이르게 하는 법을 닦고, 합당하게 도를 닦고, 법을 따라 행하며 머무는 것이 참으로 최고의 예배로 여래를 존경하고 존중하고 숭상하고 예배하는 것이다."[31]

순간, 거룩하고 신비로운 아우라에 휩싸여 있던 분위기가 와장창 깨진다. 동시에 확! 깨닫게 된다. 열반을 어떤 환상적인 이미지로 상상하고 있는 우리의 마음을. 그렇다. 중생심衆生心은 늘 이런 식이다. 달을 보라고 하면 달을 가리키는 손가락을 찬미하고, 열반의 길을 알려 주면 열반이라는 '판타지'에 집착한다. 그렇게 되는 순간 붓다는 신격화되면서 이미 존재했던 여러 신의 하나로 추락하고 만다. 붓다는 그 점을 경계하고 있는 것이다. 핵심은 신앙이나 찬양이 아니다. 다르마의 수행이다. 여래에 대한 최고의 예배는 윤회를 벗어나는 길을 닦는 것이다. 나머지는 다 거추장스러운 장식이자 잉여일 뿐! 그것이 설령 신들의 장엄한 찬양이라 할지라도.

이제 붓다는 삶을 여읜다. 다시 돌아오지 않는다. 물론 45년 간 설한 붓다의 다르마가 남아 있다. 그것을 길잡이 삼아 가면 된다. 하지만 중생들은 붓다의 부재를 견디기 어렵다. 그 마음을 헤아려 네 가지 순례 장소를 지정해 준다. 첫 번째는 여래의 탄생지인 룸비니 동산, 두 번째는 여래가 깨달음을 이룬 곳인 보드가야, 세 번째는 초전 법륜을 펼친 곳인 사슴 동산, 네 번째는 여래가 무여 열반에 드신 곳인 쿠시나라. 이른바 사성지의 탄생이다.

"이곳이 믿음을 가진 선남자善男子가 친견親見해야 하고 절박함을 일으켜야 하는 네 가지 장소이다."[32]

절박함을 일으키라는 말이 또 가슴에 사무친다. 윤회의 고통을 벗어나려면 절박하고 절실해야 한다는 것.

아난다는 붓다에게 열반에 든 이후 장례를 어떻게 치러야 하는지 물었다. 소크라테스와 장자의 제자들이 했던 그 질문이다. 붓다의 대답 역시 소크라테스, 장자와 비슷하다.

"아난다여, 그대들은 여래의 몸을 수습하는 것에는 관심을 두지 말라. 아난다여, 그대들은 근본에 힘쓰고 근본에 몰두하여라. 근본에 방일하지 말고 근면하고 스스로 독려하며 머물러라."[33]

중요한 건 장례식이나 절차가 아니다. 그건 재가신자들이 알아서 할 것이다. 그대들이 해야 할 일은 오직 하나다. 정진, 또 정진하라!

아난다가 다시 오열한다. 방으로 들어가 문틀에 기대어 슬픔에 젖어 있자, 붓다가 아난다를 부른다.

"그만하여라, 아난다여. 슬퍼하지 말라, 탄식하지 말라. 아난다여,
참으로 내가 전에 사랑스럽고 마음에 드는 모든 것과는 헤어지기
마련이고 없어지기 마련이고 달라지기 마련이라고 그처럼 말하지
않았던가. 〔…〕 아난다여, 태어났고 존재했고 형성된 것은 모두
부서지기 마련인 법이거늘 그런 것을 두고 '절대로 부서지지 말
라'고 한다면 그것은 있을 수 없는 일이다. 그런 경우란 존재하지
않는다."[34]

떠나는 이가 남은 이를 달래고 있다. 떠나는 이는 열반이 기
다리고 있지만 남은 이에겐 슬픔과 비탄이 가득하다. 붓다가 할 수
있는 위로는 그대 또한 열반을 성취할 것이라는 믿음을 주는 것뿐
이다.

"아난다여, 그대는 오랜 세월 동안 이롭고 행복하고 둘이 아니고
한량이 없는 자애로운 '몸의 업'과, 이롭고 행복하고 둘이 아니고
한량이 없는 자애로운 '말의 업'과, 이롭고 행복하고 둘이 아니고
한량이 없는 자애로운 '마음의 업'으로 여래를 시봉하였다. 아난
다여, 그대는 참으로 공덕을 지었다. 정진에 몰두하여라. 그대는
곧 번뇌 다한 〔아라한이〕 될 것이다."[35]

그렇다. 아난다의 공덕은 실로 지극했다. 한량없이 자애로운
'몸과 말과 마음'으로 25년간 한결같이 여래를 시봉하였다. 아직

깨달음에 이르지는 못했기에 여래와의 이별이 서럽고 슬프다. 그에게 남기는 붓다의 당부는 오직 하나, 정진하라! 그러면 그대 또한 아라한에 도달할 것이다. 붓다의 예언대로 열반 이후 아난다는 마침내 아라한을 성취한다.

아난다에 대한 위로와 격려를 마치자 붓다는 꾸시나라에 있는 말라족 사람들에게 오늘 밤 삼경에 여래의 반열반이 있을 것을 알리라고 명한다. '여래는 이제 몸을 여의고 열반에 들 것이다. 그러니 모두 와서 보라'는 뜻이었다. 2년 전 열반으로 가는 여행이 시작되었고, 이후 길 위에서 몸이 노쇠하여 해체되어 가는 모든 과정을 다 보여 주었다. 오늘 밤이 바로 그 정점이자 대단원이다. 그러니 이 장면이야말로 중생들에겐 최고의 수행처가 될 것이다. '제행무상諸行無常'과 '제법무아諸法無我', 그리고 '열반적정涅槃寂靜'이라는 다르마를 생생하게 목격할 수 있는!

소식을 접한 말라족 사람들은 충격에 휩싸였다. "머리칼을 뜯으면서 울부짖고 손을 마구 흔들면서 울부짖고 다리가 잘린 듯이 넘어지고 이리 뒹굴고 저리 뒹굴면서"[36] 아우성쳤다. 여래께선 너무 빨리 떠나시는구나! 사라지려 하시는구나! 그러면서 붓다의 마지막 모습을 보기 위해 달려왔다. 아난다는 그들을 가문별로 정렬하여 차례차례 붓다와 작별을 고할 수 있게 해 주었다. 초경이 지났다.

벗이 벗에게
물어보듯이

머무름 없이 나아가라!

밤이 깊어가는데 멀리서 가벼운 소란이 일었다. 수밧다라는 한 유행승이 붓다가 열반에 들기 전에 꼭 질문을 해야겠다고 고집을 부린 것이다. 아난다는 만류했지만 붓다는 그 소리를 놓치지 않았다.

> "아난다여, 그만하라. 수밧다를 막지 마라. [···] 수밧다가 내게 질문하려 하는 것은 모두 구경의 지혜를 터득하고자 함이지, 나를 성가시게 하고자 함이 아니다."[37]

수밧다의 질문은 진실했다. 당시 인도 곳곳에는 수많은 교파가 있었다. '각 교단의 창시자들은 모두 최상의 지혜를 가졌다고 하는데, 그것을 어떻게 판별할 수 있습니까?' 붓다는 단언한다. '팔정도八正道'가 있으면 최상의 지혜라고. 수밧다는 그 자리에서 출가하여 구족계를 받는다. 열반을 몇 시간 앞두고 마지막 직계 제자가 들어온 것이다. 영원한 스승 붓다!

그리고 이제 제자들에게 마지막 가르침을 펼친다. '내가 떠난 후에는 내가 가르친 법과 율을 스승으로 생각하라.' '지금은 서로를 도반이라고 하지만 내가 가고 난 후에는 신참은 구참을 장로나 존자라고 불러야 한다.' '또 내가 가고 난 후에는 내가 만든 사소한 계율들은 폐지해도 좋다' 등. 자상하기 이를 데 없다. 깨달음에 이르면 저 높은 곳에서 고고하게 중생을 내려다볼 거 같지만 사실은 그 반대다. 매일 매 순간이 지극히 충실하다. 악마는 디테일에 있다고 했지만, 붓다의 가르침보다 더 디테일하기란 불가능하다. 우리가 매번 '악마(내부든 외부든)'에게 패배하는 건 디테일을 마구 건너뛰기 때문이 아닐까.

수밧다가 마지막에 입문한 제자였다면 아주 오래된 제자가 하나 있었다. 찬나 비구가 그다. 찬나는 싯다르타 시절의 마부로 태자가 성을 나올 때 말을 몰았던 인물이다. 태자가 숲으로 들어가자 울면서 다시 성으로 돌아왔지만 훗날 붓다가 카필라바스투 성을 찾았을 때 출가하여 붓다의 제자가 된다. 하지만 그는 자신이 붓다의 출가에 큰 공을 세웠다고 여겨 자만심이 하늘을 찔렀다. 출가해서도 저런 마음에 사로잡힌다는 게 놀랍고, 붓다와 가장 가까운 거리에 있어도 저런 습속을 바꾸지 못한다는 게 더 기막힌 일이다. 타고난 업이란 저토록 지독한 것이다. 아난다가 명석한 두뇌를 가지고도 아라한에 이르지 못한 것처럼, 찬나의 이야기도 많은 것을 생각하게 해 준다. 깨달음이 결코 어떤 능력이나 외적 조건의 문제가 아니라는 것, 그러므로 그것은 결코 남이 대신해 줄 수 없다는 사실. 결국 찬나는 깨달음은커녕 승단의 '꼴통'이 되어 버렸다.

붓다는 이 제자가 늘 마음에 걸렸다. 마지막 침상에 누워서도 그를 구제할 방편을 도모한다.

"아난다여, 내가 가고 난 후에 찬나 비구에게는 최고의 처벌을 주어야 한다."[38]

이 대목도 반전이다. 붓다가 처벌을 한다고? 그것도 최고의 처벌을? 붓다의 가르침은 늘 제자들을 격려하고 분발시키는 방식이다. 물론 때로 붓다도 견책하고 꾸중하고 그래도 안 되면 깊은 숲으로 잠적하는 충격요법을 쓰기도 한다. 하지만 이렇게 노골적으로 최고의 처벌을 지시하는 장면은 거의 드물다. 제자들도 당황했다.

"세존이시여, 그러면 어떤 것이 최고의 처벌입니까?" "'말하지 않는 벌'을 가하여 줌이 좋으리라."[39]

"찬나 비구에게는 말하고 싶은 것은 무엇이든지 말하도록 내버려 두되, 다른 비구나 비구니들 쪽에서는 말을 걸거나 질책하거나, 더구나 가르친다든지 하는 따위를 일절 하지 말아라. 이것이 '말하지 않는 벌'이라는 것이니라."[40]

한마디로 찬나가 무슨 말을 해도 반응하지 말라는 것. 특히 훈계 같은 건 일절 하지 말라는 것. 요즘 말로 하면 '투명 인간' 취급

하라는 뜻이다. 왠지 등골이 서늘해진다. 하긴 그동안 붓다를 포함하여 수많은 도반이 얼마나 그를 깨우치려고 애를 썼겠는가. 하지만 그 어떤 것도 통하지 않았다. 그럼 이제 할 수 있는 건 침묵으로 응대하는 것뿐이다. 아예 오만불손하게 굴 기회 자체를 박탈하라는 뜻이다. 붓다가 열반에 든 이후 이 유훈을 전해 들은 찬나의 심정은 어땠을까? 그 자리에서 기절했다고 한다. 비로소 그동안 자기가 무슨 짓을 했는지를 실감한 것이다. 정신을 차린 다음, 홀로 안거하여 자만심과 오만함을 제어함으로써 마침내 아라한을 이루었다고 한다. 붓다의 방편이 적중한 셈이다. 유행승 수밧다에겐 한량없는 자비를, 꼴통 찬나에게는 침묵의 처벌을. 열반의 순간에도 붓다는 한결같았다. 베풀고 가르치고. 깨우치고 일으키고!

제자들에게 펼친 최후의 가르침 역시 그렇다.

"비구들이여, 어느 한 비구라도 부처나 법이나 승가나 도나 도 닦음에 대해서 의심이 있거나 혼란이 있으면 지금 물어라."[41]

불교는 전적으로 자신의 통찰에 의존한다. 고로 무엇이든 의심하고 물어야 한다. 심지어 붓다 자신의 가르침조차 깨달음에 도움이 되지 않으면 가차 없이 버려야 한다. 강을 건너면 뗏목을 버려야 하는 것처럼. 하여 이 순간, 제자들에게 조금이라도 미심쩍은 면이 있다면 지금 이 자리에서, 내가 아직 살아 있는 이 순간에 의혹을 해소하라는 것이다.

제자들은 침묵했다. 붓다는 두 번, 세 번 권유한다. 이어지는 침묵. 붓다가 생각하기를, 혹시 제자들이 나를 너무 어려워해서 그런가? 그렇다면 '벗이 벗에게 물어보듯이' 혹은 '벗을 대신해서 물어보라'. 자신을 스승이 아니라 도반이라 여기라는 것. 마지막까지 최선을 다하고 진심을 다하는 스승, 지혜와 자비가 하나의 파동 속에서 울려 퍼지고 있다.

역시 침묵하는 제자들. 아난다가 개입한다.

"이 비구 승가에는 부처님이나 법이나 승가나 도나 도 닦음에 대해서 의심이 있거나 혼란이 있는 비구는 단 한 명도 없다고 제게는 청정한 믿음이 있습니다."[42]

생각해 보니 그렇다. 붓다의 열반까지 동행한 비구라면 승단에서도 최고의 수준에 이른 제자들이었을 것이다. 그럼에도 붓다는 가르침을 멈추지 않는다. 아라한에 이르면 수행이 끝나는 것이 아니다. 진리는 지평선과 같다. 지평선은 누구도 도달할 수 없다. 오직 달려갈 뿐이다. 그리고 그 깨달음은 세상 모든 곳을 향한 공감과 자비로 나아가야 한다. 존재와 세계에 대한 통찰이 지혜라면, 그 지혜는 반드시 고통받는 모든 존재를 향해 공감의 빛을 분사해야 한다. 이런 여정에 어찌 끝이 있으리오. 오직 정진, 또 정진이 있을 따름이다.

붓다의 생애 자체가 바로 그 증거다. 성도 이후 45년간, 아니 그 이전 무량겁 동안 진행된 윤회의 과정 내내 붓다는 방일하지 않고 정진해 왔다. 한순간도 머무르지 않았다. 그리고 마침내 윤회에서 벗어나는 이 순간을 맞이한 것이다. 이제 마지막 호흡을 가다듬어 붓다의 사자후獅子吼가 울려 퍼진다. 45년간 한결같이 당부하고 또 당부해 마지않았던 그 가르침이.

"모든 생성된 것은 무상하게 흩어지는 법이니
한순간도 흐트러짐 없이
용맹정진하라!"

7

니르바나,
고요와 평정

완벽한 소멸, 완전한 자유

밤은 깊어 바야흐로 삼경에 접어들었다. 붓다가 이생에서 해야 할
일은 다 마쳤다. 이제 열반에 들 차례다.

"세존께서는 초선에 드셨다. 초선에서 출정하신 뒤 제2선에 드셨
다. 제2선에서 출정하신 뒤 제3선에 드셨다. 제3선에서 출정하신
뒤 제4선에 드셨다. 제4선에서 출정하신 뒤 공무변처空無邊處에
드셨다. 공무변처의 증득에서 출정하신 뒤 식무변처識無邊處에 드
셨다. 식무변처의 증득에서 출정하신 뒤 무소유처無所有處에 드셨
다. 무소유처의 증득에서 출정하신 뒤 비상비비상처非想非非想處
에 드셨다. 비상비비상처의 증득에서 출정하신 뒤 상수멸想受滅에

드셨다."[43]

　초선-제2선-제3선-제4선-공무변처-식무변처-무소유처-비상비비상처-상수멸, 선정의 아홉 단계를 밟은 것이다. 하지만 아직 열반은 아니다. 다시 상수멸에서 나와 비상비비상처를 거쳐 초선까지의 역순을 밟는다. 초선에서 다시 시작하여 제2선, 제3선, 제4선까지 들어갔다 제4선에서 나오는 순간, 완전한 열반에 든다.

　이 선정의 과정에 담긴 심오한 의미를 파악하기란 요원하다. 하지만 분명한 건 이 과정이 지극히 평화롭고 자연스럽게 진행된다는 사실이다. 우리 같은 중생들에게 죽음이란 무엇인가? 알 수 없는 힘으로 느닷없이 일어나는 사건이다. 죽음이 끔찍하고 두려운 건 바로 그 때문이다. 하여 죽음 앞에서 우리는 어떤 자유도 누리지 못한다. 남은 호흡을 가다듬어 선정에 들어가고 나간다는 건 상상조차 하지 못한다. 다만 고통 없이 죽기를, 자는 듯 숨이 끊어지기만을 바라는 게 고작이다.

　열반은 정확히 그 반대다. 탄생의 시공을 스스로 결정했듯이, 붓다는 노병사의 전 과정 역시 완벽하게 제어한다. 노환도 겪고 이질도 앓지만 평정이 흐트러지지 않는다. 수명의 상카라를 언제, 어떤 방식으로 내려놓을지를 스스로 결정한다. 시간과 장소까지도. 남은 날들의 일상도 한 치의 흐트러짐이 없다. 탁발하고 안거에 들어가고 작별 인사를 나눈다. 그리고 마지막 호흡을 가다듬어 소멸을 향해 찬찬히 나아간다. 당연히 애증도 미련도 없고, 회한도 즐거움도 없다. 오직 평화와 자유만이 있을 뿐. 그래서인가. 붓다의 몸은 화장 이후 "표피와 속 살갗과 살점과 힘줄과 관절 활액은 모두 다 타고 재도 먼지도 없이 오직 사리들만이 남았다."[44] 그야말로 완벽한 소멸이다. 이미 45년 전에 붓다는 이 경지에 도달했다.

> "헛되이 수없는 생을 윤회하며 헤매었구나.
> 이 집 짓는 자를 찾아서,
> 거듭 태어남은 실로 괴로운 일.
>
> 집 짓는 자여, 내 이제 너를 찾아내었다.
> 다시는 더, 집을 지을 수 없으리.
> 너의 서까래는 모두 붕괴되었고 대들보는 무너져 내렸다.
> 내 마음은 조건에 매여 있지 않기에 이르렀다.
> 갈애渴愛는 소멸되었다."[45]

고로 이제 다시 태어남은 없다. 태어남이 없으니 죽음 또한 없다. 생사가 없으니 슬픔과 번뇌 또한 없다. 여행을 끝내어 모든 근심에서 벗어났고, 모든 슬픔의 원인에서 헤어났다. 완벽한 소멸, 완전한 자유다! 이미 45년 전에 열반에 이르는 길을 열었고, 이제 신체적 소멸을 통해 그 열반을 온전히 구현해 냈다. 니르바나, 그것은 "인간과 신 모두에게 최고의 목표였으며, 불가해한 고요였으며, 완전히 안전한 피난처"[46]였다.

그럼 이제 붓다는 무엇으로 존재하는가? 그가 남긴 다르마, 곧 법으로 존재한다. 이름하여 법신法身! 시공을 가로질러 온 천지에 법의 파동이 충만하다. 법신은 때로 보신報身이 되어 현상現像한다. 관세음보살, 문수보살, 미륵보살 등. 그리고 또 때로는 사람의 몸으로 오기도 한다. 윤회가 아닌 환생으로! 화신化身이 그것이다. 법신과 보신과 화신의 삼위일체, 그것이 붓다의 열반 이후 우리가 붓다와 접속할 수 있는 경로다.

* * *

◈ 덧달기 1 ◈

붓다의 열반행 중에 망고 숲을 보시한 암바빨리. 그녀는 천하 제일의 미녀였다. 그녀가 남긴 게송이 있다. 그 게송에는 신체를 자 아로 여기는 이들, 미모를 자신의 소유로 여기는 이들에 대한 깊은 깨달음이 담겨 있다. '검은색의 빛나던 머리카락'은 대마의 껍질처 럼 되었고, '보석처럼 영롱하던 두 눈'은 늙어서 흐리멍덩해졌다. '부드러운 산봉우리처럼 매끈하던 나의 코'는 말라비틀어진 식물 줄기와 같아졌고, '파초처럼 싱싱하던 이빨'은 늙어서 부서지고 검 게 변했다. 이런 식으로 자신의 몸이 늙음 앞에서 어떻게 무너졌는 지를 19개의 게송으로 읊고 있다. 그중 두 가지만 소개한다.

14
그 시절 둥글게 솟아올라 봉긋했던
나의 두 유방은 몹시도 탐스러웠건만
이젠 물 빠진 물주머니처럼 늘어졌으니,
진리를 말하는 님의 말씀은 틀림이 없구나!

16.
한때 코끼리의 코라고 불릴 정도로
나의 두 허벅지는 탱탱하기 그지없었지만

이젠 늙어서 대나무 줄기처럼 뻣뻣해졌으니
진리를 말하는 님의 말씀은 틀림이 없구나!

◈ 덧달기 2 ◈

열반 직전 아난다가 붓다에게 이런 질문을 한다.

"세존이시여, 저희들은 어떻게 여인을 대처해야 합니까?"
"아난다여, 쳐다보지 말라."
"세존이시여, 쳐다보게 되면 어떻게 대처해야 합니까?"
"아난다여, 말하지 말라."
"세존이시여, 말을 하게 되면 어떻게 대처해야 합니까?"
"아난다여, 마음 챙김을 확립해야 한다."[47]

수행자에게 성욕이 얼마나 강렬한 유혹인지를 보여 주는 장면이다. 아난다의 질문은 순진무구하고, 붓다의 대답은 자상하면서도 유머러스하다.

◈ 덧달기 3 ◈

마하가섭은 붓다의 10대 제자 중 하나로 '두타제일'로 칭송받는 이다. 두타제일이란 고행과 걸식에서 최고의 경지에 이르렀다는 뜻이다. 붓다가 열반에 들 때 그는 그 자리를 지키지 못했다. 당시 가섭존자(마하가섭의 존칭)는 500명의 비구와 함께 빠와로부터 꾸시나라로 통하는 대로를 걷는 중이었다.

길 위에서 붓다의 반열반 소식을 들었다. 비구들이 울부짖으며 크게 동요하는 순간, 한 늦깎이 비구가 그 회중會衆에 앉아 있었다. 그는 이렇게 말했다. 슬퍼하지 말라.

> "도반들이여, 우리는 이제 그러한 대사문[붓다]으로부터 속 시원하게 해방되었습니다. 우리는 '이것은 그대들에게 적당하다. 이것은 그대들에게 적당하지 않다.'라고 늘 간섭받았습니다. 그러나 이제 우리들은 무엇이든 원하는 것은 할 수 있고 무엇이든 원하지 않는 것은 하지 않을 수 있게 되었습니다."[48]

충격이다. 승단에 저런 비구가 있었다니. 붓다 가까이 있다고 저절로 깨달음에 이르는 것은 아니라는 사실을 통렬하게 알려 준다. 가섭존자 역시 충격을 받았을 것이다. 붓다의 열반과 함께 다르마가 훼손될지도 모른다는 불안을 느꼈을 것이다.

붓다 열반 이후 승단의 최고 장로는 마하가섭이 맡게 되었다. 가섭존자는 붓다의 가르침을 합송合誦하는 작업에 들어갔다. 그 작업은 라자가하의 칠엽굴에서 장장 7개월에 걸쳐 이루어졌다. 이것을 일러 '제1차 결집'이라고 한다. 붓다의 다르마가 우리에게 전해질 수 있었던 건 이 때문이다.

모든 생은 죽음으로부터 온다!
I will be back!

윤회론과 진화론이 만나면?

소크라테스는 독배 앞에서 어떤 미련도 회한도 없었다. 장자는 임종을 지켜보는 제자들에게 '천지가 다 나의 몸이요, 선물'이라고 했다. 간디는 암살자의 총탄이 심장을 관통하는 순간 신의 이름이 저절로 터져 나왔다. 아인슈타인은 동맥류라는 난치병이 자신을 죽음으로 인도하는 과정을 기꺼이, 우아하게 받아들였다. 벗들이 주고받는 이야기를 들으며 삶을 마친 연암, 회혼식날 친지들에 둘러싸여 죽음을 맞이한 다산, 어머니를 깨달음으로 인도한 뒤 열반에 든 사리뿟따. 그리고 붓다의 최후는 2년이라는 기나긴 여정 속에서 펼쳐졌다. 모든 과정이 더할 나위 없이 평화롭고 충만했다.

이 8인의 현자들은 문명권도 다르고, 살아간 시대도, 또 타고난 품성도 서로 달랐다. 하지만 이들의 죽음에는 공통점이 있다. 지극히 평온하고, 지극히 유쾌했다는 것. 하여 남은 자들에게 절망과 비탄이 아니라 기쁨과 희망을 선사했다는 것. 우리는 이 모든 과정에 동행했다. 그리고 이제 묻는다. 어떻게 해야 저런 죽음의 형식이 가능할까?

먼저 이들의 죽음은 삶과 대립하지 않았다. 이들에게 생사는 다르지 않았다. 기억할지 모르겠지만, 인트로에서 말한 그대로다. 삶과 죽음이 분리되는 한, 죽음은 고통이자 재앙이다. 또 죽음이 어둠의 나락으로 떨어지는 것이라면 삶 또한 아무 의미가 없다. 삶의 끝에 죽음이 있고, 죽음이 모든 것이 무화無化되는 것이라면 우리는 삶을 가꾸고 돌볼 이유가 없다. 따라서 죽음이 재앙 혹은 무의미로 해석되는 순간, 삶의 모든 가치도 증발해 버린다. 그러므로 이들 현자의 죽음이 평온했다는 건 그들의 삶이 지극히 충만했음을 말해 준다. 사리뿟따와 붓다의 죽음은 '생의 마감'이라는 뜻을 가진 '사망'이 아니라 '완전한 소멸'이라는 뜻을 가진 '반열반'이다. 무엇이 소멸했는가? 갈망, 질투, 불안 등 삶을 고통과 번민으로 이끄는 질료質料들이 완전히 소멸해 버렸다. 남은 것은 고요와 평정. 고로, 충만한 생과 평온한 소멸은 동음이의어다.

이어지는 질문. 그럼 어떻게 해야 그런 삶, 그런 죽음이 가능할까? 역시 간단명료하다. 욕망의 그물에서 벗어나면 된다. 욕망에 매인 삶은 늘 원한과 결핍으로 가득하다. 이루면 이룰수록 더 목마르다. 도무지 멈출 줄을 모른다. 그럴 때 죽음은 엄청난 재앙이다. 더 가지고 더 누려야 할 것이 너무 많은데 모든 것을 내려놓고 떠나야 한다니. 결코 받아들일 수 없다! 죽음을 고통과 재앙으로 간주하게 된 건 바로 이런 설정 때문이다. 결국 8인의 현자들이 충만한 생을 누렸다는 것은 그들이 욕망과 결핍의 사이클에서 벗어났다는 것을 의미한다. 여기가 두 번째 포인트다.

그럼 또 이렇게 물어볼 수 있다. 욕망은 생의 원초적 동력인데, 거기서 벗어나려면 어떻게 해야 하지? 물론 우리는 이미 그에 대한 답을 알고 있다. 소크라테스라면 '영혼을 돌보라, 선과 지혜로!', 장자라면 '이분법을 벗어나 천지와 함께 유동하라', 간디라면 '진리를 실험하라', 연암이라면 '우정과 지성의 향연을 누려라', 다산이라면 '성인의 학문을 닦으라', 그리고 사리뿟따와 붓다라면 '사성제와 팔정도를 닦으라' 등. 이 현자들의 비전과 방법은 언뜻 결이 다르게 보이지만 깊은 차원에선 상통한다. 덕분에 우리는 고민할 필요가 없다. 누구를 멘토로 삼든 우리는 욕망의 불꽃을 제어하고 선을 행하며 지혜를 연마하는 길로 들어설 수 있다. 그야말로 명료하고 심오하다. 그래서 또 다행이다. 복잡하게 머리 굴리지 않아도 되니까!

자, 이제 마지막 관문이 하나 기다리고 있다. 우리가 목격한 바 현자들의 죽음은 단순한 종결이 아니다. 자유를 향한 비상이다. 다시 말해 죽음은 생의 종결이지만 또 다른 시작이라는 것. 신의 사랑(혹은 심판)에 의해서건, 유전자의 상속에 의해서건 혹은 역사적 평가라는 대의에 의해서건 삶과 죽음은 끊임없이 서로 이어져 있다. 생은 사로, 사는 또 다른 생으로! 물론 그런 식의 연결망이 구체적으로 어떻게 해석되는가는 사상적, 종교적 지향에 따라 다를 수 있다.

내가 보기에 가장 구체적이고 궁극적인 비전은 열반이다. 열반은 윤회로부터의 자유를 의미한다. 인간은 기나긴 진화의 과정을 거쳐 지금, 여기에 도착했다. 그런 점에서 진화 또한 자유를 향한 도약이다. 문명사 역시 자유와 해방의 과정이었다. 진화론과 윤회론이 마주치는 지점이 바로 여기다. 그렇다면 인간에게 가장 두렵고 억압적인 사건이 무엇일까? 바로 죽음이다. 죽음과 삶의 경계다.

이것을 자유롭게 넘나들 수 있다면 이보다 더 큰 자유와 해방이 또 있을까! 그런 관점에서 보자면 모든 죽음, 그리고 그다음 생은 열반을 향한다. 윤회의 굴레에서 벗어나고자 하는 자유를 향한 한 걸음! 그것은 진화론의 궁극적 비전이기도 하지 않을까. 공교롭게도 이 책은 소크라테스의 소박한 윤회론에서 시작하여 윤회론의 최고 경지인 붓다의 열반에서 끝을 맺는다. 시작과 끝이 뫼비우스의 띠처럼 연결된 셈이다. 그런 점에서 윤회와 열반, 이것이야말로 현재 인류가 창안해 낸 죽음과 다음 생에 대한 최고의 해석이 아닐지.

> "한 사람도, 사실은 살아 있는 어떤 존재도, 죽음의 세계로부터 돌아오지 않은 자는 없다. 사실 우리는 모두 이번 생에 태어나기 전에 무수히 많은 죽음을 겪었다. 그리고 우리가 태어남이라고 부르는 것은 단지 죽음의 반대편에 불과하다. 그것은 동전의 양면 가운데 한 면과 같고, 방 안에서는 출구라 부르고 바깥에선 입구라고 부르는 방문과 같다."(라마 아나가리카 고빈다, 『죽음의 과학이 발견한 삶의 비밀』)[1]

전생의 '내가' 이생의 '나에게' 보낸 편지

「쿤둔」Kundun이라는 영화가 있다. 티베트의 달라이라마 14세의 환생 이야기에 관한 것이다. 우리 문화권에선 환생담 자체가 충격이지만 그중에서도 특히 인상적인 장면이 하나 있었다. 달라이라마 14세가 아직 어린 시절 티베트의 궁정 신탁인 네충으로부터 예언을 듣는다. 그 내용은 머지않아 붉은 군대에 의해 나라를 빼앗기고 광야를 헤맬 것이라는 무시무시한 내용이었다. 그런데 더 놀라운 것은 그 편지를 남긴 이가 달라이라마 13세, 곧 전생의 자기였다. 이전 생을 살았던 '내가' 다음 생의 '나에게' 편지를 남긴 것이다. 세상에 이런 일이? 맞다. 세상에 이런 일이 있다.

다시 시간을 돌려 19세기 말 20세기 초, 서양의 야만적 도래로 아시아가 요동치던 그때, 달라이라마 13세는 몽골, 중국, 인도를 유랑하면서 티베트의 존립을 위해 분투했다. 하지만 역부족이었고, 마침내 결단의 순간이 다가왔다. 세계 정세상 티베트는 앞으로 더는 은둔의 나라로 존재할 수 없으리라. 그때 티베트의 운명은 어찌될 것인가? 13세가 생각하기에 자신의 수명은 아직 남아 있다. 하지만 이대로 수명을 다한다면 나라가 위기에 처할 때 80대 후반 노구가 될 것이다. 그때 그 노쇠한 신체로 무슨 일을 할 수 있을까? 그저 힘없는 은둔자로 살아갈 수밖에 없을 것이다. 그렇다면 방법은? 지금 생을 마쳐서 다시 환생하는 것이다. 그러면 티베트의 운명이 '바람 앞의 촛불' 신세가 될 때 강건한 청년의 몸으로 그 고난을 타파해 나갈 수 있을 것이다.[2]

참으로 경이로운 발상이다. 보통의 경우라면 젊고 유능한 후계자를 키워서 후일을 도모할 거 같은데, 자신이 다시 돌아오겠다는 생각을 하다니! 그것도 죽음이라는 관문을 통과한 뒤에 다시 오겠다니. 그럼 생사의 관문을 넘나드는 것을 스스로 선택할 수 있다는 뜻인가?

생사는 둘이 아니다. 삶을 충만하게, 죽음은 평온하게! 음, 여기까지는 그래도 이해할 만하다. 실천은 몹시 어렵겠지만 말이다! 하지만 미래를 위해 지금 생을 스스로 포기한 다음 죽음이라는 과정을 통과하여 다시 이생으로 돌아온다고? 이게 가능하냐를 묻는 것이 아니다. 어떻게 이런 발상이 가능하지? 단지 종교적 상상력의 산물이라 쳐도 대단하지 않은가? 사후에 대한 우리의 상상력은 어떤가? 지상에서 누리지 못한 영광을 천상에서 이루거나(하늘의 별이 되었다는 낭만적 표현이 그것을 대변한다), 아니면 한을 품고 다시 생사의 언저리를 떠돌거나(악귀 아니면 아귀의 귀환?) 하는 것이 전부다. 혹 가끔 기나긴 윤회를 통해 다시 태어난다는 상상력을 발휘한다 해도 그것은 오직 '이루지 못한' 사랑을 이루기 위함이다. 멜로 드라마의 윤회론적 버전이다. 다 이룬 다음엔? 다시 권태를 못 이겨 막장 드라마로 윤회한다!

티베트 불교는 아예 설정 자체가 다르다. 다시 돌아올 수 있는 동력은 오직 중생에 대한 무한한 자비심뿐이다. 물론 그 자비심의 원천에는 생사가 다르지 않다는 지혜와 통찰이 자리하고 있다. 결국 생과 사를 스스로 제어할 수 있다는 동력은 오직 지혜와 자비, 두 가지 축뿐이다. 아무튼 그렇게 해서 달라이라마 13세는 남은 수명을 포기하고 입적을 택한다.

13대가 입적하자 곧바로 환생자를 찾는 작업에 들어간다. 13대가 입적하면서 보여 준 징표들, 신성한 라모라초 호수가 보여 준 계시와 특별한 이미지들, 그 지역에 태어난 아기들과의 문답을 통해 환생자가 결정된다. 그가 바로 지금의 달라이라마 14세. 다섯 살에 환생자로 선포되고 이후 집중적인 교육을 거쳐 열다섯 살에 법왕의 지위에 오른다. 바로 그때 중국의 붉은 군대가 티베트 고원에 들이닥친다. 13대가 예언한 그대로다. 열다섯 살의 청년 달라이라마는 한편으론 중국과 협상을 하면서, 다른 한편 불교 공부의 단계를 통달하면서 10여 년의 시간을 보낸다. 최고 학위 코스를 마친 1959년, 결국 인도로 망명하여 다람살라에 티베트 망명정부를 꾸린다. 당시 그의 나이 스물넷. 이후 스승의 나라인 인도에서 게스트로 살아간 지 무려 63년의 세월이 흘렀다. 현재 티베트라는 국가는 중국의 자치구로 편입되었지만 티베트 불교는 전 세계에 전파되어 붓다의 가르침을 펼치고 있다.

앞에 나온 네충 신탁은 티베트의 미래에 대한 '저주 어린' 예언과 함께 또 하나의 메시지를 토해 낸 바 있다. 바로 "다르마가 서구에서 빛나리라." 결국 두 개의 예언은 모두 이루어진 셈이다. 전자는 비극이지만 후자는 지복이었다.

붓다의 가르침은 탄생 이후 인도를 넘어 동쪽의 중국과 한반도로, 북쪽의 몽골, 티베트, 러시아로 전파되었다. 다시 말해 파미르고원을 넘어 서쪽으로는 진출하지 못했던 것이다. 그러다 20세기 후반 티베트 불교를 통해 비로소 서방으로 전파되었고, 마침내 전 인류의 보편적 가르침이 되었다. 무려 2600년 만이다. 그것도 티베트의 환생자 14세 달라이라마를 통해! 이것은 과연 20세기 격동의 역사가 빚어낸 우연의 산물일까? 아니면 다르마의 필연적 행로일까?

죽음, 자유를 향한 또 한 번의 도약! *I will be back!*

자, 그럼 이 사건을 죽음의 관점에서 살펴보자. 달라이라마의 환생담은 신화이기도 하고 역사이기도 하다. 증명할 수 없다는 점에서는 신화지만, 엄연히 삶의 현장에서 리얼하게 구현되고 있다는 점에서는 역사이기 때문이다.

달라이라마들이 몸을 바꾸어서 생을 지속하는 것을 환생이라고 한다. 현재 14대니까 무려 14번의 생을 사는 셈이다(티베트에선 달라이라마뿐 아니라 수많은 린포체Rinpoche, 즉 환생 라마들이 존재한다).
이 개념은 당연히 불교에서 온 것이다. 윤회는 끊임없이 생을 반복
하는 것이다. 그럼 영생인가? 아니다. 영사다. 영사? 영원히 죽는다
는 뜻이다. 죽고 나고 다시 또 죽고 나고 죽고 나고…. 그렇다면 모
든 생은 죽음으로부터 오는 것인가? 그렇다고 할 수 있다. 삶을 마
친 다음, 육체는 원자들로 흩어지지만 의식의 흐름, 특히 그 가운데
카르마(신구의)는 남아 계속 다시 이 삶으로 되돌아온다는 것. 물론
다시 몸을 갖게 될 때 그 질료는 원자들이다. 그래서 우리의 몸에
는 이전에 살았던 모든 이들의 원자가 미세하게라도 다 포함되어
있다고 한다.

곰곰이 따져 보면 그런 것 같다. 우리는 이미 후천적으로 경험
하거나 습득하기 이전에 상당히 많은 인지와 습관과 정서적 패턴
을 지니고 있다(손흥민의 축구 실력과 BTS의 탁월한 기량이 후천적 노력
만으로 가능할까? 절대 불가능하다!). 어디서, 어떻게 습득했는지 모르
는 것들이 너무 많다. 무명과 망각에 휩싸여 있는 탓이다. 무지는
탐욕과 분노를 낳고 그 반대도 마찬가지다. 고로 탐진치라는 삼독
三毒에 의해 굴러가는 우리의 삶은 그래서 괴로움의 연속이다.

붓다는 이런 식의 윤회, 곧 영사의 괴로움에서 벗어나는 길을
찾았고, 마침내 그 길을 발견했다. 그것이 바로 윤회에서 벗어나 열
반에 이르는 길이다. 윤회의 원천이 욕망이라면 그 욕망의 불꽃을
완전히 연소시켜 버리면 다시는 욕망의 매트릭스에 포획되지 않는
다. 욕계의 시공간적 차원에서 탈주할 수 있다. 생사의 경계가 사라
진 세계, 삶도 죽음도 없는 세계, 그것이 열반이다. 사리불과 붓다
가 간 길이 바로 그 경로다.

붓다의 죽음을 무여열반이라 했다. 이제 붓다라는 개별적 주

체는 완전히 사라졌다. 대신 붓다는 법신으로 존재한다. 법신? 법의 파동 혹은 진리의 빛으로 화하는 것이다. 빛이라는 것이 너무 신비로운 이미지를 야기한다면 다르마의 정보화라고 해도 좋다. 정보는 흐름이다. 디지털 세상이 온갖 정보로 넘쳐나듯이 붓다의 열반 이후 다르마의 정보는 전자기파를 통해 허공을 가득 채우고 있다. 하지만 무명에 갇힌 중생들은 그것을 알아차리지 못한다. 하여 그 파동은 특별한 형상으로 등장하곤 하는데, 그게 바로 보신이다. 관세음보살, 문수보살 등. 하지만 보신들과의 접속은 마음의 특별한 상태 혹은 조건이 필요하다. 수행이나 발원력이 굉장히 높아야 한다. 유식 불교를 연 아상가 스님이 미륵보살과, 티베트의 위대한 스승인 총카파 스님이 문수보살과 감응한 것이 좋은 예다.

물론 일반 중생들에겐 아득한 경지다. 해서 그다음 코스가 바로 환생이다. 사람의 몸을 가지고 다시 이생으로 돌아오는 것이다. 사람의 몸으로 태어나 생로병사를 겪어 가면서 중생들의 스승이 되어 열반의 길을 안내해 주는 존재, 이들을 일러 화신이라고 한다. 달라이라마를 관세음보살의 화신이라고 부르는 이유가 바로 이런 맥락이다. 법신과 보신, 그리고 화신의 삼위일체! 그 가운데 가장 중요한 것이 화신이다. 사람의 몸으로 살되 생사의 경계를 뛰어넘는 여정을 보여 주는 존재들. 이 개념이 탄생한 건 인도 불교지만 이 사상을 온전히 리얼하게 구현한 곳은 티베트고원이다.

히말라야의 성산인 카일라스가 지닌 영적 파동 덕분인지 티베트는 7세기 송첸 감포 왕이 불교를 받아들인 이후 자신들의 존재 방식을 전면적으로 바꾸었다. 정복과 약탈을 통해 제국을 팽창하는 것에서 붓다의 다르마를 온전히 구현하는 것으로. 외부의 적과 싸우는 것이 아니라 내면의 장애를 극복하는 것으로. 그 마음이 얼마나 간절하고 절실했는지는 「차마고도」 다큐멘터리를 보면 실감할 수 있다. 거기에는 온 존재를 던져 다음 생을 위해 지혜와 선을 쌓아 가는 수행의 여정이 고스란히 담겨 있다(거기 등장하는 이들이 출가승이 아니라 고원의 평범한 유목민들이라는 게 더 충격적이다). 이들에게 죽음은 소멸이나 심판이 아닌 더 나은 생을 향한 도약이다. 환생이라는 원리를 통치의 원리로 구현하게 된 것도 같은 맥락이다.

그럼 환생과 윤회의 차이는 무엇인가? 윤회는 욕망의 폭류에 휩쓸려 다시 태어나는 것이다. 당연히 자신이 어디서 어떻게 태어날지를 알지 못한다. 카르마의 힘에 이끌려 닥치는 대로 아무 데나 태어난다고 해야 하나. 이해하기 어려운가? 사실 평소에도 우리는 이런 식으로 살아간다. '내 마음 나도 모르겠어.', '내가 대체 뭔 짓을 한 거지?' 등. 말하자면, 사후의 원리와 삶의 원리는 다르지 않다. 반면, 수행과 발원을 통해 카르마의 힘에서 벗어나거나 혹은 그 힘을 완전히 제어할 수 있다면? 그때의 태어남이 곧 환생이다. 환생자는 언제, 어디서, 어떻게 태어날지를 스스로 선택할 수 있다. 어떻게? 오직 지혜와 자비의 힘으로!

그럼 이렇게 물을 수 있다. 윤회를 벗어나기 위해 수행을 하고 마침내 열반을 이루었는데 어째서 다시 이 욕망의 매트릭스로 되돌아오는 거지? 간단하다. 중생으로 하여금 괴로움에서 벗어나는 길을 알려 주기 위해서! 오직 그것뿐이다. 티베트에선 그것을 보리심菩提心이라고 한다. 모든 중생은 윤회의 과정 중에 한때 나의 어머니였음을 새기고 또 새기는 마음, 고통받는 중생을 구제하기 위해 깨달음에 이르기를 간절히 열망하는 마음, 그것이 보리심이다.

지혜와 자비의 온전한 일치라고 할 수 있다. 그 마음이 바로 환생의 원동력이다.

이런 점에서 환생은 인류가 생각할 수 있는 죽음의 최고 형식이다. 과연 그게 가능한가? 물론 우리의 깜냥으론 가늠조차 할 수 없다. 하지만 여기서 중요한 건 그게 아니다. 이런 죽음의 형식을 상상해 낼 수 있다는 사실, 바로 거기에 있다. 누차 밝혔듯이 그에 비하면 죽음에 대한 우리의 사유는 빈곤하기 이를 데 없다. 공포와 무지, 둘 사이에서 오락가락할 뿐이다. 그러므로 지금 우리에게 절실한 것은 새로운 상상력이다. 윤회의 수레바퀴에서 벗어나는 길, 스스로 다음 생을 선택할 수 있는 자유. 이것이 가능하다면, 아니 그걸 상상할 수 있다면 우리는 죽음에 대한 태도를 전면적으로 바꿀 수 있지 않을까? 죽음을 두려워하고 뒷걸음치는 것이 아니라 죽음 앞에서 이렇게 말할 수 있지 않을까? "이번 생은 여기까지!" 하지만 죽음의 관문을 통과하여 다시 돌아오리라. 자유를 향한 또 한 번의 '도움닫기'를 위하여! I will be back!

***

"I will be back!" 하면 「터미네이터」가 떠오를 것이다. 터미네이터는 시간 여행을 거꾸로 돌려 과거의 생으로 돌아간다. 지금 싸우는 적이 아예 성장하기 전에 제거해 버리겠다는 심산이다. 그래서 죽도록 싸운다. 이생과 저생을 넘나들 수 있는 초인적인 능력을 갖추고 있지만 그들이 하는 짓은 똑같다. 이생에서도 죽도록 싸우고, 저생에서도 죽도록 싸운다! 여기에서와 같이 저기에서도 그러하리라. 최악의 윤회다. 환생은 그 반대다. 이분법에서 벗어나기 위해, 적대가 아닌 공감의 지평을 확대하기 위해, 더 높은 지성과 통찰을 얻기 위해. 죽음에 대한 이런 상상이 가능하다면, 우리는 죽음을 훨씬 명랑하고 심오하게 탐구할 수 있지 않을까?

Intro

1   파드마삼바바 저, 류시화 역, 『티벳 死者의 書』, 정신세계사, 2014, 206면에서 재
    인용.
2   토머스 머튼 지음, 패트릭 하트/조나단 몬탈도 엮음, 류해욱 옮김, 『토머스 머튼의
    시간』, 바오로딸, 2022년, 234-235면.
3   『티벳 死者의 書』, 8면에서 재인용.
4   『토머스 머튼의 시간』, 234면.
5   『티벳 死者의 書』, 8면에서 재인용.

1장

1   플라톤 저, 박문재 옮김, 『소크라테스의 변명·크리톤·파이돈·향연』, 현대지성,
    2019, 89면.
2   같은 책, 63면.
3   같은 책, 91면.
4   같은 책, 55면.
5   같은 책, 55면.
6   같은 책, 55면.
7   같은 책, 56면.
8   같은 책, 56면.
9   같은 책, 35-36면.
10 같은 책, 56면.
11 같은 책, 57면.

12 같은 책, 57-58면.

13 같은 책, 59면.

14 같은 책, 100면.

15 같은 책, 114면.

16 같은 책, 116면.

17 같은 책, 116면.

18 같은 책, 119면.

19 같은 책, 119면.

20 같은 책, 120면.

21 같은 책, 120면.

22 같은 책, 114-115면.

23 카렌 암스트롱 저, 정영목 옮김, 『축의 시대』, 교양인, 2010년, 445면.

24 같은 책, 445면.

25 『소크라테스의 변명·크리톤·파이돈·향연』, 120면.

26 『축의 시대』, 447면.

27 『소크라테스의 변명·크리톤·파이돈·향연』, 35면.

28 같은 책, 73면.

29 같은 책, 75면.

30 같은 책, 79-80면.

31 같은 책, 81면.

32 같은 책, 86면.

33 같은 책, 86면.

34 같은 책, 109면.

35 같은 책, 49면.

36 같은 책, 143면.

37 같은 책, 143면.

38 같은 책, 144면.

39 같은 책, 192면.

40 같은 책, 194면.

41 『축의 시대』, 445면.

42 같은 책, 445면.

43 『소크라테스의 변명·크리톤·파이돈·향연』, 37면.

44 같은 책, 49면.

45 같은 책, 50면.

46 같은 책, 210면.

47 같은 책, 210면.

2장

1 장자 지음, 이희경 풀어 읽음, 『낭송장자』, 북드라망, 2016, 35면.

2 『축의 시대』, 498면.

3 『낭송장자』, 35면.

4 같은 책, 176면.

5 같은 책, 41면.

6 같은 책, 27면.

7 같은 책, 43-44면.

8 같은 책, 24-25면.

9 같은 책, 72면.

10 같은 책, 235면.

11 같은 책, 209면.

12 같은 책, 188면.

13 같은 책, 190면.

14 같은 책, 189면.

15 같은 책, 191면.

16 같은 책, 191면.

17 같은 책, 140면.

18 장자 저, 오강남 풀이, 『장자』, 현암사, 1999년, 121면.

19 『낭송장자』, 205-206면.

20 같은 책, 50면.

21 『축의 시대』, 498-499면.

22 『낭송장자』, 123면.

23 같은 책, 124면.

24 같은 책, 126면.

25 같은 책, 109면.

26 같은 책, 109면.

27 같은 책, 36면.

28 같은 책, 37면.

29 같은 책, 182면.

3장

1 마하드마 간디 저, 함석헌 옮김, 『간디자서전』, 한길사, 2007. 서문 35면.

2 같은 책, 571면.

3 로맹 롤랑 저, 최현 옮김, 『마하트마 간디』, 범우사, 2001, 15면.

4 모한다스 K. 간디 저, 이현주 옮기고 풀이함, 『간디의 편지』, 원더박스, 2018년, 6면.

5 『간디자서전』, 126면.

6 같은 책, 126면.

7 같은 책, 127면.

8 『간디의 편지』, 10-11면.

9 『간디자서전』, 641면.

10 같은 책, 120면.

11 같은 책, 367면.

12 같은 책, 641면.

13 같은 책, 641면.

14 『마하트마 간디』, 52면.

15 같은 책, 52면.

16 『간디의 편지』, 31-32면.

17 『마하트마 간디』, 167면.

18 『간디의 편지』, 101면.

19 같은 책, 101면.

4장

1 아인슈타인 저, 최규남 옮김, 『상대성이론/나의 인생관』, 동서문화사, 1989, 438면.

2 같은 책, 371면.

3 같은 책, 379면.

4   같은 책, 441면.

5   같은 책, 379면.

6   같은 책, 497면.

7   Brain Greene, *The Fabric of the Cosmos: Space, Time, and the Texture of
Reality* (New York: Vintage Books, 2007), p. 72.

8   매튜 스탠리 지음, 김영서 옮김, 『아인슈타인의 전쟁』, 브론스테인, 2020, 174면.

9   같은 책, 511면.

10 김성구 지음, 『아인슈타인의 우주적 종교와 불교』, 불광출판사, 2018, 5면.

11 『상대성이론/나의 인생관』, 313면.

12 같은 책, 247면.

13 같은 책, 405면에서 재인용.

14 같은 책, 314면.

5장

1   고미숙 지음, 『열하일기—삶과 문명의 눈부신 비전』, 작은길, 2016, 192면.

2   간호윤 지음, 『연암 평전』, 소명출판, 2019, 299면, 301면 참조.

3   박지원, 『연암집』 제3권, 한국고전번역원 〈한국고전종합DB〉.
    * 한국고전번역원의 『연암집』에 대한 번역을 취하되, 독자들에게 쉽게 전달하기
    위해 문장을 조금 윤색하였음을 밝힌다.

4   같은 책.

5   같은 책.

6   같은 책.

7   같은 책.

8   같은 책.

9   같은 책.

10 같은 책.

11 같은 책.

12 같은 책.

13 『연암집』 제2권.

14 같은 책.

15 『연암집』 제4권.

16 『연암집』 제2권.

17 같은 책.

18 같은 책.

19 『연암 평전』, 203면.

20 『연암집』 제10권 별집.

21 『연암집』 제2권.

22 박지원 저, 길진숙 풀어 엮음, 『낭송 연암집』, 북드라망, 2021, 80면.

23 박지원 저, 박희병 편역, 『고추장 작은 단지를 보내니』, 돌베개, 2005, 18-19면.

24 같은 책, 60면.

25 같은 책, 79면.

26 같은 책, 98면.

27 같은 책, 26면.

28 같은 책, 35면.

29 박종채 저, 박희병 옮김, 『나의 아버지 박지원』, 돌베개, 1998, 255면.

30 박지원 지음, 김명호 편역, 『지금 조선의 시를 쓰라』, 돌베개, 2007, 315면.

31 『나의 아버지 박지원』, 165면.

32 같은 책, 166면.

6장

1 정약용 저, 최지녀 엮음, 『다산의 풍경―정약용 시 선집』, 돌베개, 2008년, 211면.

2 정약용 지음, 박석무 편역, 『유배지에서 보낸 편지』, 창비, 1991년.

3 같은 책, 33면.

4 같은 책, 36면.

5 같은 책, 41-42면.

6 같은 책, 283면.

7 같은 책, 40-41면.

8 연암과 다산의 차이에 대해서는 다음 저서를 참고할 것. 고미숙 지음, 『두 개의 별, 두 개의 지도―연암과 다산의 라이벌 평전』, 북드라망, 2003.

9 정약용 지음, 박석무 역주, 『다산산문선』, 창비, 2013년, 210면.

10 『유배지에서 보낸 편지』, 189면.

11 다산의 천주교 이력과 한국 천주교사에 대해서는 다음 저서를 참조할 것. 정민 지

음, 『파란』 1, 2, 천년의 상상, 2019.

12 정약용 저, 박석무/정해렴 편역, 『다산논설선집』, 현대실학사, 1996, 308면.

13 같은 책, 309면.

14 같은 책, 309면.

15 같은 책, 313면.

16 같은 책, 315면.

17 정민 지음, 『삶을 바꾼 만남』, 문학동네, 2011, 99면.

18 이덕일 지음, 『정약용과 그의 형제들』 2, 다산초당, 2012, 202면.

19 정민 지음, 『파란』 1, 천년의 상상, 2019, 138면.

20 정약용 저, 이지형 역주, 『역주 논어고금주』 5, 사암, 93면.

21 『삶을 바꾼 만남』, 99면.

22 『유배지에서 보낸 편지』, 125면.

23 정약용 저, 박석무. 정해렴 편역, 『다산시정선』 (하), 현대실학사, 2001, 742-743면.

24 정약용 저, 박석무.정해렴 편역, 『다산문학선집』, 현대실학사, 1996년. 232면.

25 『삶을 바꾼 만남』, 349면.

26 『다산산문선』, 116면.

27 같은 책, 120면.

28 다산과 제자 황상에 대해서는 다음 저서를 참조할 것. 『삶을 바꾼 만남』, 399~406면.

29 같은 책, 408면.

30 〈사암선생연보〉, 다산학술문화재단

31 같은 책.

32 『다산문학선집』, 246면.

33 같은 책, 232면.

34 『유배지에서 보낸 편지』, 149면.

35 같은 책, 162면.

* 미주 12, 13, 14, 15, 16, 23, 24, 32, 33번은 출판사와의 연락 불가로 인해 인용 허가를 얻지 못했음을 밝힙니다.

7장

1 냐나뽀니까 스님 지음, 이준승 옮김, 『사리뿟따 이야기』, 고요한소리, 1999, 115면.

2   같은 책, 90면.

3   같은 책, 90면.

4   같은 책, 116면.

5   같은 책, 118-119면.

6   같은 책, 118면.

7   같은 책, 118면.

8   같은 책, 118면.

9   같은 책, 118면.

10   같은 책, 120면.

11   같은 책, 120면.

12   같은 책, 121면.

13   『축의 시대』, 406면.

14   박경훈 지음, 『부처님의 생애』 상, 불광출판사, 1990, 186-187면.

15   Richard Wilhelm, *I Ching or book of changes*, (UK: Penguin Books, 2003), Foreword.

16   『사리뿟따 이야기』, 23면.

17   같은 책, 24면.

18   같은 책, 44면.

19   같은 책, 46면.

20   같은 책, 112면.

21   같은 책, 111면.

22   같은 책, 124면.

23   같은 책, 126면.

24   같은 책, 127면.

25   같은 책, 129면.

26   같은 책, 132면.

27   같은 책, 133면.

28   같은 책, 133면.

29   같은 책, 133-134면.

30   같은 책, 136면. (강조는 필자)

31   같은 책, 120면.

32   같은 책, 137면.

33   같은 책, 140면.

8장

1   각묵스님 옮김, 『부처님의 마지막 발자취—대반열반경』, 초기불전연구원, 2007.

2   같은 책, 60면.

3   같은 책, 59면.

4   같은 책, 59면.

5   같은 책, 61면.

6   같은 책, 70면.

7   같은 책, 81면.

8   같은 책, 109면.

9   같은 책, 110면.

10   같은 책, 64면.

11   같은 책, 64면.

12   같은 책, 65면.

13   같은 책, 65-66면.

14   같은 책, 66면.

15   같은 책, 67면.

16   같은 책, 67면.

17   『축의 시대』, 483면.

18   『부처님의 마지막 발자취—대반열반경』, 120면.

19   같은 책, 122면.

20   같은 책, 124면.

21   같은 책, 130면.

22   같은 책, 131면.

23   같은 책, 131면.

24   같은 책, 134면.

25   같은 책, 135면.

26   같은 책, 135면.

27   각묵스님 옮김, 『디가니까야』 2, 초기불전연구원, 2006, 311면.

28   『부처님의 마지막 발자취—대반열반경』, 136면.

29   같은 책, 136면.

30   『축의 시대』, 480면.

31   『부처님의 마지막 발자취—대반열반경』, 137면.

32 같은 책, 141면.

33 같은 책, 143면.

34 같은 책, 148면.

35 같은 책, 148면.

36 같은 책, 139면.

37 같은 책, 157면.

38 같은 책, 165면.

39 같은 책, 165면.

40 강기희 역, 『대반열반경』, 민족사, 1994, 150면.

41 『부처님의 마지막 발자취―대반열반경』, 165면.

42 같은 책, 167면.

43 같은 책, 169면.

44 같은 책, 184면.

45 프란시스 스토리 지음, 재연 스님 옮김, 『불교의 초석 사성제』, 고요한소리, 2003, 98면.

46 『축의 시대』, 480면.

47 『부처님의 마지막 발자취―대반열반경』, 143면.

48 같은 책, 181면.

에필로그

1 『티벳 死者의 書』, 187면에서 재인용.

2 라마 글렌 멀린 저, 김영로/조원희 옮김, 『신비한 환생의 유산―위대한 지도자』, 민족사, 2012, 399면 내용 참조.

EBS 클래스ⓔ 시리즈 44

현자들의 죽음
소크라테스에서 붓다까지

1판 1쇄 발행 | 2023년 12월 31일
1판 3쇄 발행 | 2024년 6월 10일

지은이 | 고미숙
펴낸이 | 김유열
디지털학교교육본부장 | 유규오
출판국장 | 이상호
교재기획부장 | 박혜숙
교재기획부 | 장효순 **북매니저** | 윤정아, 이민애, 정지현, 경영선
책임 편집 | 이상호 **디자인** | 이희정
인쇄 | 우진코니티

펴낸곳 | 한국교육방송공사(EBS)
출판신고 | 2001년 1월 8일 제2017-000193호
주소 | 경기도 고양시 일산동구 한류월드로 281
대표전화 | 1588-1580 **홈페이지** | www.ebs.co.kr
전자우편 | ebsbooks@ebs.co.kr

ISBN 978-89-547-8151-0 (04300)
         978-89-547-5388-3 (세트)